111 Gründe, Wien zu lieben

Andrea Farthofer & Max Ferner

111 GRÜNDE,

WIEN

ZU LIEBEN

*Eine Liebeserklärung an die
großartigste Stadt der Welt*

SCHWARZKOPF & SCHWARZKOPF

INHALT

»Derfs a bissl mehr sein?«

Vorwort

Dieses Buch begann mit einer Weltreise, bloß dass dies damals noch keiner wusste – auch ich nicht. Nach neun Monaten zwischen Orang Utans und Kängurus, Stränden und Canyons kehrte ich mit einem prall gefüllten Rucksack nach Hause zurück. Darin neben vielfältigen Eindrücken ein unbändiger Entdeckergeist, den ich gerade einer formidablen Frischzellenkur unterzogen hatte. Zurück in Wien begann die Arbeit an meinem Reisekochbuch »Genussvoll um die Welt«. Und während ich mich langsam wieder in mein Wiener Leben einsortierte, Nasi Goreng, Lamingtons und Ahi Poke kochte und das Buch über all die fernen Länder zusammenstellte, machte sich immer mehr der Wunsch breit, gemeinsam mit dem neuen Entdeckergeist – und meinem lieben Koautor und Partner Max – meine Heimatstadt Wien zu erkunden und ihr ein literarisches Denkmal zu setzen.

Ich erinnere mich an einen Spaziergang durch Wien und den Anblick des nächtlich beleuchteten Rathauses, als ich, wie von der Weltreise gewohnt, spontan sagte: »In dieser Stadt würde ich gern mal länger leben.« Seit damals hat mich das Wien-Projekt nicht mehr losgelassen. Wie schön, dass wir unsere Liebe jetzt mit Ihnen teilen dürfen – ich als geborene Wienerin, Max als »Zuagrasta«, wie wir Wiener liebevoll jene Menschen nennen, die erst in späteren Jahren hierhergefunden haben.

Wien überzeugt durch eine spannende Mischung: ob Blockhaus neben Glasbau, barockes Belvedere neben coolem Hotel, Retro-Personenwaage neben Nachbarschaftsgarten, Pop-up Store neben Traditionsbetrieb oder Leberkäsesemmel neben Kebab – wir fusionieren, was wir haben, und zaubern daraus unsere ganz eigene

»Wiener Melange«. Aber ich liebe auch die inspirierenden Menschen in dieser Stadt mit ihren tollen Geschichten und Visionen. Allein dafür lohnt es sich, ein Buch wie dieses zu schreiben – und zu lesen. Die Offenheit der Menschen, denen ich im Rahmen der Recherchen begegnet bin, hat mich sprachlos gemacht (und das ist eine Kunst für sich). Ihnen möchte ich ganz herzlich dafür danken, dass sie meine Heimatstadt Wien zu der machen, die sie ist: die großartigste Stadt der Welt, jeden Tag aufs Neue.

Die »Kaffeetscherl dazu?«-Fragen der Kellner, die »Derfs a bissl mehr sein?«-Mentalität der Greißler und Milchfrauen von einst, der Damen und Herren hinter den Wurst- und Käsetheken der Supermärkte von heute hat sich auf die ganze Stadt übertragen – oder umgekehrt. »Und außerdem?« wird man oft genau dann gefragt, wenn man meint, bereits restlos glücklich zu sein. So ist Wien eben. Kaum denkt man, dass die Stadt sich gerade wieder selbst übertroffen hat, setzt sie noch eines drauf: ein Konzept, ein Lokal, ein Geschäft, ein Event, eine kleine Neuinszenierung von sich selbst. Die Maßlosigkeit meiner Stadt fasziniert mich immer wieder. Und bevor ich jetzt meine erste Liebeserklärung an Wien schreibe, setze ich vor meinem Haus noch schnell ein paar zarte Pflänzchen ein. Wer weiß, was in Wien daraus wird?

Andrea Farthofer

Als ich 2001 aus beruflichen Gründen nach Wien kam, sah ich dieser Verlagerung meines Lebensmittelpunktes mit gemischten Gefühlen entgegen. Aufgewachsen in einer Kleinstadt und später für viele Jahre in der überschaubaren Studentenstadt Graz lebend, hatte ich Wien bei den wenigen Besuchen zuvor als grau und kalt, unpersönlich, abweisend und laut erlebt.

Heute sehe ich das anders. Wien schillert in allen Farben: Das Grün der unzähligen Park- und Gartenanlagen, das satte Rot der Busse und Straßenbahnen oder das sprichwörtliche Blau der Donau sind nur die offensichtlichen Farbkleckse im grauen Häusermeer. Die vielen feinen Nuancen sowie die großen und kleinen Gegensätze verleihen meiner neuen Heimatstadt ihre schillernde Persönlichkeit und machen es auch einem »Zuagrasten« wie mir leicht, Wien ins Herz zu schließen.

Hier gemütliche alte Kaffeehäuser, wo ich stundenlang Zeitung lesen oder eine Partie Billard spielen kann, dort trendige neue In-Lokale. Steht mir der Sinn nach Kunst und Kultur, kann ich aus einer Vielzahl an Möglichkeiten wählen: Soll es ein Stehplatz in der Oper sein oder doch einer beim Open-Air-Jazzkonzert? Will ich große Bühne an der Burg oder Kleinkunst im Kellertheater? Ganz egal, Wien bietet mir zu jeder Jahreszeit und zu jeder Uhrzeit etwas. Und habe ich mal genug vom Stadtleben, dann schwinge ich mich aufs Fahrrad und bin in wenigen Minuten im Grünen – ohne die Stadtgrenzen verlassen zu müssen.

Wien ist einfach unschlagbar: Im Jahr 2012 zum vierten Mal in Folge die weltweite Nummer eins in puncto Lebensqualität[*] und noch immer so viele Ambitionen. Ohnehin bereits eine der Metropolen Europas mit den meisten öffentlichen Grünflächen[**] und jetzt noch Nachbarschaftsgärten und Urban Gardening mit kleinen Kannen im großen Stil, was mir meine Koautorin und mein ganz persönlicher Grund, Wien zu lieben, immer wieder vor Augen führt. In Wien lässt es sich hervorragend leben, überzeugen Sie sich selbst!

Max Ferner

PS. Besuchen Sie uns auch auf *www.wirliebenwien.at!*

---

[*] *Mercer's 2012 Quality of Living Index*
[**] *Grünflächenstatistik der Stadt Wien (www.wien.gv.at/statistik/lebensraum/stadtgebiet)*

KAPITEL 1

Wien, Wien, nur du allein

»Wien, du bist eine Märchenstadt, die sich selber verzaubert hat.«

»Vienna«, EAV

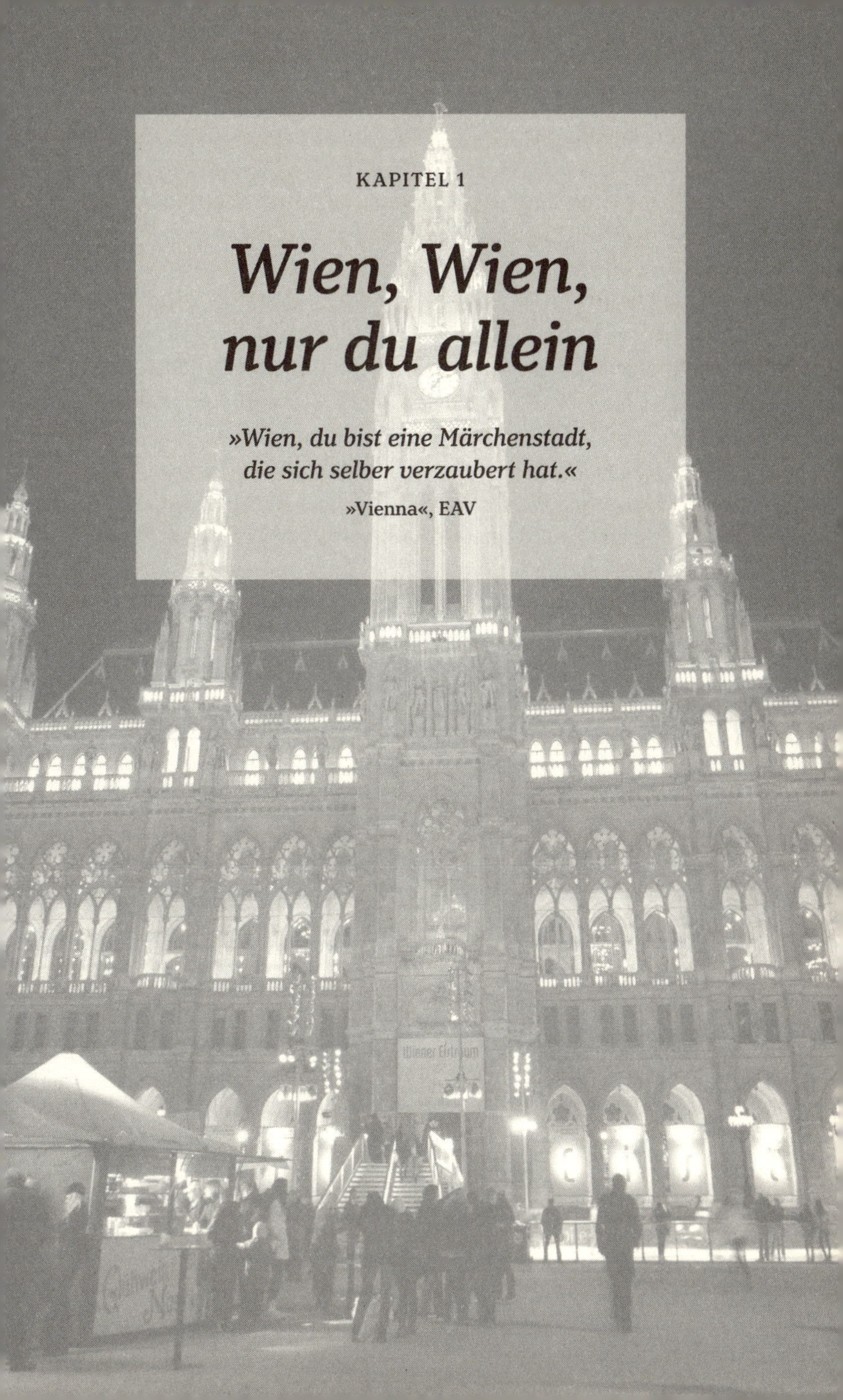

Weil Wien eine Stadt für jede Jahreszeit ist

Ein Sprichwort sagt, dass die Liebe mit der Entfernung wächst. Das ist bei Städten nicht viel anders als bei Menschen. Je größer die Entfernung und je länger die Dauer der Trennung, desto klarer wird einem, was man am anderen so liebenswert findet. Eine solche Liebe ist bedingungslos; sie verzeiht kleine und auch große Fehler, die sich eine Stadt dieser Größe schon mal leisten kann. Man sieht ihr ihre Makel und Macken nach, drückt ein Auge zu, wenn sie mal daneben liegt, einen falschen Ton getroffen, sich unter ihrem Wert verkauft oder es zu gut gemeint hat.

Es kommt nicht darauf an, in welcher Jahreszeit man Wien zurückgelassen hat und in welcher man die Stadt bei der Heimkehr vorfindet. Im Sommer gibt sich Wien als unkomplizierter Kumpel zum Pferdestehlen und als lebenslustige Traumfrau, von der man einfach nicht genug bekommen kann. Im Herbst ist sie eine spröde Schönheit, bodenständig mit traditionellen Werten, im Winter die strahlende Ballkönigin. Anfangs zeigt sie sich manchmal zugeknöpft und von ihrer kühlen Seite, doch taut sie schnell auf, wenn man sie erst besser kennt, und dann – dann präsentiert sie ihr wahres Gesicht und ihr großes Herz. In der Weihnachtszeit wiederum gibt sie sich gern als schicke Diva, die das Rampenlicht sucht, im Frühjahr als Model mit großen Ambitionen, als heimliche Geliebte, von der man nicht mehr loskommt.

Bei der Rückkehr nach Wien ist die Angst natürlich groß, dass sich die Stadt wieder einmal rasanter entwickelt hat, als man auf die Schnelle erfassen kann. Aber genau das macht auch ihre Anziehungskraft aus. Natürlich befürchtet man im tiefsten Inneren, dass man sich ihr entfremdet hat, dass sich Maröttchen zu Marotten ausgewachsen haben oder sie in ihrer Entwicklung stehen geblieben ist. Dass sie sich gehen lassen hat, dass man mit ihr nicht mehr richtig warm wird oder womöglich gar der Wiener Schmäh der Globalisierung anheimgefallen ist.

Nie weiß man genau, ob einen die Liebste bei der Rückkehr im sexy Negligé erwartet oder in dicken Bettsocken, ob sie vielleicht neuerdings vegan lebt, autofrei und umweltbewusst. Ob sie ein anderes Parfum trägt oder High Heels oder gar versnobbt geworden ist – was man ihr angesichts der Tatsache, dass sie schon viermal hintereinander als Stadt mit der höchsten Lebensqualität weltweit ausgezeichnet wurde, nicht einmal übel nehmen könnte. Sie hätte allen Grund, überheblich und hochnäsig zu sein. Doch nein, Wien bleibt auf dem Boden, streut sich vielleicht gelegentlich ein paar Rosen, inszeniert sich nach Lust und Laune neu, wie es sich für eine Dame von Welt gehört, nur um sich dann wieder auf ihre Wurzeln zu besinnen und sich bodenständig, werteverbunden, bescheiden, manchmal zu bescheiden (ein altes Frauenproblem, wie wir wissen), immer aber weltgewandt und charmant zu geben.

Wien bietet all die Überraschungsmomente, die eine Beziehung am Köcheln halten. Wien eröffnet neue Möglichkeiten und hält die alten offen. Wien vergisst nicht und schafft gleichzeitig neue Erinnerungen. Wien ist fantastischer Realist wie seine Künstler, ein realistischer Fantast wie die Autoren dieses Buchs, wenn sie – gerade wieder von einer Reise zurückgekehrt – mit der rosaroten Brille durch die eigene Heimatstadt flanieren.

Da kommen einem unweigerlich Gedanken wie: *Du bist aber groß geworden, hast du dich aber schick herausgeputzt, ehrlich, nur für uns? So wie du heute aussiehst, wirst du allen den Kopf verdrehen, leicht möglich, dass ich ein ganz klein wenig eifersüchtig werde, wenn ich sehe, wie sie dir alle zu Füßen liegen, wohingegen ich deine letzten sechs Wochen oder gar Monate versäumt habe. Leicht möglich, dass auch ich mich dann doppelt ins Zeug lege, um dir zu gefallen. Aber damit spekulierst du wohl.*

Genau das ist vermutlich der wahre Grund dafür, dass das Gesamtpaket Wien von Jahr zu Jahr liebenswerter und begehrter wird. Wetteifern um die Gunst, sich um den anderen bemühen, sich nicht gehen lassen – das ist die große Kunst in jeder Beziehung. Wien hat das schon lange verinnerlicht.

(Andrea Farthofer)

Weil die Wiener »an leiwand'n Schmäh« haben

Mein Freund Jan stammt aus dem Ruhrgebiet und ist damit ein echter Germane von Geburt. Eine gewisse Affinität zur Alpenrepublik und zu den hier heimischen Dialekten kann er trotzdem nicht leugnen, schließlich ist seine Lebensgefährtin Österreicherin und er selbst hat mehr als ein Jahrzehnt in Österreich gelebt, einige Monate davon auch in Wien. In Verbindung mit etwas Sprachtalent war es ihm bald möglich, ganze Sätze im Dialekt über die Lippen zu bringen, ohne dabei zur Lachnummer zu werden.

Was er allerdings nie verstanden hat, war, dass wir überlegen müssen, ob man ein Wort »mit weichem oder hartem B bzw. P« schreibt. Man schreibt es entweder mit B oder mit P, das sind doch zwei verschiedene Buchstaben, die völlig unterschiedlich klingen, meint er. Weit gefehlt, mein Lieber, das mag vielleicht im deutschen Norden gelten, aber sicher nicht in Österreich und schon gar nicht in Wien. Der eher als weich und melodiös empfundene Wiener Dialekt hat nämlich die Eigenheit, Vokale zu dehnen und Konsonanten einer Lenierung zu unterziehen, wie der Linguist sagen würde. Aus den stimmlosen Konsonanten p, t und k werden die stimmhaften Mitlaute b, d und g. Schön zu hören am Beispiel der harten Worte »Politik« oder »Polizist«, die im Wienerischen zu »Bollidig« oder »Bollizist« verweichlicht werden. Das klingt doch gleich viel harmloser! Man kann es natürlich auch übertreiben, etwa dann, wenn eine wohlklingende heiße Schokolade zu einem grässlichen »Gaugau« verstümmelt wird. Schon der Gedanke an diese phonetische Getränkeimitation verursacht Magendrücken.

Das Wienerische wird für Außenstehende aber dadurch angenehmer, dass es meistens mit einer gehörigen Portion »Wiener Schmäh« an die Frau oder den Mann gebracht wird. Darunter versteht man die den Wienern zugesprochene Eigenschaft, mit ihrer Meinung zwar nicht hinter dem Berg zu halten, dem Gegenüber die Botschaft aber nicht knallhart und besserwisserisch zu übermitteln, sondern lieber humoristisch-verharmlosend, durchaus ironisch, sarkastisch oder morbid, mitunter auch arglistig und boshaft, oft grantelnd, meist aber freundlich und von einem Lächeln begleitet.

Das Wort »Schmäh« hat im Wienerischen mehrere Bedeutungen: Sagt man von jemandem, er habe einen »leiwand'n Schmäh«, dann wird diese Person für ihren Humor bewundert. Man kann sich ziemlich sicher sein, mit dem Betreffenden den ganzen Abend lang »Schmäh führen«, das heißt eine nicht wörtlich zu nehmende Konversation führen zu können, man sollte aber aufpassen, dass man nicht »am Schmäh gehalten«, sprich veräppelt wird. Das Wort »leiwand« kommt übrigens vom französischen »lévant« für »erhebend«, die Steigerungsform lautet »ur«-leiwand.

Machen Sie keinesfalls den Fehler, einen Schmäh als Schmähung zu empfinden und die beleidigte Leberwurst zu spielen. Versuchen Sie stattdessen, nicht »schmähstad« (sprachlos) zu sein, und schlagen Sie mit Ihrem eigenen »Überschmäh« zurück. Enttarnen Sie Ihr Gegenüber als »Schmähbruder« und »Gschichtldrucker« (Märchenerzähler). Aber bitte in Ihrem eigenen Dialekt, ein Meidlinger L, benannt nach der unverkennbaren Aussprache dieses Buchstabens im 12. Wiener Gemeindebezirk, bekommen Sie garantiert nicht richtig hin. Das schaffe nicht einmal ich, obwohl ich seit mehr als einem Jahrzehnt fleißig übe. Wussten Sie übrigens, wie der Wiener Dialekt entstanden ist? Als Gott am achten Tag der Schöpfung die Sprachen erschuf, bekam jeder Volksstamm einen eigenen Dialekt und war glücklich. Der Berliner durfte fortan berlinern, der Sachse sächseln, der Hesse babbeln und der Kölner bekam sein Kölsch. Nur für den Wiener war kein Dialekt übrig und er wurde traurig. Da sagte Gott: »Scheiß di ned au, Oida, dann redst hoid wia i!«, was so viel heißt wie: »Mach dir nicht ins Hemd, Alter, dann sprichst du eben wie ich!« *(Max Ferner)*

Weil jeder Bezirk ein Mikrokosmos ist

»Was ist, fahren wir in die Stadt?« Mit dieser Frage machte mich die liebe Koautorin zu Beginn unserer Beziehung immer ein wenig ratlos. Wozu in die Stadt fahren, wenn wir eh schon da sind? Ich konnte ja nicht wissen, dass für geborene Wiener »in die Stadt fahren« ein Synonym für einen Ausflug ins Stadtzentrum und damit in den 1. Wiener Gemeindebezirk »Innere Stadt« ist.

Historisch betrachtet macht die Frage aber Sinn: Bis in die Mitte des 19. Jahrhunderts bestand Wien nämlich nur aus dem von Stadtmauern umgebenen heutigen 1. Bezirk. Außerhalb der Mauern lagen die Vorstädte und noch weiter draußen die Vororte. Fast zeitgleich mit dem Schleifen der Stadtmauern unter Kaiser Franz Josef wurden die Vorstädte eingemeindet, zwischen 1892 und 1904 kamen die Vororte dran. Ehemals eigenständige Städte wie Ottakring, Penzing oder Hernals wurden – nicht immer freiwillig – mit Nachbarorten zusammengelegt und ebenfalls Teil der Stadt.

Heute ist Wien in 23 Gemeindebezirke unterteilt, deren Namen auf ehemalige Vorstädte und Vororte zurückgehen. Mit diesen Bezirken und ihren Bewohnern verhält es sich ähnlich wie mit Horoskopen. Kaum kennt man das Sternzeichen, werden dem Träger bestimmte Eigenschaften zugeschrieben, auch wenn das nichts mit der Realität zu tun hat. Das gilt in Wien auch für die Wohnadresse: Wer im 1. oder im 19. Bezirk zu Hause ist, bei dem wird nicht an der Echtheit des Pelzmantels gezweifelt und der Mercedes vorausgesetzt. So wie das Fahrrad und die Stimme für die Grünen bei der Gemeinderatswahl für eine Bewohnerin des 7. Gemeindebezirks Neubau. Wer in Hietzing (13. Bezirk) wohnt, muss ein »G'stopfter« sein, wie man in Wien wohlhabendere Menschen nennt, während man Favoriten (10. Bezirk) und Simmering

(11. Bezirk) als Arbeiterbezirke einstuft. Und eine Adresse in Transdanubien (Bezirke 21 – Floridsdorf und 22 – Donaustadt) wird schon mal mit einem Wohnort nahe der tschechischen Grenze gleichgesetzt.

Bis heute bestehen in einigen Stadtteilen baulich und mental abgrenzbare Viertel, in Wien »Grätzel« genannt. Das gilt vor allem für die Außenbezirke, wo teilweise die traditionellen Ortskerne erhalten geblieben sind (zum Beispiel Kaiserebersdorf, Mauer, Hütteldorf, Grinzing). In diesen Gegenden hat sich die Millionenstadt Wien den dörflichen Charakter früherer Jahrhunderte bewahrt. Man kennt seine Nachbarn; Kindergarten, Volksschule, Arzt und Apotheker sind nicht weit entfernt und Billa und Spar als Ersatz für den verschwundenen Greißler liegen quasi ums Eck. Dorfwirtshäuser, das heißt »Beisl«, gibt es jede Menge, auch wenn der eine oder andere Wirt sein Gewerbe in Fernost oder am Balkan gelernt hat.

Da wundert es auch nicht weiter, wenn die Verbundenheit der Wiener mit ihrem Bezirksteil und dessen »Kulturkreis« besonders stark ausgeprägt ist. Ein Bewohner des 21. Bezirks wird auf die Frage nach seinem Wohnsitz eher mit »Stammersdorf« oder »Strebersdorf« als mit »Floridsdorf« antworten.

Die weitverbreitete Verwendung der numerischen Bezirksbezeichnungen ist übrigens auch eine Wiener Spezialität. Kein Wiener sagt: »Ich arbeite in Innere Stadt.« Stattdessen heißt es: »Ich arbeite im Ersten und fahre mit der U-Bahn heim in den Dritten.« Mir gefällt dieses System, denn als »Zuagrasta« (Zugereister, das heißt nicht in Wien Geborener) habe ich die Bezirke nicht schon in der Volksschule gelernt, sondern musste mir die Ortskenntnis im fortgeschrittenen Alter aneignen. Hat man die Logik der Nummerierung erst einmal verstanden (ja, die gibt es, obwohl die liebe Koautorin das abstreitet), findet sich auch ein Landei im Großstadtdschungel gut zurecht. Und so geht es:

Rund um den 1. Bezirk, die »Innere Stadt«, führt die Ringstraße, die die Grenze zu den »inneren« Bezirken 3 bis 9 bildet.

Außerhalb dieser Bezirke liegt mit dem »Gürtel« ein zweiter Ring, der die inneren von den »äußeren« Bezirken 10 bis 19 trennt. Der Donaukanal bildet eine natürliche Grenze zum 2. und 20. Bezirk, welche noch zu den inneren Bezirken gehören. Die flächenmäßig größten Bezirke 21 und 22 im Norden Wiens sind durch die Donau vom Rest der Stadt getrennt und werden gern als »Transdanubien« bezeichnet. Beim 23. Bezirk hapert es ein wenig mit der Logik – dieser Bezirk wirkt, als ob ihn jemand im Vorbeifliegen im Südwesten zufällig fallen gelassen hätte.

Die Bezirksnummern findet man übrigens auf jedem Straßenschild vor dem Straßennamen, sie bilden praktischerweise auch die zweite und dritte Stelle der Postleitzahl. Da weiß man doch gleich, wohin man die nächste Ansichtskarte schicken muss.

(Max Ferner)

Weil Wien ein Tor zur Welt ist

Frühmorgens an der Piazza San Marco. Keine Tauben, keine Menschenmassen. Nur ein paar Nachtschwärmer sitzen am Wasser und unterhalten sich leise. Lachen, Gläserklirren, Gesprächsfetzen dringen an mein Ohr. Wunderbar, richtig romantisch.

Piazza San Marco, Venedig? In diesem Buch geht es doch um Wien und um die vielen Gründe, die großartigste Stadt der Welt zu lieben. Keine Panik, Sie sind nicht im falschen Buch gelandet. Wien steht im Mittelpunkt, nicht nur bibliografisch, sondern auch geografisch. Schließlich befand ich mich vor ein paar Stunden noch mitten in der Donaumetropole, genauer gesagt, mitten in unserem Wohnzimmer, und hielt die Fernbedienung des TV-Gerätes in der Hand. 100 Sender und überall die gleichen öden Wiederholungen. Ich musste raus.

Gesagt, getan. In einem Anfall von Spontaneität schnappten wir uns die Autoschlüssel und eine kleine Reisetasche mit dem Nötigsten und schon ging es ab in den Süden. Frühstück in Venedig, von Wien aus keine große Sache. Knapp sechs Stunden später stiegen wir aus dem Auto und schnupperten Meeresluft. Hungrig und ein bisschen müde, aber bestens gelaunt und voller Vorfreude.

Venedig ist Ihnen zu weit weg? Wie wäre es mit einem frisch gebrauten Bier zum böhmischen Nationalgericht Vepřo-knedlo-zélo (Schweinebraten mit Knödel und Kraut) im »U Flekú« in Prag? In dreieinhalb Stunden könnten Sie dort sein und vielleicht sogar einen direkten Nachfahren des braven Soldaten Schwejk antreffen – Freitag nach dem Krieg. Auch nach Laibach (oder Ljubljana in der Landessprache), in die kleine, aber sehr lebendige Hauptstadt Sloweniens, gelangen Sie in derselben Zeitspanne. Und nach Budapest, in eine weitere Donaumetropole, brauchen Sie keine zweieinhalb Stunden, um dann entspannt im Stadtteil Buda von der Fischerbastei aus den schönen Blick auf die Prachtbauten der ungarischen Hauptstadt zu genießen.

Wenn Sie nichts anderes vorhaben, könnten Sie nach dem Mittagessen noch kurz entschlossen zu einem Altstadtspaziergang in die slowakische Hauptstadt Bratislava aufbrechen, wo Sie nach dem Shopping-Erlebnis im Eurovea-Einkaufszentrum gemütlich einen Kaffee in einem der netten, direkt an der Donau gelegenen Lokale zu sich nehmen können, bevor Sie rechtzeitig zum Abendessen wieder in Wien sind. Gerade einmal 60 Kilometer Luftlinie liegen zwischen Wien und Bratislava, das ist die weltweit kürzeste Entfernung zwischen zwei Hauptstädten. Mit dem Auto schaffen Sie die Strecke in weniger als einer Stunde. Vor knapp 100 Jahren, zwischen 1914 und 1920, gab es sogar eine durchgehende Straßenbahnverbindung zwischen Wien und Pressburg, wie Bratislava damals im deutschsprachigen Teil der Donaumonarchie genannt wurde.

Heute ist die für mich eindeutig schönste Art, von Wien aus in die Nachbarmetropole zu reisen, eine Schiffstour mit dem Twin City Liner. In nur 75 Minuten gelangt man von der Anlegestelle am Donaukanal mitten im Herzen Wiens zur reizvoll am Fuße des Burgbergs gelegenen Anlegestelle in Bratislava. Die Zeit vergeht wie im Flug, wenn man sich bei einer Reisegeschwindigkeit von 32,5 Knoten oder knapp 60 Stundenkilometern den Fahrtwind um die Nase wehen lässt. Da hat man schon Mühe, im Vorbeifliegen ein paar Erinnerungsfotos von den Fischerhütten am rechten Donauufer zu schießen oder einen Blick auf die Schönheit des Nationalparks Donauauen zu werfen. Ehe man sich's versieht, ist man bei den netten Nachbarn in der Slowakei angekommen.

Wien hat heute nicht mehr dieselbe geopolitische Bedeutung wie zu Beginn des 20. Jahrhunderts, als die Stadt mit mehr als zwei Millionen Einwohnern eine der größten Metropolen der Welt (gleichauf mit Berlin und deutlich größer als etwa Moskau, Shanghai oder Bombay) und Hauptstadt der europäischen Großmacht Österreich-Ungarn war. Aber die geografische Lage mitten im Zentrum Europas ist ihr natürlich erhalten geblieben und damit auch die besondere Stellung als Bindeglied zwischen West und Ost. Wir Wiener sind stolz darauf, dass unsere Stadt neben New York, Genf und Nairobi einer der vier Sitze der Vereinten Nationen ist. Viele große Konzerne haben hier ihre Mittel- und Osteuropazentralen und tragen ihren Teil dazu bei, dass Wien sich wieder zu einer weltoffenen Metropole entwickelt hat, die für viele Menschen ein Tor zur Welt darstellt.

(Max Ferner)

Weil die U1 die besten Eissalons
der Stadt verbindet

Es soll Menschen geben, die Schulungen und Kurse im 10. Bezirk besuchen, weil das der beste Grund ist, um danach die köstlichen Eiskreationen des Traditionseissalons Tichy zu genießen. Der größte Eissalon Europas feierte 2012 bereits sein 60-jähriges Jubiläum und beglückt an heißen Tagen bis zu 10.000 Besucher. Sein Markenzeichen: die patentierten Eismarillenknödel, von denen pro Woche 35.000 Stück über den Ladentisch gehen. Notfalls fahren die Menschen dafür sogar quer durch die Stadt, denn die U1 verbindet im wahrsten Sinne des Wortes die Wiener »Crème de la Crème«. Wer etwa in Transdanubien, also auf der nördlichen Seite der Donau, wohnt, kann nach einer Veranstaltung im 10. Bezirk auf dem Heimweg im Vorbeifahren drei bis fünf Eissalons besuchen.

Auf dem Weg vom Tichy am Multi-Kulti-Reumannplatz bis zum Schwedenplatz im 1. Bezirk, dem nächsten Pflichtstopp des eisbegierigen Wien-Entdeckers, kann man in Ruhe sein Stanitzl Eis (uncharmant hochdeutsch »Zuckertüte« genannt), seinen Becher Eis oder seinen Eisknödel genießen. Nach nur sechs Stationen ist man in der Wiener Innenstadt, wo man erneut die Qual der Wahl hat. Der von der italienischen Familie Molin-Pradel betriebene Eissalon am Schwedenplatz hat nicht nur Tradition, sondern bietet auch ein wöchentlich wechselndes Zusatzsortiment an. Deshalb sind die kleinen Monatskalender zum Mitnehmen sehr beliebt, denen die tagesaktuellen Spezialsorten zu entnehmen sind. Nocciolone und Erdbeer-Topfen sind ein heißer Tipp; bei den außertourlichen Sorten klingen Topfen-Krokant und Birne-Karamell sehr verlockend. Vertrauen Sie mir, ich bin aus der Branche, habe ich doch in meiner Jugend in einem Eissalon als Servierkraft gearbeitet.

Nach dem Schwedenplatz-Eis empfiehlt sich eine kleine Eispause, die man bei einem kurzen Spaziergang einlegt. Schließlich ist der nächste Eissalon nur wenige Schritte entfernt. Es ist der neue Eis-Greissler in der Rotenturmstraße mit seinem wunderbaren Laden. Das »Eis vom Lande« wird mit Biomilch der eigenen Kühe zubereitet. Das Angebot ist erfrischend anders, das Glück der Kühe fast zu schmecken: Joghurt-Kirsch, Alpenkaramell, Butterkäse- und Ziegenkäsesorbet zählen zum Sortiment. Das entzückende Setting im weißen Vintage-Look macht mir richtig Lust, kurz hinter die Budel (Sie wissen schon: den Tresen) zu hüpfen und selbst wieder Eiskugeln aufzutürmen.

Unermüdliche Eisverkoster gehen noch ein paar Schritte weiter bis zu Zanoni & Zanoni, wo man übrigens, falls man fürs Erste genug Eis gehabt hat, auch herrliche Torten und die beste heiße Schokolade der Stadt verkosten kann. Eilige kehren zurück zur U-Bahn und fahren weitere fünf Stationen bis zum Kaisermühlen Vienna International Center (VIC).

Dort, wo in den 1990er-Jahren die legendäre TV-Serie »Kaisermühlen Blues« gedreht wurde, die so manchen Nicht-Wienern das Wienerische näher gebracht (oder hätten Sie gewusst, dass ein »Schoitl« ein Trottel beziehungsweise Idiot ist?) und die Geografie ein klein wenig auf den Kopf gestellt hat (Folge 1: »Zentrum der Welt«), wartet das nächste Eisparadies. Von der U-Bahn-Station sind es zu Fuß rund zehn Minuten bis zum Schüttauplatz, wo mit Trento-Bortolotti einer der besten Eishersteller Transdanubiens zu Hause ist. Dort bekommt man mit dem entsprechenden Augenaufschlag und nachdem eingefleischte Wienerinnen jahrelange Basisarbeit verrichtet haben, den köstlichen Kastanienreis nun auch über die Gasse. Eine empfehlenswerte Bestellung könnte daher lauten: »Einen großen Becher mit Himbeer, Nocciolone und Kastanienreis, bitte!« (Wimpernklimpern nicht vergessen!) Wenn man es versteht, über die hochgezogene Augenbraue des italienischen Personals hinwegzusehen, kann man mit Blick auf die Alte Donau oder die

Pfarrkirche Kaisermühlen fast am anderen Ende der U1 noch einmal Eisgenuss pur erleben.

Und dann beginnt schon wieder die Vorfreude auf die Fortsetzung des Kurses in der nächsten Woche. Denn wie soll man neue Lerninhalte besser festigen als bei einer Eissalontour, die man Woche für Woche ein wenig variieren kann. Wenn das nicht ein weiterer Grund für lebenslanges Lernen ist! Ich bin schon jetzt gespannt, welcher Salon 2017, wenn die U1 bis nach Oberlaa verlängert wird, die Eiskultur an diesem neuen Ende der roten U-Bahn-Linie bereichern wird.

(Andrea Farthofer)

Weil das Stadtgartenamt
mehr Garten als Amt ist

Wenn Worte wie »Angelique« die Schlagzeilen erobern, denkt man vielleicht nicht sofort an das Wiener Stadtgartenamt. Muss man auch nicht. Spätestens bei »Triumph Purple Flag« wird ohnehin klar, dass es sich nicht um das aktuelle Kinoprogramm eines einschlägigen Etablissements handelt, sondern um das diesjährige Stadtverschönerungsprogramm. Auch das weiß die Gemüter zu erfreuen: Sobald das Wiener Stadtgartenamt beginnt, sichtbare Zeichen zu setzen, ist der Frühling nicht mehr weit.

Überhaupt gibt das Stadtgartenamt ja die Jahreszeiten vor: Den Frühlingsbeginn erkennt man daran, dass aus den 600 Wiener Blumenbeeten plötzlich gebückte Rücken nach oben ragen. Den Sommerbeginn kündigen die Grabungsarbeiten auf der Wagramer Straße an, wo Jahr für Jahr auf dem Mittelstreifen Palmen eingesetzt werden. Sobald die Palmen im Herbst auf Lkws Richtung Palmenhaus rollen, darf man sich auf die Weinsaison freuen.

Bei der Bepflanzung der Stadt gibt es jedes Jahr ein anderes Farbkonzept. War das Motto 2011 noch Marineblau, lautete es 2012 Violett & Rosarot, was mit den oben genannten Sorten eindrucksvoll unter Beweis gestellt wurde. 2013 ziehen sich pink und weiß als Leitfarben durch die Wiener Blumenbeete. Jährlich werden unvorstellbare 300.000 Frühlingsblüher wie Primeln oder Violen und eine Million Tulpen gepflanzt. Wenn ich an die Kreuzschmerzen denke, die mir drei Päckchen Tulpen beim Einsetzen bereiten, sind die Mitarbeiter des Stadtgartenamts nicht zu beneiden, vor allem wenn man bedenkt, dass nach Angabe auf der Website der Stadt Wien, auf *wien.gv.at*, jeder 20. Quadratmeter der Bundeshauptstadt zu einer städtischen Parkanlage gehört.

Im Winter schaut das Stadtgartenamt, das 2012 seinen 150. Geburtstag mit einem großen Fest feierte, auch auf sich selbst. Wer in dieser Zeit im 3. Bezirk am Heumarkt, der Heimat des Stadtgartenamts am Stadtpark, vorbeifährt, kann ein wunderschön geschmücktes Gebäude bewundern, in dem vermutlich bereits die Nachfolger von Angelique & Co. geplant werden.

Auf der anderen Seite der Donau im 22. Bezirk befinden sich die sogenannten Blumengärten Hirschstetten, in denen die für die öffentlichen Anlagen benötigten Pflanzen gezogen werden. Das am nördlichen Stadtrand gelegene Areal, das früher Reservegärten Hirschstetten hieß, lockt nicht nur mit einem schönen Weihnachtsmarkt im Dezember, sondern es hat zu jeder Jahreszeit ein buntes Angebot auf Lager.

Im Winter gibt es im Palmenhaus die »Grünen Tropentage« und eine gute Gelegenheit, den frei lebenden, manchmal allerdings gut versteckten Weißbüschel- und Lisztäffchen Hallo zu sagen und Leguane durch die Glasscheiben zu beobachten. In den Sommermonaten können stadtmüde Großstädter bei den »Grünen Urlaubstagen« mal richtig die Seele baumeln lassen. Am Ufer eines großen Teichs mit Springbrunnen geht das besonders gut. Am Sandstrand laden Liegestühle unter Bastschirmen zum Verweilen ein, die zahlreichen Wege durch Blumenparadiese wie den indischen, englischen oder chinesischen Garten zum Spazierengehen und Kirschbaumkreis, Gralsbrunnen und ein Wasser-Kristall-Energie-Garten zum Innehalten. Dazwischen liegen ein Naturlehrpfad, ein Irrgarten und ein Hochzeitsgarten. Eine Casita wartet mit Mexiko-Flair (Stichwort: Cowboystiefel vor Großstadtkulisse), ein Bienenhaus mit Bienenstöcken und die immergrüne Magnolie mit riesigen weißen Blüten auf. Der etwas tiefer gelegte Urzeitgarten mit seiner Felsenhöhle, in der man Sitzgelegenheiten und eine Feuerstelle findet, entführt mit lebenden Fossilien in Form von Baumfarnen, Gingko-Bäumen und Araukarien sowie Wollemien, einem schon ausgestorben geglaubten Baum, in eine andere Zeit.

An bestimmten Wochenenden gibt es Angebote und Aktivitäten für Groß und Klein: frische Räucherfische und böhmische Spezialitäten für die einen, Bastelworkshops für die anderen. Dann dürfen sich die Mitarbeiter des Stadtgartenamts vor Ort nicht nur über ihre Blumenpracht, sondern auch über die strahlenden Gesichter der Besucher freuen. Und darüber, dass man den »amtlichen« Namen ihres Arbeitgebers endlich an die Neuzeit angepasst hat, denn in Wirklichkeit heißt das Wiener Stadtgartenamt mittlerweile »Wiener Stadtgärten«. Jetzt ist es also offiziell: Amt, das war einmal, jetzt stehen die Gärten im Mittelpunkt.

(Andrea Farthofer)

Weil das Hotel Sacher Berufswünsche prägt

»Hallo, Hotel Sacher, Portier!« Ich weiß nicht, wie oft ich diese Worte in meiner Jugend von mir gegeben habe – und das, obwohl ich mein Praktikum in einem Eissalon absolvierte. Die damals legendäre Fernsehserie von und mit dem ebenso legendären Fritz Eckhardt, der als Chefportier Oswald Huber diesen Satz möglicherweise noch öfter als ich geäußert hat, hatte es meiner Freundin Regine und mir dermaßen angetan, dass wir unsere Eltern auf stundenlangen Autofahrten mit Dialogen daraus unterhielten. Auch wenn »Unterhaltung« vielleicht nicht gerade das passendste Wort dafür ist. 26 Episoden vom »Hotel Sacher«, das sich direkt hinter der Wiener Staatsoper im 1. Bezirk befindet, wurden in den Jahren 1973 bis 1974 in zwei Staffeln gedreht – das reicht für Hunderte Kilometer.

Doch bereits zuvor hatte das Hotel Berühmtheit erlangt, das 1876 vom Gastronomen Eduard Sacher als Hotel de l'Opéra mit Restaurant eröffnet und kurz darauf von seinem Sohn Franz Sacher in Hotel Sacher umbenannt wurde. Das Hotel galt von Anfang an als eine der ersten Adressen der Stadt und Treffpunkt von Größen aus Politik, Kunst und Adel; ab 1871 durfte es für seinen Wein- und Delikatessenhandel die Bezeichnung »k. und k. Hoflieferant« führen. Diesen Titel durfte Anna Sacher, die Witwe von Franz Sacher, auch nach dessen Tod beibehalten. Überhaupt galt Anna Sacher für die damalige Zeit als Emanze: Zigarren und französische Bulldoggen, die sogenannten »Sacher-Bullys«, waren ihr Markenzeichen.

Erst nach ihrem Tod wurde bekannt, dass das Sacher hoch verschuldet war. Die Familien Gürtler und Siller übernahmen das Hotel und nannten es bis auf eine Unterbrechung während des Zweiten Weltkriegs ihr Eigen. Heute wird das Familienunternehmen von Elisabeth Gürtler-Mauthner und ihrer Tochter Alexandra privat geführt. Es zählt zu »The Leading Hotels of the World« und den besten Adressen Österreichs und umfasst das Restaurant Anna Sacher, die Rote Bar, die Blaue Bar, die Confiserie, das Café Sacher und das Sacher Eck. Viele berühmte Gäste gingen in dem Hotel bereits ein und aus – davon zeugt eine umfangreiche Galerie mit signierten Fotos. Laut Wikipedia hatte schon Anna Sacher in ihrem Boudoir (für die Jüngeren: ein elegantes Damenzimmer) eine Fotogalerie ihrer Gäste. Die Unterschriften stickte sie angeblich allesamt auf einem Tischtuch nach.

Auch Yoko Ono und John Lennon zählen zu den Celebrities, deren Besuch nicht ohne großes mediales Aufsehen über die Bühne ging. Im Frühjahr 1969 stiegen sie in Suite 101 des Hotels Sacher ab und baten im Roten Salon zu einer Pressekonferenz der etwas anderen Art. Um ihre Vorstellungen vom Weltfrieden publik zu machen, empfingen sie die Journalisten in nichts als in Leintücher (Bettlaken) des Hotels Sacher gehüllt. Ihre Botschaft lautete »Make love, not war«. Wenn man zur Gänze eingehüllt ist, kann man nicht nach seiner Hautfarbe oder Kleidung beurteilt werden. Ihre Erlebnisse in Wien inklusive Verkostung der berühmten Schokotorten flossen sogar in einen Beatles-Song ein. In »The Ballad of John & Yoko« heißt es: »Made a lightning trip to Vienna, eating choc'late cake in a bag.«

Natürlich erfreut sich die Sachertorte, die auf Eduard Sachers Vater zurückgeht, nicht nur deshalb solcher Berühmtheit. Man kann darüber diskutieren, wer die beste dieser Torten macht – ich setze dabei eindeutig auf meine Mutter. Doch nur die des Hotels Sacher dürfen die Bezeichnung »Original Sacher-Torte« tragen, auch wenn die »k. und k. Zuckerbäckerei Demel« einen jahrzehntelangen Rechtsstreit anzettelte, um dasselbe Privileg auch für ihre Sachertorten in Anspruch nehmen zu dürfen. Es spricht aber nichts dagegen, sich einfach durch das städtische Angebot an Sachertorten zu kosten, nur ob meine Mama da mitmacht, wage ich noch nicht definitiv zuzusagen.

(Andrea Farthofer)

Weil mich donnerstags die Morgenpost beglückt

Gegen Freitag hin beginnen die Arbeitsstunden meistens richtig zu flutschen – was irgendwie ungerecht ist. Hätten sie sich bereits zu Wochenbeginn so ins Zeug gelegt, müsste man sich am Freitag nicht ganz so anstrengen, um die Arbeitswoche mit einigermaßen Anstand zu Ende zu bringen. Aber dann, am Freitag, fliegen die Ideen leichter, weiter und höher, eilen bereits ins Wochenende, wir voller Vorfreude hinterher.

Unter Wienerinnen beginnt die Einstimmung aufs Wochenende eigentlich schon am Donnerstag. Gern beginne ich die Arbeit am Computer an diesen Tagen früher als sonst, denn ich weiß, dass am Donnerstag eine immer schon vor mir da ist: die »StadtSpionin«. Sie bestimmt mit, wie meine nächsten Tage aussehen werden und worauf ich mich freuen kann. Wenn sie etwas empfiehlt, was ich schon kenne (auch das kommt vor), fühle ich mich wie eine Stadtpionierin, eine Vorreiterin, eine urbane Entdeckerin. Sie erinnert mich an Geschäfte und Lokale, die ich schon ewig aufsuchen wollte, und zeigt mir weitere, die umgehend auf meine To-do-Liste wandern.

Das gilt auch, wenn man sich gerade auf eine Reise oder die Heimkehr nach Wien vorbereitet. Dank des virtuellen Newsletters kann man die Seele schon auf Erkundungsreise schicken und auf den Wien-Besuch einstimmen. Gut Organisierte können ihr Besichtigungsprogramm planen, aber fragen Sie mich besser nicht, wie man das macht. Da habe ich zugegebenermaßen noch Entwicklungspotenzial. Bei der Fülle an spannenden Tipps, die man donnerstags bekommt, ist jedoch Nachsicht angebracht – die Aufgabe ist keine leichte.

Ob die »StadtSpionin« herself das auch so sieht? Täglich bekommt Sabine Meier, Journalistin und Gründerin dieser »Wiener Institution«, Hunderte Tipps, was in Wien stattfindet. An drei Tagen der Woche wird produziert, an den anderen vier Tagen ist sie unterwegs auf Entdeckungsfahrt und Erkundungszug. Anonym testet sie Geschäfte und Lokale und macht aus den gesammelten Tipps – mittlerweile zusammen mit einem kleinen Team – den Newsletter mit Kultstatus. Das erfordert eine gewisse Härte, schließlich müssen aus rund 1000 Tipps pro Woche 950 sofort gestrichen werden, um dann maximal vier Tipps pro Tag sowie einen Shop der Woche und ein Restaurant der Woche in den Newsletter aufzunehmen.

Begonnen hat alles wie so oft beim Frühstück. Als Sabine Meier 2008 während ihres Urlaubs die eigene Stadt besser kennenlernen wollte, kam sie zur ernüchternden Erkenntnis, dass es für Frauen keine geeigneten Internet-Ressourcen für Wien-Erkundungen gab. Als erfahrene Journalistin rief sie einfach selbst einen Newsletter ins Leben. Innerhalb von einem Monat erkannte sie, dass die Wienerinnen darauf anscheinend nur gewartet hatten. Und nicht nur sie. Auch Männer, etwa zehn Prozent aller Leser, haben den Newsletter bereits abonniert. Mittlerweile tun sie dies auch unter ihrem eigenen Namen und fragen nicht mehr an, ob sie als Männer überhaupt bezugsberechtigt sind. Rund 30.000 Leser und Leserinnen erfahren Donnerstag für Donnerstag »als Erste«, was Sache ist, und werden Woche für Woche darin bestätigt, dass Wien auch aus vielen bislang ungeahnten Gründen zu den lebenswertesten Städten der Welt zählt.

Wessen ganz persönliche Gründe, Wien zu lieben, könnten interessanter sein als die dieser absoluten Wien-Kennerin? Bei Grund 1 erwischt mich die »StadtSpionin« kalt. Das Lokal, von dem sie mir vorschwärmt, kenne ich nur vom Hörensagen. Mochi heißt es und soll in der Praterstraße ganz unaufgeregt ausgezeichnete asiatische Küche zaubern. Wie sich wenige Tage später herausstellt, tut es dies in einem gemütlichen Innenbereich oder auch in einem einladenden Schanigarten. Bei ihrem Grund 2 bin ich nicht ganz so unbedarft: Den Botanischen Garten mag ich auch sehr. Was ich aber nicht wusste, ist das Geheimnis um die Lotosblüten. Sobald sich diese im Hochsommer für ein paar Wochen öffnen, findet sich Jahr für Jahr eine eingeschworene Community von Anbetern im Botanischen Garten ein und freut sich kollektiv darüber, dass es in Wien gelingt, diese zarten Pflanzen ganzjährig im Freien zu lassen und die Wiener und Wienerinnen im Sommer damit zu erfreuen. Erst bei Grund 3 der »StadtSpionin«, Wien zu lieben, bin ich top: Die Rückeroberung des urbanen Raums findet sie ebenso spannend wie ich, ob Guerilla Gardening (siehe Grund 100) oder Guerilla Knitting (siehe Grund 24). Befragt nach ihrem größten Erfolgs-erlebnis als »StadtSpionin«, erzählt Sabine Meier von der diebischen Freude darüber, dass es ihr gelungen ist, alle Frauen gleichermaßen anzusprechen und das aus dem Print-Bereich bekannte Schubladendenken in Bezug auf die Zielgruppen zu durchbrechen. Der beste Beweis: Die jüngste Abonnentin des Newsletters ist 17 Jahre alt, die älteste 77 – Frauensolidarität auf höchstem Niveau.

(Andrea Farthofer)

Weil wir ein Naheverhältnis zu Kastanien haben

Wenn ich im Frühling in Wien zum ersten Mal auf eine mit blühenden Kastanienbäumen gesäumte Allee treffe, beginnt für mich die zweitschönste Zeit im Jahr. Die Kastanienblüte ist die perfekte Einstimmung auf das, was in der nächsten Zeit an Frühlings- und Sommergefühlen aufkommen mag.

Für eine Kastanienblütentour nach Wiener Art empfiehlt sich die Hauptallee, die man im Umfeld des Praters zu Fuß gehend, laufend oder mit dem Fahrrad erkunden kann. Eine Vielzahl von Lokalen, wie etwa die Estancia Santa Cruz und insbesondere das legendäre Schweizerhaus (siehe Grund 58), sind dann – Ende April, Anfang Mai – doppelt einladend. So sehr, dass das Schweizerhaus im Frühling in seinen Inseraten sogar auf die Kastanienblüte verweist!

Als ob das notwendig wäre! Von klein auf wachsen wir in Wien mit den Kastanien auf. Herbstliche Kindheitserinnerung Nummer eins ist das Kastaniensammeln, knapp gefolgt von Laubrascheln und Kastanienkettenbasteln. Wir lassen sie so lange herumliegen, bis wir nicht nur alles über die Flora, sondern auch über die Fauna wissen, die den vertrockneten Früchten irgendwann unweigerlich entschlüpft und es sich im Kinderzimmer gemütlich macht.

Ältere Kinder lieben den Herbst, weil man beim fleißigen Kastaniensammeln Geld verdienen und außerdem etwas Schwung in den Sonntagsspaziergang mit Oma und Opa bringen kann. Das Forstamt der Stadt Wien braucht für die zahlreichen Wildtiere im Stadtgebiet Winterfutter und entlohnt die Kinder an den Sammeltagen im Herbst mit zehn Cent pro Kilo gesammelter Kastanien, wobei die maximale Menge auf zehn Kilogramm pro Person und 100 Kilogramm pro Familie beschränkt ist. 100 Kilogramm pro

Familie? Ja, so steht es auf der Website *www.stadt-wien.at*. Wie lange sammelt man da? Wie transportiert man das? Insgesamt werden im Rahmen dieser Aktion 30.000 bis 40.000 Kilo Kastanien jährlich abgegeben, auch wenn vermutlich doch mehr als nur 300 bis 400 Familien die MA 49, Forstamt und Landwirtschaftsbetrieb der Stadt Wien, auf diese Art unterstützen. Da die Kastanien als Wintervorrat für die Wildtiere im Naturschutzgebiet Lainzer Tiergarten genutzt werden, dürfen nur außerhalb des Lainzer Tiergartens gesammelte Früchte abgegeben werden, wobei mich sehr interessieren würde, wie sich das beweisen lässt. Werden da DNA-Proben an den Kastanien vorgenommen? Wird eine eigene SOKO Kastanie eingerichtet?

Im Herbst freuen wir uns kollektiv noch aus einem anderen Grund – darauf nämlich, dass die Edelkastanien von den Maronibratern geröstet werden und die kalte Jahreszeit einläuten. Stanitzelweise kauft man die Finger- und Seelenwärmer, ehe man seinen Spaziergang oder seine Weihnachtseinkäufe fortsetzt. Besondere Feinspitze lieben die Maroni noch aus einem weiteren Grund. Ab September bringen viele österreichische Süßwarenspezialisten die sogenannten Maroniherzen auf den Markt – mit zarter Schokolade umhülltes Maronimousse in Herzform, das selbiges höher schlagen lässt. In kleinen Tütchen abgepackt, stehen sie einzeln oder im Dreierpack an den Kassen der Süßwarenläden – bereit, noch schnell in eine Tasche oder auf eine Hüfte zu springen. Und damit man im Sommer nicht ganz auf Maronientzug kommt, gibt es mit dem Kastanienreis das perfekte Topping für Eiskreationen, aber das wissen Sie ja schon aus Grund 5.

(Andrea Farthofer)

Weil 777 (m)eine Glückszahl ist

Auf eine Hotelübernachtung in der eigenen Stadt hat man im Regelfall nur selten Lust. Die Fälle, die mir spontan einfallen, sind eher der Kategorie »Katastrophen« zuzuordnen: Überschwemmtes Schlafzimmer, angezündeter Adventskranz und akute Beziehungskrise sind allesamt nicht die besten Voraussetzungen, um eine Nacht genüsslich im Hotel zu verbringen. Außer es handelt sich um einen Airstream. Einen dieser silbern glänzenden Kultwohnwagen, die in den 1930er-Jahren in den USA Furore gemacht haben und Design- und On-the-road-Freaks heute noch begeistern. Dafür könnte man schon erwägen, eine kleine Überschwemmung anzustiften.

Die ultimative Rettung für schlafstättentechnische Notfälle ist an einer Durchgangsstraße in einer Gegend geparkt, die von UNESCO-Weltkulturerbe dominiert wird. An der Landstraßer Hauptstraße, genau genommen zwischen dem Schloss Belvedere und dem 21er Haus für moderne Kunst – an einer Adresse, die das Leben direkt am stark befahrenen Gürtel ausnahmsweise richtig verlockend erscheinen lässt.

Das Bett, von dem ich schwärme, ist äußerst bequem und steht im neuesten »Zimmer« des Hotels Daniel. Jenes Hotels, das seit 1910 im Stammhaus in Graz und seit 2011 auch in Wien Gäste empfängt und seit einigen Jahren unter dem Motto »Smart Luxury« auf erschwinglichen Luxus setzt. Glücklicherweise ist das neueste Zimmer mit der magischen Nummer 777, einer Fläche von 16 Quadratmetern und vier Rädern nicht ganz originalgetreu eingerichtet. Badewanne, Designerwaschtisch und Flatscreen sind vermutlich keine regulären Ausstattungsmerkmale. Mit dem Regulären hat es das Hotel Daniel ohnehin nicht so, auch nicht in den anderen Zimmern, die sich über sechs Stockwerke verteilen.

Da gibt es beispielsweise in jeder Etage sechs Zimmer mit Hängematten – zusätzlich zu den Betten, versteht sich. Vier davon sind
jeweils Panoramazimmer, die mit je zwei verglasten Wänden einen
wunderbaren Blick aus den Hängematten auf Wien eröffnen. Ob
mit oder ohne Wien-Blick, die Zimmer haben alles, was das Herz
begehrt: Raindance-Dusche, WLAN und vor allem raschen Zugang
zum Frühstücksraum. Daniel Bakery heißt dieser und ist ebenso
wie der Begriff »Frühstücksraum« ein ziemliches Understatement.
Denn das, was man am Buffet vorfindet, geht über Bäckereiprodukte
weit hinaus. Mit diesem Hotel haben sich nicht nur die Eigentümer
ihre Wünsche erfüllt. Auch eine Frau, die wahnsinnig gern bäckt,
hat hier ihr Glück gefunden und ihren Bürojob aufgegeben, um
immer neue Leckereien für die süße Vitrine der Bakery zu zaubern.
Elisabeth Razumovsky verwöhnt die Gäste jeden Tag aufs Neue
mit Cheesecakes, Pavlovas, Crumbles, Schoko-Mousse-Tarte und
Shortbread.

Es versteht sich fast von selbst, dass die Einrichtung angenehm
aus dem Rahmen fällt. Auf der Terrasse warten bunte, lounge-
artige Stühle mit pfiffigen Kissen darauf, dass man es sich darin
gemütlich macht. Im Innenbereich gibt es ein Schaukelsofa, das
an Seilen von der Decke herabhängt, einen riesigen Zeitungstisch
mit witzigen Sitzgelegenheiten aus Zeitungen und dazu Grünzeug
in allerlei ausgefallenen Behältnissen. Man begrünt Stühle, Hüte,
ausgediente alte Waagen und große Holz-Spielzeugautos. Apropos
Fahrzeuge: Stylishe Vespas und Fahrräder kann man sich auch ausleihen. Schließlich soll sich der Gast tagsüber in der City ebenso hip
fühlen wie abends im Hotel.

Das Nonplusultra ist das vom Österreicher Erwin Wurm, einem
der renommiertesten internationalen Gegenwartskünstler, entworfene Dachkonstrukt. Dieses ziert ein sensationelles, dynamisch
nach unten gebogenes Segelschiff, das zu jeder Tages- und
Nachtzeit die Blicke auf sich zieht. Ob die Kajüten dieses Schiffs
demnächst auch als Hotelzimmer angeboten werden, wage ich

zu bezweifeln, doch auszuschließen ist beim Hotel Daniel nichts. »Urban Stay« heißt das Konzept, das zum Verweilen einlädt und eine Fülle liebevoller Details zu einem wunderbaren Gesamtkunstwerk zusammenfügt. Da sitzt man dann im »eigenen« Garten am Landstraßer Gürtel, umzingelt von Tomatenstöcken, Kürbissen und Gurken, und freut sich darüber, dass man weder für das Gießen noch für das Rasenmähen zuständig ist. Auf dem schattigen Sitzplatz neben dem Airstream wartet man in aller Ruhe, bis die Akkus vollständig aufgeladen sind oder die Sehnsucht nach dem Bett oder der einladenden Badewanne zu groß wird. Und der Autolärm? Den blendet man durch die Vorfreude auf das herrliche Frühstück einfach aus. Irgendwie ist es fast, als ob der Straßenlärm alle unnötigen Gedanken wegfegen könnte und die Lkws alle Sorgen abtransportieren würden. Was bleibt, ist dieses Gefühl der Freiheit, das man einst hatte, als man mit großem Fernweh am Südbahnhof saß: kaum Gepäck, aber ganz viele Träume.

Sollte der Airstream belegt sein, weil sich beispielsweise ein Wiener Autorenpärchen gerade eine Auszeit in der eigenen Stadt gönnt, bleibt Ihnen immer noch Zimmer 618 mit freistehender Badewanne und Blick aufs Belvedere, das Sie für die missliche Buchungslage des Airstream gewiss entschädigen wird.

(Andrea Farthofer)

Weil ein Stück Heimat in jeden Koffer gehört

Da sitze ich also in einem, sagen wir, größen- und ausstattungsmäßig eher unterprivilegierten Hotel in Kuala Lumpur. Was der Auftakt zu einem wunderschönen Urlaub werden sollte, ist der Ernüchterung gewichen. Der Jetlag hält mich wach und die Gedanken drehen sich im Kreis wie die Formel-1-Fahrer im Fernsehen, die ich als Schäfchenersatz über den winzigen Bildschirm flitzen lasse. Ich habe Kreuzschmerzen von dem durchgelegenen Bett, bin übernächtigt von einem zu langen Flug und hätte gern eine richtig heiße Dusche. Meine Reise hat gerade erst begonnen und doch kratzt schon leises Heimweh an der zu dünnen Hotelzimmertür, die Frage, ob Lignano nicht auch schön gewesen wäre, steht groß im viel zu kleinen Raum. Der Jetlag ist ein Hund mit leerem Magen, erfolglos auf der Suche nach einer Minibar.

Bevor Heim- und Kreuzweh sich über das letzte bisschen Urlaubsvorfreude legen, zaubere ich aus den Tiefen meines Rucksacks, was man in einer solchen Nacht dringend braucht. Ja, das kleine Fläschchen Himbeer-Wodka auch, aber viel besser noch ein Stückchen Heimat. Eine Ration Antiheimweh misst gerade mal 10 x 8,5 Zentimeter und kommt zumeist im Viererpack, je nach Länge der Reise manchmal sogar im Achterpack. Was zum Auftakt der Malaysia-Reise ein reiner Glücksgriff war, ein spontaner letzter Wurf in den Rucksack kurz vor der Abreise, hat bei mir seither Tradition.

Manner-Schnitten heißen die »Wunderpillen« in einer altrosa Verpackung mit blauem Schriftzug und kleinem Stephansdom-Logo, mit denen man neuen Bekannten gleich ein imposantes Stück gotisches Wien zeigen kann. Vorausgesetzt natürlich, man ist mitten in der Nacht so vorausschauend und hebt die Verpackung auf. Oder man ist bereit, das Risiko einzugehen und den neuen Freunden eine volle Packung Heimat, ganze 75 Gramm, unter die Nase zu halten. Das kann allerdings böse enden, denn wer weiß, wie viel einem da von den zehn leckeren Waffeln mit Haselnusscremefüllung noch bleibt. Vielleicht wäre es doch besser, »leider« nur mehr die zerknüllte Verpackung mit leicht demoliertem Stephansdom in der Hosentasche zu finden. So können sich die neuen Bekanntschaften auch in der Ferne zumindest ein kleines Bild von dem 136 Meter hohen Wahrzeichen machen.

Sogar Arnold Schwarzenegger, die »steirische Eiche«, ehemaliger Gouverneur von Kalifornien und US-Kinostar, trat in einem Film bereits mit Manner-Schnitten auf. In »Terminator III« durfte er sich mit den Traditionswaffeln aus Wien in Szene setzen. Auch über die Kultserien »Friends« und »Ally McBeal« kamen die Waffeln in Haushalte vieler westlicher Länder. Dabei hatte 1890 alles so klein begonnen, mit dem Motto »Chocolade für alle«, das Josef Manner I. zu einer Zeit ausgab, als ein Kilogramm Schokolade dem Wert von zwei Tageslöhnen eines Arbeiters entsprach und die Schnitten lose verkauft wurden, damit sich alle Bürger wenigstens hin und wieder eine leisten konnten.

1898 wurden sie im Sortimentskatalog des Hauses Manner erstmals als »Neapolitaner Schnitte No. 239« aufgeführt. Die Nüsse für die Fülle aus Zucker, Haselnüssen, Kokosfett und Kakaopulver kamen nämlich aus der Gegend um Neapel. Die Größe von 49 x 17 x 17 Millimeter war mundgerecht bemessen, vier Lagen köstliche Creme zwischen fünf Lagen Waffeln.

Das Konzept »Schokolade für alle« ging auf, das Unternehmen florierte und die »Chocoladenfabrik« wurde unter dem Universalgenie Josef Manner – Erzeuger, Verkäufer und Werbeagent – rasch zum führenden Süßwarenunternehmen der österreichisch-ungarischen Monarchie. 1960 wurde erstmals eine aromasichere Doppel-Aluminiumfolie mit dem typischen roten Aufreißfaden als Verpackung eingeführt. Die neue Manner-Schnitte war geboren:

ratzfatz geöffnet, leider auch ratzfatz genossen. Mittlerweile sind die Schnitten aus Wien in 50 Ländern erhältlich. Und das macht Hoffnung, dass man, sollte der Vorrat an Antiheimwehpillen auf längeren Reisen doch einmal zur Neige gehen, sogar im Ausland Nachschub bekommt.

In Wien werden die Schnitten heute nicht nur in Supermärkten und im Manner-Werksverkauf, sondern auch im neuen Manner-Flagship-Store 50 Meter vom Stephansdom, der das Logo stiftete, entfernt verkauft. So wie der Süßwarenhersteller an seinem Slogan »Manner mag man eben« festhält, bleibe auch ich meinem Erfolgs-rezept treu. Wenn zwischen Abflug- und Rückflugdatum meiner Reise mehr als drei Wochen liegen, landet in meinem Rucksack immer ein Viererpack Heimat – mindestens.

(Andrea Farthofer)

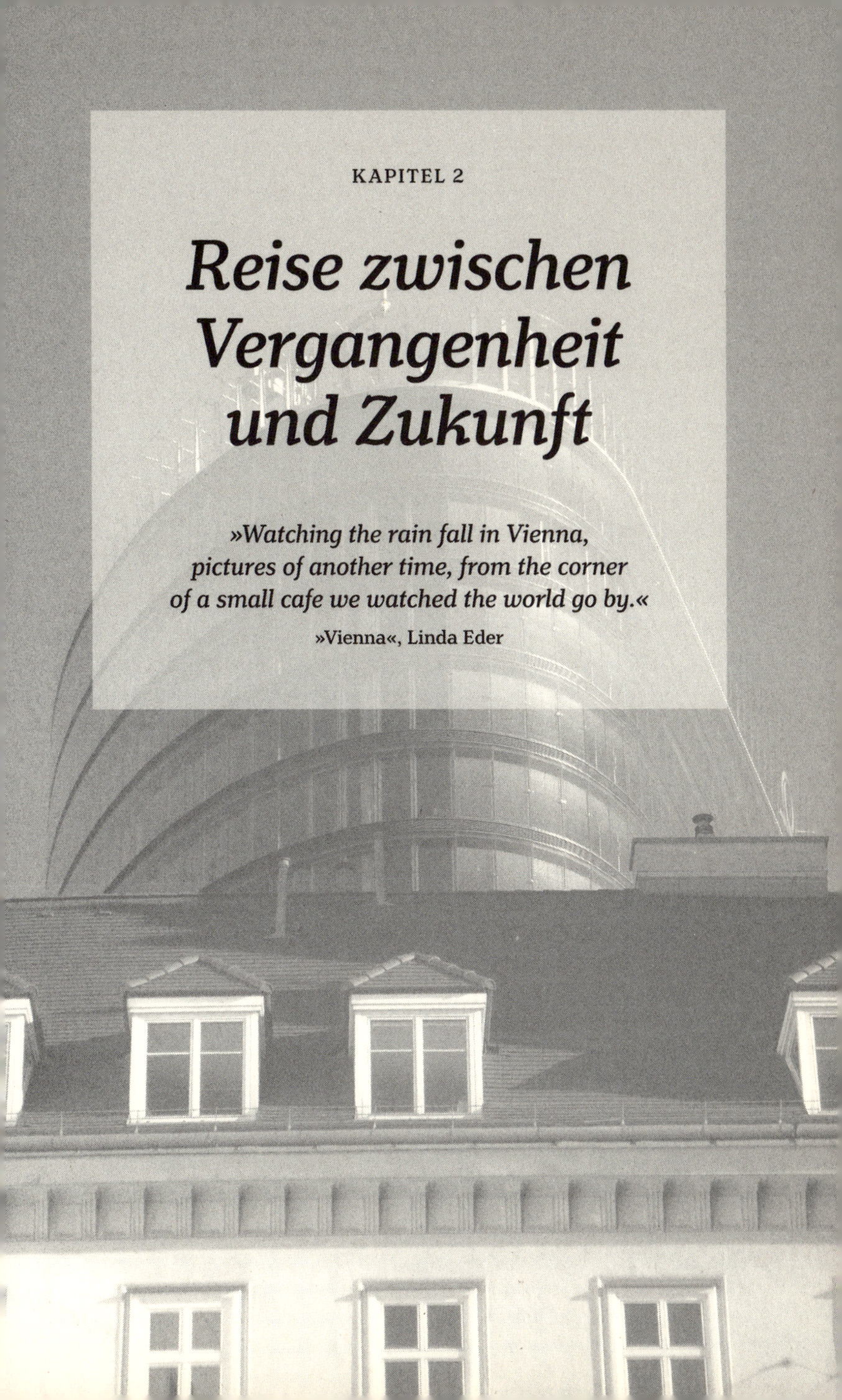

KAPITEL 2

Reise zwischen Vergangenheit und Zukunft

*»Watching the rain fall in Vienna,
pictures of another time, from the corner
of a small cafe we watched the world go by.«*

»Vienna«, Linda Eder

Weil wir alten Gebäuden
neues Leben einhauchen

Man kann den Wienern vieles nachsagen, eines aber bestimmt nicht: mangelnden Einfallsreichtum. Das beweisen nicht nur die unzähligen Provisorien, die sich über die Jahre unbemerkt als permanente Lösungen etabliert haben. Auch der alte Witz von den zwei Polizisten, die einen Toten auf dem Trottoir (so nannte auch meine Oma noch den Gehsteig – also Bürgersteig) finden, nicht wissen, wie man dieses Wort schreibt und die Leiche einfach auf die Straße befördern, um so ihren Bericht fehlerfrei abliefern zu können, ist ein gutes Beispiel dafür. Oder waren es zwei Gendarmen, die ein totes Pferd in der Jacquingasse gefunden hatten und der Rechtschreibung nicht mächtig waren? »Ist wurscht«, sollen sie gesagt haben, »ziag ma den Gaul afoch in die nächste Gossn!«, was so viel heißt wie: »Ziehen wir das Pferd einfach in die nächste Gasse.«

Diese Witze tauschten wir eines Abends aus, als wir gemütlich im Alten AKH (Allgemeines Krankenhaus der Stadt Wien) bei einem Gspritzten saßen und einer der Mediziner in der Gruppe erzählte, wie es war, als er noch im Alten AKH famulierte. Statt das alte Haus nach dem Umzug der medizinischen Abteilungen in das neue Haus am Gürtel verfallen zu lassen, siedelten sich in den Räumlichkeiten die unterschiedlichsten Lokale und später der Campus der Historisch-Kulturwissenschaftlichen und der Philologisch-Kulturwissenschaftlichen Fakultät an. Ähnlichen Einfallsreichtum bewies man auch beim ehemaligen Flakturm im 6. Bezirk, der sich seit 1957 größter Beliebtheit als Haus des Meeres erfreut. Der Flakturm in Mariahilf ist zudem die höchste künstliche Outdoor-Kletterwand in Österreich mit einem einmaligen Ausblick über Wien.

Eines meiner Lieblingskabaretts, das Orpheum, wurde ebenfalls 1957 eröffnet – nachdem das Haus als Kino ausgedient hatte. Das Hammerhaus der Alten Schmiede ist heute ein Literaturhaus, wo in der pittoresken Umgebung alter Schmiedewerkzeuge Lesungen abgehalten werden. Aus dem Stammersdorfer Postamt wurde das »Hauptp(r)ostamt« mit original erhaltenen Schaltern, die zur Bar umgebaut wurden. Die Sargfabrik im 14. Bezirk hat wohl eine der beachtlichsten Veränderungen erfahren, denn heute befindet sich hier ein Badehaus, das mit Babyschwimmen, Frauenbad und Konzerten für Entspannung sorgt. Die »Wäscherei« im 8. Bezirk serviert leckeren Brunch und taugt heute genauso als Ort der Kommunikation wie früher die Wäscherei, nur dass das alte Motto »Fleck raus« naturgemäß dem Motto »Fleck rein« gewichen ist.

Auch der 1867 unter dem Ersten Präsidenten Artur Freiherr von Löwenthal gegründete Wiener Eislaufverein, wo schon meine Mutter ihre Pirouetten drehte, geht mit der Zeit und zeigt sich wandelbar: Im Sommer bietet er unter dem Motto »Sand in the City« Jahr für Jahr Strandfeeling. Ähnlich flexibel agierte man beim Meiselmarkt: Nach der Eröffnung der U-Bahn-Station »Johnstraße« wurde der alte Wasserspeicher der Schmelz umfunktioniert und der Meiselmarkt darin eingerichtet.

Das ehemalige Flugfeld Aspern am Stadtrand Wiens feiert eine großartige Wiederauferstehung als Seestadt Aspern. In der einstigen Ankerbrotfabrik haben sich Galerien und der neue Designmarkt Edelstoff angesiedelt, der sich zu einer regelmäßigen Veranstaltung zu entwickeln scheint. Aus der ehemaligen Wienerberger Ziegelfabrik am unteren Ende der Mariahilfer Straße wurde mit dem Aux Gazelles ein Ort des Genusses, des Kulturaustausches und des Savoir-vivre. In der Neustiftgasse öffnet eine ehemalige Drahtwarenhandlung nun donnerstag- und freitagabends ihre Pforten und bekocht unter genau diesem Namen Gäste, und eine ehemalige Bank wurde zum trendigen Café Aumann – WCs in den Kellergewölben mit Tresorwänden inklusive! Die Alte Hofapotheke wiederum verkauft heute unter dem Titel »Living Vienna« Einrichtung und Deko und serviert darin auch gleich Kleinigkeiten zum Essen.

Das Werkstätten- und Kulturhaus WUK, ein Kulturzentrum im 9. Bezirk, befindet sich in einer ehemaligen Lokomotivenfabrik, die einstige Pratersauna beheimatet heute einen E-Musik-Club, Elektro Gönner beziehungsweise Werkzeug H in der ehemaligen Firma Werkzeug Huber mutierten von einschlägigen Geschäften zu Club und Lokal. Das Schloss Neugebäude, ein von Kaiser Maximilian II. in Auftrag gegebener manieristischer Palast, unterhält mit Sommerkino und anderen Veranstaltungen. Das MuseumsQuartier mit einer Reihe von Museen und hippen Lokalen entstand auf dem Areal der 1725 als kaiserliche Hofstallungen angelegten Gebäude, die 1922 zum Messepalast umfunktioniert und 2001 als MQ eröffnet wurden. Das Tanzcafé Jenseits, eine Nachtbar, erinnert mit seinem plüschigen Interieur nicht nur an einen Puff, sondern war tatsächlich mal einer. Ähnlich verhält es sich auch mit dem Jazz- und Musikclub Porgy & Bess, der einst ein Pornokino beziehungsweise ein »erotisches Etablissement« war, wie es sich selbst bezeichnete.

Da können nur die Gasometer an der Grenze zwischen 3. und 11. Bezirk mithalten. Die einstigen Gasspeicher beherbergen heute modernste Wohnungen und Büros, Einkaufsmöglichkeiten sowie ein umfassendes Freizeitangebot in den cool renovierten Backsteinsilos. Auch Gassenlokale erfahren derzeit ein Revival. So wurde von den »Urbanauts« eine ehemalige Schneiderei als Hotelzimmer zu neuem Leben erweckt – neumodisch »Street Loft« genannt. Das bringt mich auf eine Idee: Vielleicht eröffne ich meinen Minigarten demnächst als Laufsteg für sonnenhungrige Ameisen mit Designerbrillen oder die Bauminseln in unserer Straße als Kunstareale mit kleinem ökologischen Pfotenabdruck. Vorschläge für weitere Umwidmungen nehme ich gern entgegen!

(Andrea Farthofer)

Weil der Steffl den Wienern ans Herz gewachsen ist

Für den durchschnittlichen Wiener ohne übermäßige religiöse Affinität reduziert sich der 136 Meter hohe Stephansdom im Wesentlichen auf wenige Funktionen. Für die Jüngeren bietet das gotische Bauwerk während der Schulzeit einmal im Jahr einen gern gesehenen Anlass für einen schulfreien Tag. Denn der Steffl, wie wir eines der Wahrzeichen Wiens nennen, ist sehr wartungsintensiv. Irgendein Turm ist immer eingerüstet, wird gerade renoviert oder müsste dringend renoviert werden. Über zwei Millionen Euro werden jedes Jahr für die Instandhaltung benötigt. Dann kam irgendjemand auf die schlaue Idee, die Wiener Jugend mit weißen Spendenbüchsen durch die Stadt zu schicken – eine Idee, die bei den SchülerInnen auf offene Ohren stieß. Seit 1977 organisiert der Domerhaltungsverein in Zusammenarbeit mit der Dombauhütte und den Wiener Schulen diese Aktion, die rund 5000 Schülern und Schülerinnen Anfang Oktober einen schulfreien Tag für einen guten Zweck beschert. Für derlei Mühen zeigt sich die Pummerin, die im Nordturm befindliche, zweitgrößte freischwingend geläutete Kirchenglocke Europas, zu Jahresende gern erkenntlich und läutet über den Äther in fast jedem Haushalt das neue Jahr ein.

Nach der Schulzeit dient der Platz vor dem Stephansdom vor allem als Treffpunkt. Von dort ausgehend, steht einem quasi die ganze Stadt offen. Bekommt man aber Besuch aus dem Ausland, kann es schon vorkommen, dass man sich doch wieder einmal mit den inneren Werten des Steffl auseinandersetzen und diesen vielleicht sogar besteigen muss. Mit dem Logo auf dem aus Grund 11 bekannten Manner-Schnitten-Päckchen lassen sich ambitionierte Wien-Besucher genauso wenig abspeisen wie mit den Schnitten selbst. Vielmehr wollen sie einen der Türme besteigen, auch wenn sie oft gar nicht wissen, worauf sie sich da einlassen. Bis auf eine Höhe von 72 Metern, wo sich nach 343 Stufen die sogenannte Türmerstube befindet, ist der Südturm für die Öffentlichkeit zugänglich. Die Besteigung des unvollendeten Nordturms ist nicht minder anspruchsvoll, wartet aber auch noch mit einer zusätzlichen Herausforderung auf. Höhenangst sollte man hier besser nicht haben. Das bemerkte ich rasch, wenn auch zu spät, als ich meine amerikanischen Freundinnen – auf ihren eigenen Wunsch, wohlgemerkt – auf den Stephansdom führte. Als sie mit dem Rücken an die Hauswand gepresst sogar auf jegliche Fotos verzichteten und ihre Gesichtsfarbe sich rasch jener der gelben Ziegel annäherte, erkannte ich: Keine gute Idee! Dem Erlebnis tat dies anscheinend aber keinen Abbruch, denn bis heute erzählen sie begeistert von ihrem Abenteuer auf dem Wiener Stephansdom, das sich dann – durch die vielfache Wiedergabe geringfügig verzerrt – eher anhört wie die Besteigung eines Achttausenders ohne Sauerstoff.

Apropos Ziegel: 230.000 Dachziegel in insgesamt zehn Farbtönen zieren den Stephansdom. Dass sich ihr wunderschönes Zickzackmuster in der Glasfassade des gegenüberliegenden modernen Haas-Hauses spiegelt, zeigt einmal mehr, wie gut Alt und Neu in Wien harmonieren.

(Andrea Farthofer)

Weil ringsherum nicht schwer ist

Der frühe Vogel fängt den Wurm, auch in Wien. Doch nicht nur das. Er bekommt auch einen wunderbaren Blick auf die monumentalen Gebäude der Stadt – und nasse Füße. Zumindest wenn er im Sommer frühmorgens die Ringstraße entlangradelt.

1200 Kilometer gekennzeichnete Radwege gibt es in Wien. Wenn man bedenkt, dass an Spitzentagen allein auf dem Radweg der Ringstraße 6000 Menschen unterwegs sind (die Fußgänger, die selbstvergessen die Radwege benutzen, queren und blockieren, noch gar nicht mitgezählt), kann einem angst und bange werden. Noch dazu, weil diese Strecke für viele Menschen nicht nur als Hauptverbindungsader fungiert, sondern auch als Erinnerungshilfe daran, was Wien so einzigartig macht. Als »früher Vogel« kann man diesen Trip nicht nur unbeschadet, sondern auch genussvoll erleben. Denn die Letzten beißen die Hunde, überfahren die Autos, überrollen die Straßenbahnen.

Nein, ganz so schlimm ist es nicht, aber trotzdem: Frühmorgens kann man den Blick noch über die Gebäude schweifen lassen und die klare Stadtluft atmen, anstatt auf Fußgänger und andere Radfahrer achten zu müssen. Man kann sich ein klein wenig als Easy Rider fühlen, mitten in der Stadt und mit minimalem ökologischen Fußabdruck. Und sich dabei sogar an echten Pferdestärken messen, denn auf der parallel zum Radweg verlaufenden Ringstraße transportieren die ersten zweispännigen Fiaker des Tages die Touristen über die Prachtstraße. Auch die Fiaker (richtig, Kutsche und Kutscher tragen denselben Namen) mit ihren Charlie-Chaplin-Hüten versuchen um diese Zeit, ihren Passagieren die Architektur auf eine ganz besondere Art näherzubringen. Vor allem an lauen Sommermorgen, wenn die Rasensprenger entlang des Radwegs die Füße und Knöchel für den kommenden heißen Sommertag vorkühlen, fällt einem schnell wieder ein, warum es sich in Wien nicht nur gut, sondern auch sehr schön leben lässt. Die an der Aspernbrücke gelegene Urania ist ein würdiger Ausgangspunkt für diese besondere Rundfahrt. Der imposante neobarocke Bau wurde 1910 fertiggestellt und befindet sich direkt über einer Strandbar. Ein paar Schritte stromaufwärts liegen die Fest.Land.Bar und das Badeschiff mit seinem türkis anmutenden rechteckigen Fleckchen »Meer«.

Das nächste Highlight ist nicht weit weg: Auf der rechten Seite winkt mich die Postsparkasse mit Jugendstilfassade vorbei, die auf Otto Wagner zurückgeht, während auf der linken Seite das Museum für angewandte Kunst für künstlerisches Flair sorgt. Danach folgt links der relaxte Stadtpark, bekannt auch durch das alljährliche Genussfestival, davor ein altehrwürdiges Pissoir, das meine amerikanische Freundin A. vor einigen Jahren in wahren Schrecken versetzte, ehe sie sich gegenüber ins Café Prückel rettete, in eines der letzten drei verbliebenen Ringstraßen-Cafés.

Kurz darauf erreiche ich schon den Schwarzenbergplatz, bekannt auch als Ort der Innovation. Hier wurde 1977 der erste McDonald's in Wien eröffnet, zu einer Zeit, als der moderne Slogan »Mama, heißen alle Pommes Fritz?« noch eine Existenzberechtigung hatte. Rechts dahinter die eleganten Ringstraßengalerien für die kleine Shopping-Attacke zwischendurch, links gefolgt von der Haltestelle der Badner Bahn, die einen nach nur 30 Minuten Fahrt zur großen Shopping-Tour in die Shopping City Süd, eines der größten Einkaufszentren Europas, einlädt.

Bald nähern wir uns auf der rechten Seite der berühmten Staatsoper. Dann folgen rechts der Burggarten mit dem Palmenhaus und dem Schmetterlingshaus (kleines Päuschen in der Wiese gefällig?), die Hofburg und der Heldenplatz, ehe man links die imposanten Gebäude des Kunsthistorischen und Naturhistorischen Museums erblickt. Weiter geht es linker Hand mit Parlament und Rathaus und dem vor allem in der Vorweihnachtszeit entzückenden Rathauspark, rechts mit dem Volksgarten einschließlich üppigem Rosengarten und neu renoviertem Theseustempel (noch ein Päuschen in der Wiese vielleicht?), gefolgt vom Burgtheater und dem legendären Café Landtmann. Links kommt die Uni, rechts folgen die ehemalige Börse mit dem grünsten Untergeschoss Wiens und der Ringturm, bevor man das letzte Stück in Angriff nimmt, das bereits wieder parallel zum Donaukanal zurück zur Urania führt und auch direkt am Ufer des Donaukanals zurückgelegt werden kann.

In diesem Fall – ich warne Sie sicherheitshalber – wird es nichts mit dem besten Radieschenbrot der Stadt im »Motto am Fluss« oder einem Eis am Schwedenplatz. Jedenfalls ist es nicht mehr weit bis zum Ausgangspunkt. Die Füße – oder zumindest die Schuhe – sind nach diesen 5,2 Kilometern erfahrungsgemäß sauber, der Kopf entlüftet, die Seele inspiriert.

Wem bei der Ringrundfahrt der Sinn nach geordneter Geselligkeit steht, der kann sich einmal im Jahr in den großen Massensturm auf die Ringstraße einfügen. Dann nämlich, wenn diese bei der Radparade im April für ein paar Stunden nur den Radfahrern gehört. Dabei zeigt sich einmal mehr, dass unermesslich schräge Fahrzeuge als Fahrräder durchgehen und die Wiener Route 66 für Rad- und Architekturfans immer ein Erlebnis ist.

(Andrea Farthofer)

Weil Wien hoch hinaus will

Was halten Sie von der Skyline von New York? Was schon im Vorspann zu »CSI New York« sehr cool aussieht, ist in natura noch weit imposanter. Wolkenkratzer neben Wolkenkratzer, ein Gebäude höher als das andere. So etwas gibt es in Good Old Europe nicht so oft, schon gar nicht in dieser Dichte.

Doch auch in Wien hat sich diesbezüglich etwas getan in den letzten zwei Jahrzehnten. Rund um das Vienna International Centre (VIC), auch als UNO-City bekannt, und das Austria Center Vienna, Österreichs größtes Kongresszentrum, haben Stadtentwickler und Architekten einen modernen urbanen Gegenpol zum vergangenheitsbezogenen Wiener Stadtbild mit den monumentalen Gründerzeitbauten am Ring errichtet.

Die Grundlage für die Entstehung der Donau City wurde Anfang der 1990er-Jahre durch den Bau der sogenannten Donauplatte geschaffen. Hier wurde quasi die Autobahn in den Keller verlegt und darüber frisch-fröhlich ein Hochhaus neben das andere gepflanzt. Bei der Suche nach Namen für die Büro- und Wohntürme wurde kräftig in der Mottenkiste der griechischen Mythologie gewühlt. Andromeda Tower, Ares Tower, Saturn Tower – der Olymp lässt grüßen.

Ich freue mich schon sehr auf den ersten Besuch des Restaurants im 57. Stock des »DC Tower 1«, des mit 250 Meter Höhe höchsten Gebäudes Österreichs. Bei einem Glas Wein und einem kleinen Happen kann ich von da den Blick über Wien schweifen lassen und so nebenbei dem kleinen Bruder »DC Tower 2«, der im Endausbau immerhin 168 Meter hoch sein wird, beim Wachsen zusehen.

Internationale Organisationen wie die UNIDO oder die Atombehörde IAEA, aber auch Osteuropa-Zentralen vieler Großkonzerne und Hightech-Unternehmen aus aller Welt haben sich Seite an Seite mit österreichischen Unternehmen in der Donau City niedergelassen. Nicht zuletzt wegen der hervorragenden Verkehrsanbindung: In null Komma nix ist man auf der Autobahn und in wenigen Minuten mit der U-Bahn im »Historischen Zentrum von Wien«.

Im Gesamtausbau, der etwa 2015 abgeschlossen sein und neben weiteren Büro- und Wohntürmen auch Einkaufsmöglichkeiten, Ärztezentren, eine Kirche und ein Kulturzentrum beherbergen soll, werden dann bis zu 15.000 Menschen arbeiten, leben und den hohen Freizeitwert der Naherholungsgebiete Donauinsel, Donaupark und Alte Donau genießen.

Da ich das Glück hatte, einige Jahre einer dieser demnächst 15.000 zu sein, gönnte ich mir von meinem Arbeitsplatz aus – Buchbeiträge zu verfassen ist leider nur ein netter Zeitvertreib, mit dem ich meinen Lebensunterhalt (noch) nicht ganz bestreiten kann – täglich den Ausblick auf Donaupark & Co. An heißen Sommertagen gesellte sich dazu die Vorfreude auf Abende am (viele nette Lokale), im (Schwimmen in der Alten Donau) und auf dem Wasser (Tretbootfahrten bei Vollmond mit integriertem Picknick).

Nach Feierabend tauschte ich Anzug und Krawatte gegen T-Shirt und Shorts und ließ mich mit einem kühlen Getränk am Wasser nieder. Mein Blick wanderte von der imposanten Kulisse aus Glas- und Betontürmen im Licht der Abendsonne auf die unzähligen Gartenlauben, Einfamilienhäuser und Villen entlang der Uferlinie im Vordergrund. Ein Hauch der großen weiten Welt und Schrebergärten, Großstadt-Skyline und Kleinstadtsiedlung, Manhattan und Floridsdorf friedlich vereint in einem Bild – für mich ein weiterer Grund, die großartigste Stadt der Welt zu lieben.

(Max Ferner)

Weil man sich im Augarten erlustigen soll

Was würde Kaiser Joseph II. wohl zu der von ihm verordneten »Erlustigung« sagen, könnte er erleben, wie sie heute im Augarten praktiziert wird? Würde ihm der Gedanke an Songreiterei, Décor, Bunkerei, Silent Circus und Slacklining ebenso gut gefallen wie all den Besuchern, die sich hier in seinem Auftrag erlustigen? Ich vermute, er würde sich diebisch darüber freuen, wie gut sein Plan aufgegangen ist.

Dass dem so ist, darf man wohl mit Fug und Recht behaupten, wenn man eine Runde durch den Augarten dreht und die Fülle an Aktivitäten beobachtet, die heute hier gang und gäbe sind. Seit dem 1. Mai 1775, dem Tag, als Joseph II. die älteste barocke Gartenanlage Wiens der Allgemeinheit mit den Worten »Allen Menschen gewidmeter Erlustigungs-Ort von ihrem Schätzer« zugänglich machte, hat sich einiges getan. Wobei auch die Anfänge nicht von schlechten Eltern waren, sondern vielmehr ein glücklich machendes Exempel statuierten: Das Gebäude im Augarten mit Speisesälen, Erfrischungsräumen, Tanzsälen und Billardzimmer kann man wohl getrost als Vorbild für vieles bezeichnen, was in den späteren Jahren kommen sollte.

Die Wiener Porzellanmanufaktur Augarten, die im Schloss Augarten beheimatet ist, geht auf das Jahr 1718 zurück. Seit 1948 gehören die 1924 als Verein gegründeten Wiener Sängerknaben offiziell zu den Bewohnern des Augartenpalais. Die Wurzeln dieses Knabenchors gehen aber zurück bis ins 15. Jahrhundert, denn er war Teil der Hofkapelle von Maximilian I. Dann wären da noch die beiden Flaktürme zu nennen, die zwischen 1942 und 1945 errichtet wurden. Was mit dem feinen Augartenporzellan ein Leichtes ist, wollte bei den Flaktürmen nicht gelingen: Alle Sprengungsversuche in den 1960er-Jahren scheiterten. Zudem ist der Augarten Heimat für Augarten Contemporary, eine Dependance des Belvedere für zeitgenössische Kunst mit Ausstellungen inmitten eines englischen Gartens, das Filmarchiv Austria in den Wirtschaftsgebäuden des Palais Augarten, ein Altersheim, eine Schule, ein Kinderfreibad und mehrere Sportplätze.

Jetzt dachten Sie vielleicht, dass Sie mich schon ein wenig kennen, und wundern sich darüber, dass das Gründe für mich sind, in den Augarten zu kommen. Ihre Menschenkenntnis trügt Sie nicht. Aber da gibt es ja auch noch das Décor, ein elegantes Lokal direkt neben der Porzellanmanufaktur. Hier kann man gediegen in einem wunderbaren Ambiente frühstücken und bis spätabends speisen. Wenn man die Umgebung lange genug auf sich wirken lässt, kann man sich sogar vorstellen, wie unter der Leitung von Wolfgang Amadeus Mozart Morgenkonzerte im Gartensaal des Schlosses stattgefunden haben, wo sich heute die Augartenmanufaktur befindet. Vielleicht erscheinen einem ja sogar Lanner oder Strauss vor dem geistigen Auge – beim Musizieren im Augarten.

Ein weiteres Highlight ist die Bunkerei. Als uriges Lokal in einem ehemaligen Flachbunker ist sie quasi der Kontrapunkt zum eleganten Décor. Erst 2005 wurde der Bunker in einer spektakulären Aktion »geknackt« und so der Grundstein für die Bunkerei freigelegt. Die wichtigsten Elemente, Kernstück eines jeden soliden Beisls: großer Freibereich, Holzstühle und Holztische im Grünen, eine bodenständige Speisekarte und ein gemischtes Publikum. Ein älteres Ehepaar trinkt frühmorgens gemeinsam eine Melange und holt sich vom Imbissstand zwei Tüten Eis. Ein junges Pärchen sitzt Händchen haltend beim sonntäglichen »Klassik-Frühstück« und genießt die ausgefallenen Kreationen: Mozart und Beethoven stehen ebenso auf der Frühstückskarte wie Mussorgsky. Das Veranstaltungsangebot reicht von Weihnachtspunsch in der Puncherei, zu der die Bunkerei im Advent mutiert, und Musikveranstaltungen über Shiatsu-Massagen bis zu Public Viewings,

Silent Music und Silent Circus. Die Kinder schauen mit großen Augen dem Clown zu, der sich wagemutig vom Baum herunterhängen lässt oder aus einem Koffer herausschält. Die Erwachsenen bekommen große Augen, wenn die erfahrenen Shiatsu-Masseure im hinteren Bereich der Bunkerei wieder einmal den ultimativen Schmerzpunkt gefunden haben. Und die Sportler, die hier auf ein Getränk einkehren, bekommen beim Anblick des üppigen Frühstücks große Augen.

Auch Freiluftkino hat im Augarten Tradition. Immer wieder werden in dem wunderbaren Ambiente Filmvorstellungen mit spannender Gastronomie verbunden. War es früher das »Kino unter Sternen«, ist es heute das »Kino wie noch nie«, das inmitten eines prächtigen Gemeinschaftsgartens angesiedelt ist. Die Österreichischen Bundesgärten sorgen dafür, dass das barocke Flair des Parks gewahrt bleibt. Zu meiner Freude blitzen durch die symmetrisch angelegten Beete wunderbare Stockrosen in allen Farben. Das Ziel von Kaiser Franz Josef, dass Parkanlagen »zur Zierde gereichen« sollten, wird hier zweifelsohne erreicht. Die Stockrosen sind da nur das wunderbare Tüpfelchen auf einem 52 Hektar großen i.

(Andrea Farthofer)

Weil man beim Straßenbahnfahren die Langsamkeit entdeckt

»Was gibt es Neues?« Für Nichtwiener hätte ich für diese beliebte Freitagnacht-Sendung des österreichischen Fernsehens, dem Pendant zum deutschen »Genial daneben«, eine interessante Frage: Wer oder was ist ein Jonasreindl? Und bitte, was ist überhaupt ein Reindl? Für Wiener und profunde Wienkenner (leider hat sich der seit mehr als zehn Jahren in Wien lebende Koautor an dieser Stelle eine ungeahnte Blöße gegeben) stellt sich diese Frage natürlich nicht, für alle anderen kläre ich auf: Das Jonasreindl ist weder ein Küchenutensil für Männer mit zwei linken Händen noch ein Kleidungsstück mit oder ohne Schürze und Schleife. Genau genommen bezeichnet das Jonasreindl die Koordinaten 48° 12' 51" N, 16° 21' 42" O – das Drehkreuz des öffentlichen Verkehrs am Schottentor, einem der einstigen Stadttore Wiens. Benannt ist das Jonasreindl nach dem früheren Wiener Bürgermeister Franz Jonas, unter dessen Regierung es in den 1960er-Jahren entstand; es bezeichnet die über- und die unterirdische Straßenbahnschleife inklusive Passage unter der Ringstraße, die in ihrer Form einem Reindl (hochdeutsch: Pfanne) ähnelt.

Mein altes und neues Hobby, mit dem ich vor allem im Herbst gern noch unbekannte Ecken der Stadt erkunde, steht unter dem Motto: »Wenn du es eilig hast, gehe langsam.« Diese buddhistische Weisheit, deren tieferen Sinn ich in Grund 55 erkunden möchte, lässt sich auch auf das Leben in der Stadt anwenden. Das gleichermaßen günstige und regensichere Hobby entdeckte ich zu einer Zeit, als »Stress« noch »Eile« hieß und mir auch diese noch nicht persönlich begegnet war. Damals waren die Straßenbahnen noch 100 Prozent werbefrei und in schlichtem Rot und Weiß gehalten. Vom Beruf des Schaffners konnte man sich persönlich ein Bild machen – heute geht das nur mehr über die Moritat »Schaffnerlos« von Wolfgang Ambros, der den »Herrn Schaffner« und sein »Schaffnerlos« besingt. Ganze Tage verbrachte ich damit, zusammen mit meiner Kindergartenfreundin Regine mit der »Bim«, die in Wien auch »Tramway« genannt und »Drammwei« ausgesprochen wird, durch die Stadt zu fahren. Es war warm, dank Schülerausweis kostenlos und immer lustig. Von Rodaun bis nach Aspern musste man damals erst mal kommen. Auch vom Wahrheitsgehalt des Zitats aus dem Lied »Zwickt's mi« von Wolfgang Ambros ließen wir uns nicht abschrecken: »Gestern foa i mit da Drammwei Richtung Favoriten, draußen regn'ts und drinnen stinkts und i steh in da Mitten.« Na und? Wer auf großer Fahrt ist, lässt sich von solchen Kleinigkeiten nicht abhalten.

Die Auswahl am Jonasreindl ist groß: Die bei Touristen beliebten Linien 1 und 2 lasse ich links liegen, denn heute zieht es mich in den Nordwesten. Für die Entdeckung der Langsamkeit stehen dazu die Linien 37, 38, 40, 41, 42, 43 und 44 parat. Was das Straßenbahnmodell angeht, bin ich retro: Ich bevorzuge die alten Modelle gegenüber den modernen Niederflurzügen. In den alten Straßenbahnen sitzt man höher und hat daher einen besseren Ausblick, und am Ende jedes Waggons gibt es eine Lümmelmöglichkeit, die man in den neuen Modellen leider nicht mehr findet. Während man lässig hinten lehnt, kann man die Stadt an sich vorbeiziehen und den Alltag hinter sich lassen. Mit der Linie 41 kommt man bis zum Pötzleinsdorfer Schlosspark, zum Geymüllerschlössel und zu einer sehr idyllischen Wohngegend mit viel Grün. Nimmt man hingegen die Linie 38, landet man nach rund 20 Minuten Fahrzeit in einer der bekanntesten Heurigengegenden Wiens, was man unbedingt als Wink des Schicksals betrachten sollte. Ohnehin sollte man Grinzing und Co. besser mit den Öffis erkunden, man weiß ja nie.

Mit der Linie 37 kommt man am lieblichen Setagayapark vorbei und erkundet die Gegend um die Hohe Warte mit der Zentralanstalt für Meteorologie und Geodynamik, wo sich die Wetterfrösche mit großer Begeisterung, aber fragwürdiger Genauigkeit an den Wetter-prognosen versuchen. Mit der Linie 43 gelangt man in den von Hermann Leopoldi besungenen Stadtteil Neuwaldegg, wo man angeblich alle seine Sorgen vergisst, und zum ersten Landschafts-garten Österreichs, dem Schwarzenbergpark, der einst dem irischen Grafen Lacy gehörte und später von der Adelsfamilie Schwarzen-berg geführt wurde, ehe ihn 1957 die Stadt Wien übernahm. Mit der Linie 44 endet man in Dornbach und kann im Vorüberfahren einige der städtischen Weinberge des 17. Bezirks besichtigen.

Wenn Sie also beispielsweise ein ungemütliches Hotel oder Handwerker in der Wohnung haben, aber keine Lust auf das große Zufuß-Rundumadum-Wanderprogramm in Wien verspüren, lassen Sie es langsam angehen. Mit der Straßenbahn ist das ein Klacks. Ein gewisser Suchtfaktor ist nicht auszuschließen. Ooooohmm!

(Andrea Farthofer)

Weil unter der alten Stadtbahn
neue Bögen gespannt wurden

Ein grausliches Paprikahendl und die Geisterbahnfahrt im Wurstelprater, das sind die bleibenden Erinnerungen an meinen ersten
Wien-Besuch mit meiner Großmutter Anfang der 1970er-Jahre. Und
die tolle Fahrt mit der Stadtbahn. In meiner Generation wollten –
Klischee hin oder her – die meisten Buben Lokomotivführer werden
und Eisenbahnfahrten jeder Art konnten mich damals noch sehr
beeindrucken. Die in der für das »rote« Wien typischen Farbe ge-
haltenen Waggons wurden zwar schon lange nicht mehr von einer
Dampflok gezogen wie zu Beginn des 20. Jahrhunderts. Das tat der
Faszination einer Fahrt hoch über dem Gürtel aber keinen Abbruch.

Die Wiener Stadtbahn bestand als öffentliches Nahverkehrs-
mittel von 1898 bis 1989. Sie zählt als Bauwerk des frühen Jugend-
stils zu den Sehenswürdigkeiten Wiens und ist eines der Haupt-
werke des berühmten Architekten Otto Wagner. Trotz schwerer
Beschädigungen im Zweiten Weltkrieg sind viele Stationen noch
weitgehend im Originalzustand erhalten, gut zu sehen auf der
heutigen U-Bahnlinie U4 an den Stationen »Stadtpark«, »Kettenbrückengasse«, »Hietzing« und »Rossauer Lände«. Sonnenblumen-
rosetten, Kränze, stilisierte Buchstaben und grün gestrichenes
Schmiedeeisen von Balustraden und Laternen bis zu Fenster- und
Türgittern stehen für Otto Wagners gelungenen Versuch, einen
architektonischen Kontrapunkt zu den dem Historismus ver-
pflichteten Ringstraßenbauten zu setzen.

Mir persönlich gefällt die ebenfalls von Otto Wagner entworfene
Gürtellinie – heute Teil der U6 – sogar noch besser und das nicht
nur wegen meiner Kindheitserinnerungen. Die erhöht angelegte
Trasse wird durch eine Reihe von Ziegelbögen gestützt. Ursprüng-

lich befanden sich in diesen Viadukten, besser bekannt als Stadtbahnbögen, viele kleine Handwerksbetriebe, die jedoch im Laufe der Zeit verschwanden.

Mitte der 1990er-Jahre startete die Stadt Wien eine Initiative zur Wiederbelebung der Stadtbahnbögen, woraufhin sich im Bereich des 8. und 9. Bezirks einige Szenelokale und erneut Handwerksbetriebe ansiedelten. Da der Gürtel eine der meistfrequentierten Straßen Europas ist, eine richtige Verkehrshölle sozusagen, stört die laute Musik aus den Lokalen, die sich zwischen den Stationen »Thaliastraße« und »Nußdorfer Straße« etabliert haben, nicht wirklich, Bands und DJs können richtig Gas geben. Im Sommer geht die Party in den Gastgärten weiter – die ganze Nacht lang, wovon man sich beim Gürtelnightwalk überzeugen kann, der seit 1997 alljährlich im August stattfindet.

Das Lokal, mit dem der Gürtelboom begann, war das Chelsea. Othmar Bajlicz, in den 1970er-Jahren Fußballprofi, hatte den Mut, ein Szenelokal für Musik- und Fußballliebhaber zu einem Zeitpunkt aufzumachen, als die Gegend noch ein Rotlichtviertel war. Das Erfolgsrezept des Chelsea ist ebenso simpel wie genial: täglich wechselnde DJ-Reihen, dazu regelmäßige Konzerte mit in- und ausländischen Bands und als Ergänzung umfangreiche Fußballübertragungen, hauptsächlich aus der englischen Premier League. Passend zum Ambiente eines englischen Pubs werden englische und irische Biere sowie schottische Whiskysorten ausgeschenkt.

Ein paar Schritte weiter im rhiz ist die Wiener Elektronikszene zu Hause, hier wird die Musik nicht selten mit dem Laptop produziert. Muss man mögen! Da zieht es mich schon mehr ins B72 oder ins »Q [kju:]«, wo von House bis R'n'B eine große Bandbreite geboten wird.

Mein neuer Lieblingsplatz unter den Stadtbahnbögen befindet sich in der Nähe der U-Bahn-Station »Spittelau«. In Brandauer's Bierbögen kann man ganz wunderbar Spareribs und Zwicklbier zu sich nehmen, bevor man im benachbarten »Local« Live-Auftritte von einheimischen Bands erleben kann, von denen die Koautorin in Grund 36 schwärmt.

Neben den Szenelokalen hat sich eine ganze Reihe von Handwerksbetrieben und kleinen Geschäften angesiedelt, vom Bike-Store über Kfz-Werkstätten bis hin zum unvermeidlichen McDonald's. Letzterer hat das bei anderen Lokalen und Geschäften in den Stadtbahnbögen noch deutlich sichtbare alte Ziegelgewölbe leider weitgehend hinter Verkleidungen versteckt. Die Atmosphäre ist trotzdem liebenswert anders als beim üblichen 08/15-Resopal-Schnellimbiss, die Auslegung als Drive-in trotz extrem beengter Platzverhältnisse war sicher eine Herausforderung. Apropos Drive-in: Angesichts der Unzahl an Taxis frage ich mich, ob McDonald's der Konkurrenz durch die vielen Kebab-Nudelbox-Pizza-Würstel-Kombibetriebe neuerdings mit Hauszustellungen den Kampf ansagt. Zwei Big-Mac-Menüs, ein Chefsalat plus eine Apfeltasche gratis ab einem Bestellwert von acht Euro, das würde Couch-Potatoes ganz neue Möglichkeiten eröffnen.

(Max Ferner)

Weil Sightseeing im Liegen gemütlicher ist

Manchmal muss man einfach den Blickwinkel ändern, um wieder klar zu sehen. Innehalten, Abstand gewinnen und dann mit einer neuen Sichtweise an die Dinge herangehen. Das gilt für das Sightseeing ebenso wie für Erkundungen in der eigenen Stadt. Und wenn man schon dabei ist, vielleicht auch gleich für das ganze Leben. Wer will schon dasselbe Foto haben wie die 70-köpfige japanische Reisegruppe, dasselbe Sofa wie Hempels und denselben Mahagonischrank wie Hubers von nebenan?

Besonders gut nachdenken lässt es sich ja bekanntlich im Liegen und das wiederum geht in Wien besonders einfach, seit bunte Kunststoff-Designermöbel in auffälligen Farben und einem ungewöhnlichen Design die Stadt erobert haben. Enzis heißen die Sitzgelegenheiten, die seit 2003 während der Sommermonate das Innehalten im öffentlichen Raum erleichtern. Begonnen hat alles im MuseumsQuartier, wo sich einst kaiserliche Stallungen und später der Messepalast befanden. Hier wurden die nach Daniela Enzi, der Prokuristin des MuseumsQuartiers, benannten Möbel erstmals der Öffentlichkeit vorgestellt. Seither sind uns die bunten Dinger ans Herz gewachsen. So sehr, dass man sie mittlerweile auch an völlig unerwarteten Orten vorfindet, sei es im Outlet Center Parndorf vor den Toren Wiens, auf dem aus Grund 55 bekannten Campus im Alten AKH, mitten in einer städtischen Wohnhausanlage oder im Thermalbad Vöslau hoch oben in der Nähe vom Waldbad. Sogar Almen bevölkern sie und dienen dort als Rastplätze mit bester Aussicht; die aktuellen Standorte sind auf der Website *www.bergsommer.at* verzeichnet.

Auch zur Wien-Werbung wurden die Möbel schon mehrfach eingesetzt – so etwa 2010 im Madrider Museumsdreieck und vor dem Museu d'Art Contemporani de Barcelona, 2012 auf dem Vorplatz des Londoner Royal National Theatre, aber auch in Den Haag und in einigen österreichischen Landeshauptstädten. Fünf maiwiesengrüne Enzis mit Wien-Branding gibt es zudem in Warschau, seit Wien Tourismus dem Kopernikus-Zentrum unsere Möbel zum Geschenk machte.

Den Entwicklern Anna Popelka und Georg Poduschka (PPAG) brachte das Enzi-Projekt übrigens nicht nur die Anerkennung der Öffentlichkeit ein, sondern 2005 auch den Adolf-Loos-Design-Staatspreis.

Bis 2010 wurde die Farbe der Enzis jedes Jahr per Internet-Abstimmung ermittelt. Auf Schwimmbadblau folgten Hellrosa, Pistaziengrün, Freudliegenrot, Cremebeige, Fastaustriaviolett, Zitronengelb und Candy Shop Pink. Nach einem Feuer im Jahr 2009, bei dem die Enzis abbrannten, wurde ihre Form überarbeitet. Die Designer Ludwig Slezak und Margarita Navarro machten aus ihnen in einer Kooperation mit den Enzi-Entwicklern PPAG die sogenannten Enzos, die innen hohl sind und mit dem Namen auf das Herstellerland Italien verweisen. Sie sind leichter, brandresistenter und sollen nicht mehr jährlich umgefärbt werden.

Ein entsprechend bunter Mix aus rund 100 überdimensionalen Liegen – aktuell sind es 85 unterschiedlich farbige Enzos und 15 verbliebene gelbe Enzis – ziert jeden Sommer das MuseumsQuartier. So wird das 90.000 Quadratmeter große Areal des MQ zu nahezu jeder Tages- und Nachtzeit zur »urbanen Liegewiese«. Besonders stimmungsvoll wirken die Kunststoff-Wohnlandschaften abends und nachts, wenn die bunt beleuchteten Lokale und Bars geöffnet haben. Dann wird aus der Liegewiese ein heimeliges XXL-Wohnzimmer. Und für alle, die nicht genug von diesen erstaunlich bequemen Sitzmöbeln bekommen, gibt es mittlerweile auch die wohnfreundlichen Varianten des Softenzi und des Stoffenzi, die in Lokalen Einzug gehalten haben. Sogar IKEA machte sich bereits den Enzi-Kult für eine Werbeaktion zunutze. 2011 platzierte das schwedische Möbelhaus anstelle der Enzis für einige Tage IKEA-Sofas zum Chillen und Relaxen im MuseumsQuartier und verband diese Aktion mit einem Gewinnspiel.

Während man also gemütlich in einem der Enzis oder Enzos liegt, kann man das Flair des MuseumsQuartiers auf sich wirken und den Blick über das Leopold Museum und das Museum moderner Kunst schweifen lassen und der alles entscheidenden Frage nachgehen: »Liegst du noch oder schläfst du schon?«

(Andrea Farthofer)

Weil es Anti-Aging-Lokale gibt

Es soll Tage geben, wo man nicht so recht etwas mit sich anzu-
fangen weiß. Der Teint ist fahl, das Kreuz zwickt und man fühlt
sich rundum unwohl. Um erste Symptome einer kleinen Sinnkrise im Keim zu ersticken, könnte eine Anti-Aging-Therapie nicht
schaden. Bevor Sie jetzt den Kopf schütteln, weil Sie an die damit
verbundenen Kosten und Terminvereinbarungen denken, lesen
Sie erst mal weiter. Wien bietet ein kostengünstiges, einfaches und
wirksames Anti-Aging-Programm – eines, das ganz ohne Spritzen,
Botox und die aufwendige Suche nach dem besten Gott in Weiß
auskommt.

Der Weg zum Institut meines Vertrauens führt in die Josefstadt, in den 8. Bezirk, der neben dem berühmten Theater in der
Josefstadt und dem aus Grund 70 bekannten Paradies für Carrie
auch ein ganz besonderes Beisl beheimatet. Dieses lockt Leute wie
uns seit Jahrzehnten an, auch wenn wir den Altersdurchschnitt
mittlerweile doch ein klein wenig in die Höhe treiben. Waren es
zu Studentenzeiten vorrangig die niedrigen Preise, die gemütliche
Atmosphäre und die gute Musik, die mich zu einem der Stammgäste gemacht haben, ist heute noch ein weiterer Grund hinzu-
gekommen: die mentale Komponente. Hier kann man die eigene
Zeitrechnung manipulieren, die Uhr ein wenig zurückdrehen,
die Geschichte neu schreiben oder, wenn man schon mal dabei
ist, sich einfach neu erfinden. Die Speisekarte im »Tunnel« blieb
von solcherlei Einfällen glücklicherweise verschont. Den heiß
geliebten Schafkäsetoast von damals mit einem Klecks Ketchup
gibt es auch heute noch, ebenso wie den mittlerweile politisch
unkorrekten, aber trotzdem weiterhin unwiderstehlichen »Mohr
im Hemd« – und das immer noch zu erstaunlich studentischen

Preisen. Die orientalische Palette an Kleinigkeiten wurde auf erfreulichste Art ausgeweitet und für alle, die dem Ribiselwein (Johannisbeerwein), dem Partygetränk Nummer eins der 1980er-Jahre, nicht wegen Kopfschmerzen abgeschworen haben, gibt es sogar diesen noch.

Oben auf der Galerie lässt sich wie anno dazumal gut philosophieren und die Welt verbessern. Das Flair von Sturm und Drang hängt noch in der Luft und hat dem Zahn der Zeit ebenso standgehalten wie das abgewetzte Sofa, das schon seit Ewigkeiten im Erdgeschoss steht, oder die Toiletten, die mit unzähligen Kritzeleien auf den Türen die Befindlichkeiten und Anliegen der Gäste der letzten 30 Jahre dokumentieren – ein Stück feministische Zeitgeschichte, wenn man so will.

Wenn die etwas Älteren unter uns gegen 21 Uhr auf selbige zu blicken beginnen, können sie dem Leben mit minimalem Aufwand eine kleine Wendung geben. Dazu gilt es, lediglich folgende Frage richtig zu beantworten: Heimgehen oder bleiben? Bleiben bedeutet in diesem Fall, dass man in den Keller geht, wo ab neun Uhr abends 365-mal im Jahr Live-Konzerte mehr oder weniger aufstrebender Bands stattfinden. Wenn Sie sich fürs Heimgehen entscheiden, kein Problem! Kommen Sie einfach wieder, irgendwann werden auch Sie sich jung genug fühlen, um bis Mitternacht Musik zu hören, die andernfalls vielleicht nie den Weg zu Ihren Ohren gefunden hätte und eigentlich gar nicht sooo übel ist. Wenn Sie sich auf Anhieb fürs Hierbleiben entscheiden, hat die Verjüngungstherapie scheinbar besonders rasch angeschlagen und die Wahrscheinlichkeit, dass Sie wie Bob Dylan »Forever Young« bleiben können, ist soeben um einige Prozentpunkte gestiegen.

Zweifellos verhält es sich mit Wellness-Anbietern wie mit den Ärzten: Jeder Patient schwört auf einen anderen. So haben andere WienerInnen sicherlich auch andere Tipps für besonders wirksame Anti-Aging-Einrichtungen auf Lager. Umso besser können wir uns untereinander austauschen und in harten Fällen von Midlife Crisis durch eine Kombinationstherapie, zum Beispiel Tunnel – Andino – Am Nordpol 3, für eine Instant-Verjüngung sorgen. Bezüglich Nebenwirkungen konsultieren Sie bitte vorher Ihren Partner oder Ihre Partnerin!

(Andrea Farthofer)

Weil die U2 von der Vergangenheit in die Zukunft fährt

Um die ganze Dimension einer Stadt zu erfassen, empfiehlt sich eine Auseinandersetzung mit ihrer geschichtlichen Entwicklung. Da diese aber zumeist wenig Unterhaltungswert hat, um nicht zu sagen langwierig und langweilig sein kann, bietet die Stadt von Welt entsprechende Alternativen. Eine U-Bahn beispielsweise. In gediegenem Violett, die dem ahnungslosen Passagier hoffnungsfroh und in 24 Minuten Fahrzeit vor Augen führt, was diese Stadt alles so draufhat.

Da steht man am Ausgangspunkt der Reise am Karlsplatz zwischen den beiden Jugendstil-Pavillons von Otto Wagner und lässt den Blick ringsum durch den Resselpark schweifen. Er trifft auf alte Damen mit ihren Hütchen und Hündchen auf den Parkbänken und jugendliche Skater, die es in puncto Geschwindigkeit, wenn auch sicher nicht in Sachen Zielstrebigkeit mit den vorbeihastenden Bankern aufzunehmen versuchen. Von der barocken Karlskirche mit Elementen aus christlichen und islamischen Sakralbauten über die Technische Universität, die Wiener Secession mit ihrer markanten goldenen Kuppel, das Café Museum, das Künstlerhaus und den Musikverein führt die visuelle Rundreise zurück zu den Pavillons.

Einen schnelleren Einstieg in die Vielfalt einer Stadt kann man wohl nicht erwarten. Wobei schnell hier nicht unbedingt das Thema sein sollte – weder im Sommer, wenn hier Freiluftkinovorführungen geboten werden, noch im Winter, wenn einer der schönsten Weihnachtsmärkte der Stadt einlädt, in aller Ruhe die Kunsthandwerks- und Punschstände zu besuchen. Am Karlsplatz hat man zwei Möglichkeiten, sich mit dem unterirdischen Wien auseinanderzusetzen. Zur Dritten-Mann-Tour durch die Kanalisation kann man hier nämlich ebenso absteigen wie zur U-Bahn. Für die Reise in die Zukunft empfiehlt sich zweifellos die U-Bahn, die U2 genau genommen. Dazu folge man einfach den entsprechenden violetten Hinweisschildern und los geht's.

Die U2 verläuft im ersten Abschnitt unterirdisch entlang der sogenannten Zweierlinie und bietet vielfältige Möglichkeiten, sich nach dem Aufstieg aus dem Untergrund entweder an den Stationen »MuseumsQuartier« und »Volkstheater« mit vergangener und gegenwärtiger Kunst und Kultur auseinanderzusetzen oder an der Station »Rathaus« in das Zentrum der heutigen politischen Macht Wiens einzutauchen. Nach einer scharfen Rechtskurve fährt der Zug unter dem Schottentor durch, passiert die alte Börse, wo früher auf die Zukunft der österreichischen Wirtschaft gesetzt werden konnte, und hält schließlich nach acht Minuten Fahrt am Schotten-ring.

Endstation Sehnsucht am Schottenring war einmal – seit Mai 2008 fährt die U2 weiter Richtung Zukunft. Pünktlich zur Fußball-Europameisterschaft 2008 wurde der Abschnitt vom Schottenring zum Praterstadion eröffnet. Bei der Station »Messe-Prater« taucht die U2 jetzt aus dem Untergrund auf und bietet den Fahrgästen im Vorbeifahren einen Blick auf das spektakuläre neue Stadtviertel »Viertel Zwei« mit futuristischen Büro- und Wohngebäuden vor dem Hintergrund des Praters. Die Weiterführung der violetten Zukunftslinie zur Aspernstraße erfolgte 2010, bis Ende 2013 soll die Anbindung der »Seestadt Aspern« an das Wiener U-Bahn-Netz fertiggestellt sein.

Bei diesem Bauvorhaben im 22. Bezirk handelt es sich um das größte Stadtentwicklungsprojekt Wiens und eines der größten Europas: Auf rund 240 Hektar Fläche entsteht auf dem ehemaligen Flugfeld ein völlig neuer Stadtteil mit einem 50.000 Quadrat-meter großen künstlichen See. Mit seinen Uferanlagen und der Promenade wird er der Treffpunkt für die Menschen sein, die hier wohnen und arbeiten.

Im Sommer 2012 war die Seestadt noch eine riesige Baustelle, der See ein großes Loch im Boden und man brauchte ganz schön viel Fantasie, um sich vorzustellen, wie es hier einmal aussehen würde. Schon Anfang 2015 sollen die ersten 1600 Wohneinheiten bezugsfertig sein, am Ende, das für 2030 geplant ist, werden in der Seestadt 20.000 Menschen wohnen und 20.000 Arbeitsplätze geschaffen worden sein.

Ich bin sehr gespannt auf das Endergebnis. Vielleicht sollte ich mir die Projekte im Detail ansehen, schließlich haben wir ja schon immer davon geträumt, am Wasser zu wohnen.

(Max Ferner)

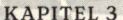

KAPITEL 3

Im Rampenlicht

»Er war ein Punker und er lebte in der großen Stadt,
es war Wien, war Vienna, wo er alles tat,
er hatte Schulden, denn er trank,
doch ihn liebten alle Frauen und jede rief:
Come on and rock me Amadeus.«

»Rock me Amadeus«, Falco

Weil im Burgtheater frischer Wind weht

Es gibt in Wien kaum etwas, was zu mehr Diskussionen in der Öffentlichkeit führt, die kulturinteressierten Bürgerinnen und Bürger dieser Stadt mehr bewegt als die alle paar Jahre anstehenden existenziellen Fragen: Wer ist er und woher kommt er? Ist er ein Hüter der Tradition? Oder wird er neue Ideen einbringen und alles infrage stellen, was man hier immer schon so gemacht hat?

Es geht nicht um den Cheftrainer von Rapid oder der Austria. Obwohl, wenn ich es mir genau überlege, für nicht unbeträchtliche Teile der Bevölkerung die Besetzung dieser Positionen genauso wichtig ist. Wir reden hier vom großen Zampano auf den Brettern, die die Welt bedeuten, zumindest in Wien: Direktor des Burgtheaters heißt die Rolle, die der Neue erst einmal ausfüllen muss.

Das Burgtheater ist schließlich nicht irgendein Theater. Das größte Sprechtheater im deutschen Sprachraum ist eine Institution, primus inter pares unter den vielen großen Theatern Wiens und eine der bedeutendsten und ältesten Bühnen Europas. Ursprünglich befand sich das »k.k. Theater nächst der Burg« am Michaelerplatz, das neue Haus am Ring direkt gegenüber dem Rathaus wurde 1888 eröffnet. Nachdem es 1945 bei Bombenangriffen vollständig ausgebrannt war, dauerte es zehn Jahre bis zur glanzvollen Wiedereröffnung des Burgtheaters, wie es seit 1918 offiziell heißt. In Wien wird das Theater meistens »Die Burg« genannt, die Ensemblemitglieder kennt man als Burgschauspieler.

Derzeit hat Matthias Hartmann die Chefrolle inne, davor war es Klaus Bachler. Dessen Vorgänger Claus Peymann war der Erste, der in den 1990er-Jahren an den Grundfesten der Burg rüttelte und den konservativen Spielplan und Inszenierungsstil radikal modernisierte. Mit systemkritischen Wortmeldungen, die im Wiener Selbstverständnis als kultureller Nabel der Welt schnell als Majestätsbeleidigung ausgelegt wurden, und vor allem mit politisch umstrittenen Uraufführungen, wie zum Beispiel von Thomas Bernhards »Heldenplatz«, erregte der Burgchef ziemliches Aufsehen.

Peymanns Nachfolger Klaus Bachler verstand einen Besuch in der Burg als gesellschaftliches Event, das nicht automatisch einer klassischen Theatervorstellung entsprechen muss. Unter anderem realisierte Hermann Nitsch im Haus am Ring ein Orgien-Mysterien-Theater, ein blutiges Spektakel mit Ausweidung eines Stiers auf offener Bühne und entsprechend lustvoller Empörung in den Boulevardmedien. So richtig frischen Wind brachten die Jungs der Düsseldorfer Punk-Rock-Band Die Toten Hosen ins ehrwürdige Gemäuer, als sie im September 2005 die Instrumente auspackten und drauflosspielten. Ohne Strom, dafür mit Cello-, Akkordeon- und Klavierverstärkung, wurde im Rahmen zweier Konzerte das Album »Nur zu Besuch: Die Toten Hosen live im Wiener Burgtheater« eingespielt. Und weil es so schön war, kamen sie 2009 noch mal, diesmal zusammen mit dem befreundeten Liedermacher Funny van Dannen und der bayrischen Volksmusik-Truppe Biermösl Blosn. Und auch 2012 standen die deutschen Punker mit dem Programm »Alles ohne Strom – Das Akustikkonzert« wieder im Wiener Rampenlicht. Wenn das so weitergeht, wird Sänger Campino wohl bald zum Kammerschauspieler ernannt werden. Den Mackie Messer in der »Dreigroschenoper« hat er ja schon gegeben.

Auch wenn Konzerte, Lesungen oder andere Events dem Haus ganz gut zu Gesicht stehen: Im Grunde braucht die Burg keine »artfremden« Spektakel, denn anders als die meisten Schauspielhäuser hat das Theater eine ungebrochen gute Auslastung. Wie formulierte es Matthias Hartmann zu Beginn seiner Intendanz in einem Interview so treffend: »Das Burgtheater ist ein Ort mit Erotik und Strahlkraft, an dem sich die besten Schauspieler und die besten Regisseure versammeln, ein Ort für alle Menschen, die Lust am Theater haben.«

(Max Ferner)

Weil aus Schönbrunn tierisch gute Kunst kommt

»Das kann ja mein dreijähriger Neffe besser!« »Wer hat denn das da hingekleckst? Ein Schimpanse?« Wie oft habe ich bei Vernissagen solche Kommentare gehört, gegen die sich die Künstlerin Nonja Utan, 36, wohnhaft in 1130 Wien, Maxingstraße 13b, wohl verwehren würde.

Frau Utan ist ein kreatives Multitalent, das in den 1990er-Jahren eine Zeit lang mit Pinsel und Farbe experimentierte. Die rund 250 in dieser Schaffensperiode entstandenen Gemälde gingen weg wie warme Semmeln, für ein Bild wurden bis zu umgerechnet 2000 Euro bezahlt. Nachdrucke ihrer Aquarelle kann man heute noch im Café Atelier Nonja im Tiergarten Schönbrunn bewundern. Mittlerweile haben sie und ihre Kollegen in der im Mai 2009 eröffneten ORANG.erie, einem revitalisierten Palmenhaus aus dem 19. Jahrhundert, auf Turmbau mit bunten Bausteinen umgesattelt.

Apropos Schimpanse: Nonja fände diesen Vergleich nicht lustig, denn sie ist eine Orang-Utan-Dame von Format und ein echter Medienstar. Der weltweit erste Affe mit eigenem Facebook-Account, denn man muss die rund 75.000 Fans schließlich auch teilhaben lassen am Star-Dasein. Die geposteten Fotos stammen ebenfalls von der tierisch guten Künstlerin, geschossen mit der eigenen Digicam.

Nonja ist beileibe nicht der einzige Star des Tiergartens. Mir ist noch sehr gut der Hype um Fu Long, das erste in Europa auf natürlichem Weg gezeugte Panda-Baby, in Erinnerung. Der »glückliche Drache« hatte sogar eine eigene Fernsehsendung. Im Jahr 2007 lief am Samstagnachmittag auf ORF die Doku-Soap »Panda-TV. Geschichten aus dem Tiergarten Schönbrunn«. Leider musste der glückliche Drache Schönbrunn 2009 in Richtung Fernost verlassen. Alle Pandas dieser Welt befinden sich nämlich unabhängig von ihrem Geburtsort im Besitz der Volksrepublik China und sind nur zeitlich begrenzte Leihgaben an andere Zoos. Seine Eltern waren aber nicht faul und schon 2010 erblickte wieder ein kleiner Großer Panda namens Fu Hu, der »glückliche Tiger«, das Licht der Welt. Um die Publikumsgunst musste er aber mit dem Elefantenbaby Tuluba konkurrieren.

Genau genommen ist der Zoo auch selbst ein Star. Immerhin handelt es sich beim Tiergarten Schönbrunn um den ältesten Zoo der Welt. Schon 1452 wurde in Wien der erste Tiergarten eingerichtet und 100 Jahre später konnten die Bürger Wiens den ersten Elefanten bewundern. Der Besuch von Kaiser Franz I. mit einigen Gästen in der Menagerie im Schlosspark von Schönbrunn am 31. Juli 1752 gilt als Geburtstag des Zoos Schönbrunn. Über 220 Jahre lang war er ein Publikumsmagnet, ehe er in den 1970er- und 1980er-Jahren wegen der als veraltet geltenden Tierhaltung mit Imageproblemen zu kämpfen hatte. Die sinkenden Besucherzahlen führten sogar zu Diskussionen über die Auflösung des Tiergartens.

Anfang der 1990er-Jahre wurde der bis dahin staatliche Zoo privatisiert und bekam mit Dr. Helmut Pechlaner einen visionären Geschäftsführer, der mit neuen Ideen eine Trendwende einleitete. Schönbrunn hat sich seit damals vom ältesten zu einem der modernsten Zoos der Welt entwickelt. Der barocke Baukern blieb erhalten, wurde und wird aber mit moderner Tiergarten-Architektur sukzessive ausgebaut. Die Schaffung von gemeinsamen Lebensräumen für Arten, die auch in freier Wildbahn zusammen vorkommen, steht dabei im Vordergrund. Die ORANG.erie, der Südamerika-Park, wo Ameisenbär, Wasserschwein, Tapir und Nandu in einer tierischen Wohngemeinschaft leben, oder das Regenwaldhaus sind gelungene Beispiele für die Umsetzung dieses Konzepts.

Rund um die verschiedenen Gehege und Anlagen bietet der Zoo den kleinen und großen Besuchern ein breites Erlebnis- und Informationsangebot: Das beginnt bei Themenführungen wie »Afrika Safari« oder »Jungtiere und Mütter« und reicht über den

Backstage-Blick hinter die Kulissen bis zu Abend- und Nachtführungen in kleinen Gruppen. Dabei kann man die Tiere in aller Ruhe beobachten und erfährt gleichzeitig Interessantes über die Schlafgewohnheiten von Kattas, das Paarungsverhalten von Pandas oder über den Umgang mit Ratten, die zu den eher unerwünschten Mitbewohnern gehören.

Kein Wunder, dass Schönbrunn von Fachleuten schon mehrfach zum besten Zoo Europas erklärt wurde. Gut gebrüllt, Löwe, kann ich da nur sagen.

(Max Ferner)

Weil »Do It Yourself« bei Frauen hoch im Kurs steht

Die nach mehrfachem Auftrennen grau gewordene Wolle gefiel mir genauso wenig wie die schweinchenrosa Wolle, die man mir in sehr jungen Jahren ursprünglich zwecks Strickübungen anvertraut hatte. Oder waren das damals Häkelübungen? Egal. Seitdem ist jedenfalls klar: Schweinchenrosa und Aschgrau passen nicht zu mir. Um die Farbauswahl in meinem späteren Leben nicht noch weiter einzuschränken, gab ich das Handarbeiten vorsorglich auf.

Dass es aber 30 Jahre später eine Trendwende in meinem Handarbeitsleben und in dem vieler Frauen geben sollte, darf sich meine Heimatstadt auf die Fahnen heften.

Inspiriert von der Fülle wunderbarer Stoffgeschäfte verstehe ich mittlerweile etwas vom Heften und beherrsche es fast so gut wie das Tippen auf die mütterliche Kurzwahltaste, wenn wieder einmal etwas klemmt, hängt, gefallen oder verheddert ist oder sich in unerwünschte Plissees verwandelt hat. Für all jene, die keine mütterliche Hotline, aber ein ähnlich schweres Strick- und Nähtrauma haben wie ich, gibt es in Wien ein stetig wachsendes therapeutisches Angebot.

Für allererste Schritte im Desensibilisierungsprogramm von Handarbeitsmuffeln empfehle ich ein entzückendes Knopfgeschäft. Der Laden des ehemaligen Knopfkönigs in der Freisingerstraße wurde nämlich als Schokoladekönig neu eröffnet. Das gesamte dunkelbraune Inventar mit einer Vielzahl von Schubladen wurde beibehalten und liebevoll mit feinster Schokolade gefüllt. Bunte Knöpfe, die man nicht annähen muss, sondern sich auf der Zunge zergehen lassen kann, sind zweifellos ein sanfter Einstieg in das weite Feld der Kurzwaren.

Doch dabei sollte man es durchaus nicht bewenden lassen, wenn man einen Sinn für Schönes und auch nur einen Funken Abenteuerlust aufzuweisen hat. Ob im Stoffsalon, im Giraffenland, bei Herzilein oder in der Wollmeile mit ihren wöchentlichen Strickrunden, beim Knallfrosch, wo man sich von entzückenden Schaf-Shirts inspirieren lassen kann (das »Coco Schafel« ist wirklich sehr schick), im Wollcafé Laniato mit seinen Ready-to-knit-Boxen, bei Madame Kury mit eigenen Näh-Workshops für Kinder, in der Näherei Apfel, die neben Nähkursen auch Apfelprodukte anbietet, oder im Nähsalon Nahtlos, wo man ergänzend zu den Nähkursen auch an Siebdruck-Workshops teilnehmen kann – hier bekommt man eine große Portion Wagemut, viele Tipps, reichlich Inspiration, die nötigen Materialien und Workshops oft gleich noch dazu.

Bei Alexandra Vögeli-Rath im Stoffsalon etwa liegen rund 500 wunderbare Stoffe aus aller Herren Länder von Australien bis Österreich, von Deutschland bis Japan, von England bis Südafrika und schreien förmlich danach, verarbeitet zu werden. Um das auch irgendwann ohne viel Auftrennen zu schaffen, werden an mittlerweile vier Tagen in der Woche Workshops angeboten, die fast immer ausgebucht sind. Kein Wunder, dass – bei stark steigender Tendenz – pro Monat mehr als 600 Meter Stoff von Dezent bis Knallbunt, von Klein- bis Großgemustert über den Verkaufstisch gehen. Ob Puppen-, Kinderkleidung, Vorhänge oder Schalweste, Wickelrock, Walk-Jacken, Regenmäntel für Erwachsene oder gar Patchwork – unter dem Motto »Nimm dir eine Auszeit – komm zu uns nähen« wird man in Versuchung geführt, es doch (noch) einmal zu probieren.

All jene, die zusätzlich zum Häkel- auch ein schulisches Rocknähtrauma haben, kann ich trösten: Nicht aus jedem Stoff muss ein Rock werden, denn auch das Herstellen von Taschen kann man im Stoffsalon erlernen. Gleichzeitig muss ich eine Warnung aussprechen, denn einmal überwunden, wird aus solchen Traumata schnell eine Sucht. So habe ich binnen sechs Monaten elf Handtaschen, eine

Patchwork-Decke und unzählige Übungsobjekte, Minitaschen und andere textile Objekte unbestimmten Verwendungszwecks genäht. Bei Interesse melden Sie sich bei der Autorin – ich suche noch Abnehmer für meine Werke.

Vielleicht ist dieses Phänomen, nicht mehr aufhören zu können, auch der wahre Grund für den Boom rund um das Guerilla Knitting. Bei dieser »Kunstform«, die man auch in Wien immer häufiger vorfindet, werden Bäume, Pfosten, Säulen und andere Gegenstände des öffentlichen Raums in bunten Farben eingestrickt. Dabei geht es oft um feministische Botschaften, wie etwa um den Ruf nach gleicher Bezahlung für gleiche Leistung. Ich möchte allerdings nicht ausschließen, dass ein gewisser Überschuss an wolligen Musterstücken der eigentliche Auslöser für die zunehmende Anzahl von Strickwaren im öffentlichen Raum ist.

(Andrea Farthofer)

Weil man Kunst bewohnen kann

Kennen Sie den Wiener Maler und Architekten, der den manchmal hilfreichen Spruch geprägt hat: »Jeder Regentropfen ist ein Kuss vom Himmel«? Der sich im Jahr 2000 nackt und ohne Sarg, nur in eine Koru-Flagge, die von ihm vorgeschlagene neue Flagge für Neuseeland, eingepackt unter einem Tulpenbaum auf seinem Grundstück in Neuseeland beerdigen ließ? Diesem Mann verdankt Wien ein ganz besonderes Wohnhaus sowie ein wunderbares Museum. Sein Name: Friedrich Stowasser, sein Künstlername: Friedensreich Hundertwasser oder Friedensreich Regentag Dunkelbunt Hundertwasser.

So bunt wie sein Name war auch sein Schaffen. Das ist sowohl in dem von ihm gestalteten Kunsthaus Wien im 3. Bezirk als auch in dem Wohnhaus ein paar Straßen weiter unübersehbar. Hundertwasser hatte immer die Vision, ein Haus für Menschen und Bäume zu schaffen. So entstand in den 1980er-Jahren das vom Architekten Professor Krawina realisierte Gebäude mit 52 Wohnungen und unebenen Böden, bunten Fliesenmosaiken, farbenfrohen Säulen, unregelmäßiger Fassade, goldenem Zwiebeltürmchen und einer üppigen Begrünung mit 250 Bäumen und Sträuchern. Die Innenräume durften und sollten von den Bewohnern mitgeprägt werden. Sie wurden eingeladen, die Wände an den Gängen zu gestalten – eine Einladung, der sogar die Handwerker folgten und sich so im Hundertwasser-Wohnhaus mit individuellen Wandmosaiken verewigten. Das Credo des Künstlers: Auch in der Stadt soll man grün wohnen, frei und kreativ sein können. Mit diesem Konzept sorgte er für Aufsehen und brachte Abwechslung in den Kunstunterricht an den Schulen. Von Rubens, van Gogh und Monet zu Hundertwasser – das war im Zeichenunterricht von anno dazumal in jeder

Hinsicht ein gewaltiger Zeitsprung, von 0 auf 100 Stundenkilometer in zwei Sekunden für die Motorsportler unter Ihnen.

Für sein Wohnprojekt definierte der vielseitige Künstler das neue »Fensterrecht«. Dieses wurde eigens in den Mietverträgen für das Hundertwasser-Wohnhaus verankert und gestattet den Bewohnern die Gestaltung der Außenhaut ihres Hauses innerhalb einer Entfernung, die sie mit ihren Armen aus den Fenstern erreichen können. Damit der Wortschöpfungen nicht genug: Hundertwasser prägte auch den Begriff der »Baummieter«, die er als fixen Bestandteil seines Wohnprojekts vorsah. Die Hausbewohner sollen dabei Bäume als Mieter aufnehmen, die aus ihren Fenstern wachsen, was sie anscheinend mit großer Freude tun.

Im 1991 eröffneten Kunsthaus Wien, ein paar Minuten vom Wohnhaus entfernt, sind in einer permanenten Ausstellung Hundertwasser-Bilder zu sehen, während das oberste Stockwerk häufig wechselnde Fotoausstellungen beheimatet und dafür sorgt, dass auch kunstbeflissene Wiener regelmäßig hierherkommen. Ob Annie Leibovitz oder Herb Ritts, ob Henri Cartier-Bresson oder Sante d'Orazio – ihre Werke in Schwarzweiß haben sich perfekt in das konträre Setting eingefügt.

Im Museum, untergebracht in der ehemaligen Möbelfabrik der Gebrüder Thonet, bekommt man bereits im Eingangsbereich einen Eindruck von den architektonischen Vorlieben Friedensreich Hundertwassers. Diese Linie zieht sich durch die Stockwerke des Museums, wobei ich bezweifle, dass die Besucher auch hier zur Mitgestaltung der Gänge eingeladen sind. Trotzdem: Es ist ein gutes Museum. Meine vielfach überprüfte Theorie besagt nämlich: Ein gutes Museum erkennt man an seinem Café. Im Sommer kann man die musealen Eindrücke in dem bezaubernden CaféRestaurant Dunkelbunt mit kleinem Garten und großer Vegetation verarbeiten, ein Häppchen essen, ein Gläschen trinken und sich über so viel gebündelte Kreativität wundern. Im Winter wiederum ist es drinnen im Café so richtig gemütlich: Die üppigen Pflanzen sorgen für ein lauschiges Ambiente, die Heißgetränke für warme Hände und die Ausstellungen für reichlich Gesprächsstoff. Wenn man sich lange genug in dieser inspirierenden Umgebung aufhält, ist nicht auszuschließen, dass der eine oder die andere die verloren geglaubte Kreativität wiederfindet und vielleicht mit dem Sammeln bunter Flaschen beginnt. Eine kleine Flaschenwand nach dem Vorbild von Hundertwassers »bottle house« auf seinem Anwesen in Neuseeland wäre doch ein guter Anfang, oder? Die Inspiration dazu holt man sich im Garten, wo sich eine Miniausgabe davon befindet.

(Andrea Farthofer)

Weil Kultur ganz schön heiß sein kann

Nähert man sich Wien über die Donauuferautobahn, könnte man sich bei der Überquerung des Flusses auf der Nordbrücke die Frage stellen, ob man beim Heurigenbesuch vielleicht doch etwas zu tief ins Glas geschaut hat. Aus dem Häusermeer ragt unverkennbar ein Schornstein in die Höhe, auf den eine riesige goldglänzende Kugel gesteckt wurde.

Keine Angst, Sie sind weder betrunken noch stehen Sie unter Drogeneinfluss. Was Sie vor sich sehen, ist der markante Schlot der Müllverbrennungsanlage Spittelau, einer der drei thermischen Abfallbehandlungsanlagen der Stadt Wien. Die zwischen 1969 und 1971 zur umweltfreundlichen Wärmeversorgung von Europas größtem Krankenhaus, dem Allgemeinen Krankenhaus der Stadt Wien, errichtete Anlage wurde 1987 bei einem Großbrand ein Raub der Flammen. Bürgergruppen sprachen sich für einen Abriss der Anlage aus, die Wiener Stadtregierung entschied sich aber für einen Wiederaufbau unter Einsatz modernster Technologie.

Da die neue Spittelau nach den Vorstellungen des Bürgermeisters kein weiteres graues Industriemonument werden, sondern den Bürgern freundlich begegnen sollte, lud er den renommierten Künstler, Umweltschützer und Naturfreund Friedensreich Hundertwasser zur Neugestaltung ein. Nach reiflicher Überlegung sagte der Meister nicht nur zu, sondern übernahm die Gestaltung sogar kostenlos.

In knapp vier Jahren Bauzeit verwandelte Hundertwasser den nüchternen Zweckbau in ein fröhliches Gebäude, das jeden Besucher schon von Weitem mit bunter Fassade, Dachbegrünung und goldener Kugel am Schornstein begrüßt. Sogar die Turmfalken, langjährige Bewohner des zerstörten Gebäudes, zogen wieder in ihre Nester ein, die am Schlot für sie vorgesehen waren. Ich zählte damals zu den Skeptikern, weil mir Hundertwassers Stil nicht gefiel und er zu dieser Zeit landauf, landab Kirchen, Autobahnraststätten, Wohnhäuser und andere Bauwerke auf ähnliche Art und Weise »verschönerte«. Heute sehe ich das entspannter. Etwas Farbe in den urbanen Betonwüsten schadet keinesfalls. Und wenn rechte Winkel und gerade Linien in der Gebäudesilhouette Rundungen und Wellenlinien weichen müssen, dann wandle ich einfach ein Goethe-Zitat leicht ab und schon ist auch der strenge Ingenieur in mir zufrieden: »Ein guter Mensch in seinem dunklen Drange ist sich des rechten *Winkels* wohl bewusst.«

Die Spittelau ist mittlerweile ein international viel beachtetes Beispiel für eine harmonische Symbiose aus Technik, Ökologie und Kunst und gehört zum Wiener Stadtbild wie der Stephansdom und das Riesenrad. Sogar eine Zwillingsschwester der Anlage gibt es schon: Beim Bau der ökologischen Müllverbrennungsanlage für die japanische Stadt Osaka wurde ebenfalls Hundertwasser mit der Um- und Neugestaltung des gesamten Komplexes beauftragt.

Die Inszenierung einer profanen Industrieanlage, deren Hauptzweck die diskrete Entsorgung unserer Zivilisationsabfälle ist, als Gesamtkunstwerk war Auslöser für das Engagement von Wien Energie in der Kunst- und Kulturszene. Die Reihe »Heiß und Kalt« bietet Künstlern seit 2006 eine Plattform für die öffentliche Präsentation ihrer Werke. Im Rahmen von vier Kulturveranstaltungen pro Jahr kann das interessierte Publikum im Foyer von Wien Energie Fernwärme bei freiem Eintritt Werke verschiedenster Kunst- und Stilrichtungen bewundern. Neben Fotografie und Malerei bietet »Heiß und Kalt« auch Raum für kunstvolle Verschmelzungen von Projektionen, Videokunst, Sounds und vielem mehr.

Auch für die Ohren hat die Spittelau Heißes zu bieten. Im Rahmen des Jazz Fest Wien findet auf dem Gelände alljährlich das Fernwärme Open Air statt. Für läppische zwei Euro Eintritt sind nationale und internationale Jazz- und Popgrößen zu bewundern, beim ersten Konzert 1998 konnte mit Joe Zawinul sogar Wiens berühmtester Jazzexport auf der Bühne begrüßt werden.

Und weil in der Spittelau auf Umweltfreundlichkeit großer Wert gelegt wird, soll nicht unerwähnt bleiben, dass alle Veranstaltungen mit den öffentlichen Verkehrsmitteln U4 und U6, Station »Spittelau«, bequem und umweltschonend zu erreichen sind.

(Max Ferner)

Weil man zum Lachen
nicht in den Keller gehen muss

Kennen Sie auch das Problem, nicht zu wissen, womit Sie die liebe
Familie zu Weihnachten beschenken sollen? Bei zumindest einem
Familienmitglied habe ich es leicht: Wenn mir sonst nichts einfällt,
kann ich meinem Vater immer mit einer Kabarett-DVD oder einer
Einladung zu einem Kabarettbesuch in Wien eine Freude machen.
Kabarettprogramme anzusehen, hat in meiner Familie Tradition,
auch wenn wir uns in der Provinz mangels Live-Auftritten mit Fern-
sehübertragungen aus dem legendären Kabarett Simpl bescheiden
mussten. Dafür konnten wir erste Reihe fußfrei sitzen und durften
nach Belieben mit der Knabbergebäcktüte rascheln, ohne uns ein
empörtes »Pssst!« einzuhandeln.

Seit ich in Wien lebe, befinde ich mich, was das Kabarettangebot
betrifft, im Schlaraffenland. Neben den etwa acht bis zehn Lokali-
täten, in denen fast ausschließlich Kabarett- und Kleinkunstvor-
stellungen stattfinden, existiert noch eine ganze Reihe von Ver-
anstaltungsorten, an denen ebenfalls bekannte und noch nicht so
bekannte Kabarettistinnen und Kabarettisten auftreten. Das Einzige, was mich neben der Aussicht auf eine veritable Beziehungskrise davon abhält, an mehr als 300 Tagen im Jahr Kabarettvor-
stellungen zu besuchen, ist der Umstand, dass die meisten von
ihnen auf Wochen hinaus ausgebucht sind.

Ob im Orpheum im 22. Bezirk, wo nicht nur Kabarettvorstellun-
gen, sondern auch Konzerte nationaler und internationaler Stars
stattfinden – Bryan Adams oder R.E.M. gaben sich hier schon die
Ehre – und wo man vor den Vorstellungen in der hauseigenen Gaststätte gemütlich essen kann, oder im 2011 neu eröffneten Stadt-
saal im 6. Bezirk, der bis zu 360 Kabarett- oder Konzertbesuchern

einen Sitzplatz bietet; ob im Metropol, das auf seinen drei Bühnen Kabarettfans und Musical-Liebhaber gleichermaßen erfreut, oder im Niedermair, das sich sowohl als Förderer von Kabaretttalenten als auch als Produktionsstätte von niveauvollem Kindertheater versteht, überall kommt man als Kabarettfan voll auf seine Rechnung und kann fast das ganze Jahr über herzlich lachen gehen. Manchmal – wie im Kabarett Simpl – auch in den Keller.

Apropos Simpl: Im Jahr 2012 feierte das wohl bekannteste Wiener Kabarett seinen 100. Geburtstag und ist damit die älteste deutschsprachige Kleinkunstbühne, die noch immer existiert. 1912 als Bierkabaret Simplicissimus vom Schauspieler Egon Dorn gegründet, ist die Geschichte des Hauses untrennbar mit zwei Namen verbunden: Fritz Grünbaum und Karl Farkas. Die beiden gelten zwar nicht als Erfinder der für das Simpl typischen Doppelconference, sie haben aber den satirischen Dialog des »Gescheiten« mit dem »Blöden« perfektioniert. Farkas war bis zu seinem Tod 1971 Autor, künstlerischer Leiter, Regisseur und Hauptdarsteller im Simpl und damit auch die unangefochtene Nummer eins des Wiener Kabaretts.

Die Nachfolger hatten es da natürlich schwer, doch sowohl Martin Flossmann als seit 1993 auch Michael Niavarani schafften es, an die Erfolge ihres großen Vorgängers anzuknüpfen und für ausverkaufte Vorstellungen zu sorgen. Karten fürs Simpl zu bekommen bedarf langer Vorausplanung und einer gewissen Hartnäckigkeit. Da ist es gut, dass Weihnachten jedes Jahr auf denselben Termin fällt.

Man muss aber nicht immer auf Tradition und altehrwürdige Räumlichkeiten zurückgreifen, um sich in der Wiener Kabarettszene einen Namen zu machen. In einer ehemaligen Schlosserei in der Wagramer Straße haben sich ein paar Individualisten einen Jugendtraum verwirklicht und im September 2001 die Gruam (hochdeutsch: Grube), die kleinste Kleinkunstbühne Wiens und zumindest nach Eigendefinition wahrscheinlich auch die »gemütlichste, schönste, technisch am aufwendigsten ausgestattete Kellerbühne der Welt«, eröffnet. Waren es anfangs hauptsächlich junge, unbekannte Künstler, die sich vor dem kritischen Wiener Publikum beweisen durften, treten mittlerweile auch viele bekannte Größen der österreichischen Kabarettszene regelmäßig in der Gruam auf. Gerhard Hermann und seinem Team ist es gelungen, sich trotz der großen Konkurrenz in der Szene zu etablieren. Ein weiterer Beweis dafür, dass die Kleinkunst in Wien auf reges Interesse stößt und neben den Platzhirschen auch noch genügend Raum für Newcomer ist.

Wie hätte Altmeister Karl Farkas an dieser Stelle gesagt? »Schau'n Sie sich das an!«

(Max Ferner)

Weil Wiener Künstler
fantastische Realisten sind

Zugegeben: So mir nix, dir nix verschlägt es einen nicht alle Tage in den 14. Bezirk – weder den durchschnittlichen Wiener noch den gemeinen Touristen. Außer natürlich, wenn man in diesem Bezirk wohnt, was immerhin mehr als 80.000 Personen tun. Dass nicht wesentlich mehr Menschen hierherkommen, ist aus mehreren Gründen bedauerlich. Auch deshalb, weil hier Fantasten und Realisten am selben Ort gleichermaßen auf ihre Rechnung kommen. Es ist ein Ort, an dem die Künstlerin in mir am liebsten Pinsel und Farben auspacken würde und meine Schöner-Wohnen-Seele neidvoll erblasst. Für derlei Gelüste ist ein mittlerweile 80-jähriger Herr verantwortlich: Ernst Fuchs, Fantast und Realist in Personalunion und einer der führenden Vertreter der Wiener Schule des Phantastischen Realismus. Wie bei Wikipedia nachzulesen, ist das »ein in den 1950er-Jahren geprägter Begriff für eine Strömung in der österreichischen Kunst, die dem Surrealismus nahesteht«.

Die Werke von Ernst Fuchs sind fantastisch, sein Realismus grenzt eher an Prophetentum. Denn bereits im Alter von 15 Jahren malte er ein Selbstporträt von sich im fortgeschrittenen Alter. Und genau so sieht er jetzt tatsächlich aus, der visionäre Professor Fuchs. Bei einer Führung durch das Museum und die Villa bekommt man richtig Lust, es selbst einmal mit dem Malen zu versuchen, Anregungen zur Arbeit mit unterschiedlichen Techniken findet man reichlich. Da wäre etwa die wunderbare Idee des Künstlers, Papier-Spitzendeckchen und insbesondere Windeln in die Kunstwerke einzuarbeiten – in seinen Bleistiftzeichnungen wirkt das, tja, einfach fantastisch. Aber das gilt für alle Werke, die man in der Fuchs-

Villa im 14. Bezirk, in Hütteldorf, einem ehemaligen Vorort Wiens, besichtigen kann.

Die Villa war 1888 vom berühmten Jugendstilarchitekten Otto Wagner als Sommerhaus errichtet worden. Nachdem dieser ausgezogen war, geriet der imposante Bau allmählich in Vergessenheit und sollte 1963 sogar demoliert werden. Ernst Fuchs restaurierte schließlich Teile der Villa im Sinne von Otto Wagner und machte sie der Öffentlichkeit zugänglich. Nur das Billardzimmer, das meinem Koautor sicher gefallen hätte, ließ Ernst Fuchs aus; dieses gab es hier nur zur Zeit Otto Wagners. Ich hingegen kann mich besonders für das Römische Bad im Obergeschoss erwärmen, das direkt zum Verweilen einlädt.

Ernst Fuchs, der 16 Kinder von sieben Frauen hat und seit 2012 zum vierten Mal verheiratet ist, arbeitet auch heute noch teilweise in der Villa; bei meinem letzten Besuch stand gerade ein Werk auf zwei Sektkartons zur Bearbeitung bereit. Man erzählte uns, dass er öfter mal auf einen Sprung vorbeischaut, obwohl er seinen festen Wohnsitz seit einigen Jahren in Monaco hat. Aber nicht nur seine Bilder faszinieren: Ernst Fuchs gestaltete auch Statuen, Möbel, Tapeten und Bühnenbilder und er entwarf sogar die Stoffe für seine typischen Mützen. Seine Werke vereint er kühn zu einem schräg-schönen Wohnprojekt. Das passt perfekt zum hehren Ziel der Ernst-Fuchs-Galerie, »Schönheit in die alltägliche Lebenswelt zu bringen«, wie das auf der zugehörigen Website formuliert ist. Wer bereits zu fantasieren und beispielsweise mit dem Sammeln von Windeln begonnen hat, kann die Reise mit den Wiener Phantasten natürlich auch bei Arik Brauer, Wolfgang Hutter, Rudolf Hausner und Friedensreich Hundertwasser fortsetzen.

P.S. Für alle jene, die ganz genau wissen wollen, was denn im 14. Bezirk noch besonders erwähnenswert ist, möchte ich den Campingplatz Wien West anführen, die nicht weit davon entfernte Pizzeria La Mama mit ihrem lauschigen Garten, die wunderbaren, von der Bevölkerung vor der Verbauung geretteten Steinhofgründe und die Spuren, die Otto Wagner mit der Kirche am Steinhof hinterlassen hat. Sollte ich etwas vergessen haben, bitte ich a) um Verzeihung und b) um einen kurzen Hinweis. Auch ich stehe mit diesem Bezirk erst am Anfang einer vielleicht wunderbaren Freundschaft. Rosentalgasse, Ameisbachzeile und Knödelhüttenstraße klingen jedenfalls sehr vielversprechend.

(Andrea Farthofer)

Weil unser Autokino 3D kann

Jeder hat wohl seine Jugendsünden. Seit ich dreimal quasi hautnah dabei war, als sich John Travolta und Olivia Newton-John im Drive-in-Kino näherkamen, träumte ich von einem Besuch im Autokino. Wenn schon nicht in den USA und wenn schon nicht in einem – vielleicht sogar pastellfarbenen – Cabrio mit Delphinflossen (die man aus Authentizitätsgründen nicht der neuen Rechtschreibung unterwerfen darf), dann eben in einer alten Rostschüssel, von mir aus auch ohne »Danny Zuku« und ohne »Grease« und gern auch ohne Röckchen und Söckchen im Stil von Sandy. Dass es am Stadtrand von Wien bereits damals ein Autokino gab, wusste ich zu diesem Zeitpunkt nicht. Schon 1967 war es in Großenzersdorf eröffnet worden und hatte sich seither zum ersten Autokino-Center in ganz Europa entwickelt hat. Seit 1990 bietet es nämlich mit drei Projektionsflächen drei »Kinosäle« für insgesamt rund 700 Autos. Von Mitte März bis Mitte November werden hier Mainstream-Filme für die ganze Familie gezeigt, wobei am Beginn und am Ende der Saison Autos mit Standheizung eindeutig im Vorteil sind. Na ja, notfalls tut es vielleicht auch eine Thermoskanne mit Glühwein. Im Sommer hingegen soll es schon vorgekommen sein, dass einige der Besucher Campingliegen mitgebracht haben, um das Autokino auch ohne Cabrio als Freiluftkino genießen zu können.

Der Ton in Dolby-Digital-Qualität über das Autoradio, wahlweise in englischer oder deutscher Sprache, und seit Neuestem auch Filme in 3D – das macht den Wiener Veranstaltungsort, der streng genommen in Niederösterreich liegt, zum modernsten und einzigen 3D-Autokino Europas. Insbesondere montags ist der Andrang groß, denn da wird pro Auto bezahlt und bis zu fünf Insassen sind im Pauschalpreis inbegriffen, auch wenn die Plätze auf den

Rücksitzen eher in die Kategorie »Sitzplatz mit eingeschränkter Sicht« fallen.

Autokino vereint »the best of both worlds«: große Leinwände und das Fehlen von unliebsamen Störungen, wie fremde Ellbogen in der Seite und das Rascheln von Chips- und Popcorn-Packungen immer dann, wenn es gerade besonders spannend ist. Auch lästige Fremdgeräusche wie vorwurfsvolles Räuspern und Hüsteln, wenn man wieder einmal vergessen hat, das Handy auszuschalten, fallen weg. Man darf telefonieren und womöglich auch rauchen. Es gibt eine große Auswahl an Knabberspaß, denn am nostalgischen Kinobuffet findet man alles, was das cholesterinaffine Herz begehrt. In den »eigenen vier Wänden« kann man aber auch mitgebrachte Snacks verzehren, ohne dass es einem peinlich sein müsste. Vor allem die kleine gesunde Lunchbox mit Karottensticks und Kräuterdip und das kleine Päckchen Hirsebällchen sollte man doch besser von zu Hause mitbringen.

30 Jahre später treffe ich mich wieder mit John Travolta – diesmal tatsächlich in einem Autokino, wenn auch ohne Cabrio, ohne Pastellfarbe, ohne Delphinflossen. Johnny ist ebenso wie ich nur ein ganz klein wenig gealtert. Als korrupter Drogenfahnder Dennis in Oliver Stones »Savages« hat er die Schmalztolle abgelegt – ob ihm das zum Vorteil gereicht oder nicht, darüber kann man geteilter Meinung sein. Fest steht, dass die Romantik in diesem Action-Thriller auch für meinen reiferen Filmgeschmack ein wenig zu kurz kommt. Doch am meisten schmerzt es mich, dass Johnny-Boy in diesem Film nicht singt. Im Autokino hätte ich doch endlich hemmungslos mitsingen können.

(Andrea Farthofer)

Weil nachts im Museum der Bär los ist

Gähn – Naturhistorisches Museum! Diese Reaktion ist vermutlich das höchste der Gefühle, die man einem Wiener oder einer Wienerin mit einer Einladung ins NHM entlocken kann. Doch des Nachts gibt es in Wien keinen Grund zu gähnen – nicht einmal im Museum. Nun ja, außer man ist ein Morgenmensch, aber das lassen wir mal beiseite. Als solcher muss man dann eben bis Mitternacht durchhalten, aber so dunkel es hier auch ist – an Schlaf ist sowieso nicht zu denken.

Ein guter Treffpunkt für eine Freitagnacht – einmal im Monat zumindest – ist der Eingang zum Museum an der Ringstraße. Schon möglich, dass sich mancher fragt, was an einer Nachtführung so besonders sein soll, dass man dafür auf Schlaf verzichten soll. Noch dazu, wo man als Wiener Schulkind vermutlich schon viele Stunden unter Hunderten ausgestopften Tieren verbracht hat.

Im konkreten Fall war es meine Zeichenlehrerin, die uns für Stunden ins NHM verschleppte und naturhistorische Objekte möglichst detailgetreu abzeichnen ließ. Anhand dieser Skizzen galt es, im Studio der Schule ebendieses Objekt aus einem Ytong-Block zu meißeln. So kam es, dass ich im Museum mehrere Stunden lang vor, neben und hinter einem ausgestopften stehenden Braunbären verbrachte und diesen aus allen nur erdenklichen Blickwinkeln zu skizzieren versuchte. Nicht ohne verwunderte Blicke der gewöhnlichen Museumsbesucher, denen man keinen Vorwurf daraus machen konnte, dass sie keine Ähnlichkeit zwischen Meister Petz und meiner Zeichnung feststellten. Meine zeichnerischen Mängel konnte ich durch kreatives Meißeln wettmachen – ein Faible für Bären war geboren, mein Bedarf an Museen für die nächsten zehn Jahre hingegen gedeckt.

Viele Jahre später wandle ich auf meinen Spuren von damals. Der Bär ist weniger gealtert als ich. Noch immer tut er, was er am besten kann: bedrohlich in der Ecke stehen, die Pratze zum Angriff hoch erhoben. Bei der Führung machen wir halt bei diversen, zumeist nachtaktiven Tieren und bereichern unseren Schatz an mehr oder weniger unnötigem Wissen: über den tagaktiven Sulawesi-Hirscheber mit seinen langen, den Rüssel durchbrechenden Hauern, bei dem auch die Weibchen Eber heißen, den nachtaktiven Uhu oder den Todesvogel mit seinem »Komm mit! Komm mit!«-Ruf oder den Narwal mit seinem bis zu drei Meter langen Stoßzahn, die Wölfe, die sogar mitheulen, wenn ein Mensch heult, oder die Hunde, die als einzige Säugetiere den Gesichtsausdruck der Menschen lesen können, oder eine der dominantesten Säugetierarten in Österreich, die Fledermäuse, die nach Aussage unseres Führers 40 von 100 Säugetierarten in Österreich ausmachen. Hätten Sie auch nicht gewusst, oder?

Sogar für Nashornfans ist etwas dabei. Wichtige Informationen nämlich. Falls Sie etwa das dringende Bedürfnis haben sollten, eines der Hörner zu stehlen, kann ich Ihnen jetzt schon verraten: Das wird nichts! Seit einige solcher Diebstähle in anderen Museen Europas vorgekommen sind, ist der Nashornraum in Wien nachts beleuchtet, was den Gruselfaktor drastisch mindert und dafür sorgt, dass jeder das kleine Schildchen gut lesen kann, das da sagt: »Achtung, alarmgesichert!«

Im obersten Stockwerk erreicht man das Highlight der Tour, genau dann, wenn das Bedürfnis nach Frischluft oder Schlaf langsam die Oberhand gewinnt. Mit einem Becher wärmendem Punsch beziehungsweise eisgekühltem Sekt ausgestattet, wird man in die Freiheit oder zumindest ins Freie entlassen. Der Blick, der sich über die Ringstraße eröffnet, verdient alle rühmenden Adjektiva, die einem auf einer Begeisterungsskala im oberen Bereich so einfallen, von A wie »atemberaubend« bis Z wie »zauberhaft«. Da das Rathaus mit seinen fünf Türmen, dort der sogar nachts strahlend weiße

Theseustempel im Volksgarten, hier die Hofburg, die ursprünglich doppelt so groß geplant war, da der Maria-Theresien-Platz mit dem gleichnamigen Denkmal und dort der Vollmond. »Hier würde ich gern mal länger leben« – dieser nach meiner Weltreise auch in Wien geäußerte Satz wurde über den Dächern der Stadt gleich mehrfach strapaziert, tiefes Seufzen inbegriffen.

Und wenn dann selbst die ausgeprägtesten Morgenmenschen bis Mitternacht durchgehalten haben und plötzlich gar keine Ambitionen mehr haben heimzugehen, kann man das Vergnügen irgendwo im nächtlich beleuchteten Wien fortsetzen. Vom Dach des NHM kann man erkunden, wo sonst noch der Bär los ist. Der Volksgarten Pavillon auf der anderen Straßenseite der Ringstraße ist ein heißer Tipp. Stehende Bären dürfen Sie dort zwar nicht erwarten, aber steppen könnten vielleicht doch noch welche.

(Andrea Farthofer)

Weil man Kunst erwandern kann

Manche Menschen werfen bei einer Rückführung oder einer Séance mittels Tischerlrücken einen Blick in ihre Vergangenheit. Andere begeben sich einfach auf eine Kulturwanderung, wenn sie die unbändige Lust auf eine kleine Zeitreise überkommt. Apropos Tische: Mit etwas Glück sind diese gedeckt und man wird von den anwesenden Künstlern herzlich auf ein Gläschen und ein Häppchen eingeladen. Aber alles der Reihe nach, und zwar die gute Nachricht zuerst: Die Wanderschuhe können Sie zu Hause lassen. Die nicht so gute Nachricht: Wenn Sie sich ein umfassendes Bild vom alten Wien und der neuen Kunst machen wollen, werden Sie sich die Hacken trotzdem ordentlich ablaufen. Deshalb sind die Ateliers im Rahmen des Atelierrundgangs Q202 auch drei ganze Nachmittage und Abende im Jahr zu besichtigen. 202 steht für den 20. und den 2. Bezirk, wo Kunstschaffende ihre Ateliers für Freunde und Fremde öffnen, das Q, wie ich vermute, für Quartier.

»Atelier« ist bei dieser Veranstaltung ein durchaus weit gefasster Begriff. Das wird einem immer dann bewusst, wenn man einen Hauseingang mit dem markanten roten Ballon entdeckt, der auf die teilnehmenden Künstler hinweist. Bei manchen betritt man das Dachgeschoss einer wunderbaren Wohnung, bei anderen einen ehemaligen Lagerraum, manchmal ein Straßenlokal und dann wieder das Wohn- oder sogar das Schlafzimmer. Auch öffentliche Einrichtungen wie das Café Sperlhof, das Hotel Sofitel Vienna Stephansdom oder das Stilwerk beteiligten sich schon an diesem Event.

Man könnte auch sagen, dass das, was in Dublin schlicht »plaster spotting« heißt und das »Hausmeistern«, also Spähen durch die zumeist vorhanglosen Fenster bezeichnet, dem Wiener Atelierrundgang entspricht. Die Kunst hinter den Fenstern reicht dabei von Plastiken aus Styropor über Acryl, Keramik (Pferde und Engel liegen anscheinend sehr im Trend), Videoinstallationen, Performance Art und Textilkunst bis zu jeder Form von Mixed Media.

Besonders sehenswert ist der Ausstellungsraum auf den zwei Donauschiffen »Arthur« und »Frederic Mistral«. Der Kapitän, der die Schiffe ganzjährig bewohnt, leistet nach eigenen Angaben seinen Beitrag zur Kunst, indem er die Schiffe drei Tage lang zur Kunstplattform macht. Während die Besucher die Schiffe begehen und die Kunstwerke bestaunen – wie übrigens auch die Einrichtung seiner Schiffe, die ebenfalls als Kunst durchgehen könnte –, sitzt er mit seinen Hunden am Ufer und kämmt sie so lange, bis zu seinen Füßen büschelweise »Performance-Kunst« entsteht, wie er es augenzwinkernd nennt.

Anders geht es im Zentrum der Leopoldstadt und der Brigittenau zu, in jener Gegend der Bezirke 2 und 20, die etwas weiter entfernt von der Donau liegt. In der Galerie More Art etwa verkauft man ein illustriertes KunstKochBuch mit 72 Kopien von handgezeichneten Rezepten. Liebevoller und aufwendiger wurden die Rezepte für Szegediner Krautfleisch, Krautrouladen und Zwiebelrostbraten vermutlich noch nie gestaltet. Wer das Kochbuch kauft, bekommt sogar einen Wechselrahmen dazu.

Im Zuge der Atelierwanderung, die die Freie Kunst- und Kulturinitiative Q202 seit 2004 organisiert, um den »Wanderern« den »persönlichen Kontakt mit den Kulturschaffenden zu ermöglichen«, entdeckt man die idyllischsten, aber auch die einfachsten Innenhöfe, stilvolle Lofts und wunderbare Altbauten, in denen noch in jedem Stockwerk eine Bassena hängt (Wienerisch für eine öffentliche Wasserstelle am Gang alter Mietshäuser). Danach benannt ist übrigens der Bassenatratsch, der auch nicht aus der Mode gekommen ist, nachdem die Bassenas außer Funktion gesetzt wurden. Jetzt tratscht man eben an der trockengelegten Bassena, am Gang oder im Hof. Das tun wir auch – wenn wir wieder zögernd vor einer Tür stehen und nicht wissen, ob wir jetzt voyeuristisch in den Wohnraum einer schüchternen Künstlerin eindringen oder in eine Fete von Freunden hineinplatzen, die sich rund um die Kunstwerke versammelt haben. Um die 70 Stationen umfasst der Atelierrundgang und das könnte dann doch die Überlegung rechtfertigen, auch für die Stadt in die Wanderschuhe zu schlüpfen.

(Andrea Farthofer)

KAPITEL 4

Von Bücherwürmern & Singvögeln

»Wenn es Abend wird, sitz ich oft allein hier beim Glaserl Wein, denk, wie schön wär's, bei euch jetzt zu sein ... Grüß mir die süßen, die reizenden Frauen im schönen Wien, grüß mir die Donau und grüß mir den Walzer im schönen Wien.«

Aus der Operette »Gräfin Mariza«, Emmerich Kálman

Weil in jedem ein Kaffeehausliterat steckt

Welches Bild entsteht vor Ihrem geistigen Auge, wenn in einem Gespräch das Wort »Fiaker« fällt? Also, ich denke da sofort an einen Herrn mit kariertem Sakko und Hut hoch oben auf einem Kutschbock, vor sich zwei Pferde. Auch beim Wort »Einspänner« drängt sich mir die Kombination von Kutsche und Pferd auf.

Was aber könnte in diesem Zusammenhang ein »überstürzter Neumann« sein? Der Herr aus dem ersten Bild nach einem unfreiwilligen Abgang vom Kutschbock? Eher unwahrscheinlich. Ich will Sie nicht lange auf die Folter spannen: Mit jedem dieser Begriffe wird eine Kaffeespezialität bezeichnet und es kann durchaus vorteilhaft sein, ein paar Namen im Repertoire zu haben, wenn man in einem typischen Wiener Kaffeehaus das begehrte Heißgetränk bestellen möchte. Sonst könnte es Ihnen so ergehen wie mir vor vielen Jahren im legendären Café Hawelka.

Gerade in der Großstadt angekommen, aber ausgestattet mit der felsenfesten Überzeugung, als gelernter Österreicher ein Wissender in puncto Kaffee zu sein, bestellte ich zu den obligaten Buchteln (süße Hefeteigspezialität, im Ofen gebacken und mit Marillenmarmelade, Powidl oder Mohn gefüllt) lässig einen Verlängerten. Auf die Frage, wie denn der Kaffee beschaffen sein sollte (im O-Ton: »Wos fia an Valängatn?«), antwortete ich leicht erstaunt: »Na einen Verlängerten halt!« Daraufhin der Kellner, milde lächelnd über meine provinzielle Unbedarftheit: »Ein Verlängerter, schwarz? Braun? Oder vielleicht gelb?« Die Erinnerung an diesen peinlichen Auftritt schmerzt heute noch.

Mittlerweile kenne ich mich beim Kaffeegenuss nach Wiener Art einigermaßen aus und weiß, dass für den besten Muntermacher nördlich der italienischen Grenze die Gebindegröße (Tasse oder

Kännchen) kein Qualitätsmerkmal darstellt. Der Wiener Schriftsteller Hans Weigel beschrieb einmal in einem Essay den Unterschied zwischen »Káffee« und »Kaffée« wie folgt: »Die Betonung auf der ersten Silbe bezeichnet nur ein Getränk, die Betonung auf der zweiten Silbe aber eine Lebensform.«

Zu den Meriten dieser Lebensform gehört, wie es der weltberühmte Schriftsteller Stefan Zweig so treffend beschreibt, dass das Wiener Kaffeehaus eine Art demokratischer, jedem für eine billige Schale Kaffee zugänglicher Klub sei, wo jeder Gast für einen kleinen Obolus stundenlang sitzen, diskutieren, schreiben, Karten spielen, seine Post empfangen und vor allem eine unbegrenzte Zahl von Zeitungen und Zeitschriften konsumieren könne. Auf die Spitze getrieben hat dies der Literat Peter Altenberg, von dem es hieß: »Wenn der Altenberg nicht im Kaffeehaus ist, ist er am Weg dorthin.« Nach seiner Wohnadresse gefragt, antwortete er: »Wien I, Herrengasse, Café Central.« Kein Wunder, dass man ihm dort am Eingang mit einer Pappmaschee-Figur die Ehre erweist. Kaffeehausliteraten von heute erleichtern den Briefträgern die Arbeit: Sie rufen ihre Post einfach aus dem Internet ab.

Für den umsatzorientierten Manager einer Schnellimbisskette amerikanischer Prägung wäre die von Stefan Zweig beschriebene Unternehmensphilosophie wohl eher abwegig. Aber Wien ist bekanntlich anders und das ist gut so. Wer sich in ein Kaffeehaus begibt, befindet sich üblicherweise auf der Suche nach Entspannung und Genuss und nicht auf der Flucht.

Zu Beginn des letzten Jahrhunderts wurden von den führenden Literaten der damaligen Donaumonarchie verschiedene Kaffeehäuser nicht nur als Orte des Gedankenaustausches genutzt, sondern auch zum Schreiben.

Der Begriff »Kaffeehausliteratur«, mit dem Werke bezeichnet werden, die ganz oder zumindest teilweise im Kaffeehaus geschrieben wurden, entstand zu dieser Zeit und Wien war das Zentrum dieser Literaturform. Da die vorliegende Geschichte in einem Kaffeehaus zu Papier gebracht wurde, werden Sie es mir hoffentlich nachsehen, wenn ich mich für einen Moment auch wie ein echter Kaffeehausliterat fühle.

(Max Ferner)

Weil sich Opernfans am Stehplatz treffen

Wenn meine Schulfreundin Helga mit einem neuen handgestrickten Pulli in die Schule kam, wussten alle in der Klasse: Rudolf Nurejew ist in der Stadt. (Für Unbedarfte: der angeblich wunderbarste Balletttänzer aller Zeiten und das Teenie-Idol der 1980er-Jahre für Opern- und Ballettfans und somit quasi das geschmeidig tanzende Pendant zu Smokie und den Bay City Rollers.) Heute ist das anders. Rudolf Nurejew ist tot, begraben, so wie auch meine Hoffnung, jemals einen ganzen Pulli zu stricken, wobei: So genau kann man das – siehe Grund 24 – nie wissen.

Statt zu stricken, werden heute ganze Bücher auf e-Readern verschlungen und unzählige Mails beantwortet, während man geduldig auf das Öffnen der Kassen der Wiener Staatsoper wartet. »Noch 148 Mails checken, nur noch kurz die Welt retten« – beim Anstehen für einen Stehplatz könnte man ernsthaft beginnen, die Textzeilen des Berliner Sängers Tim Bendzko umzusetzen.

An den Zielgruppen hat sich anscheinend nicht viel geändert: Von sehr jung bis recht alt sind unter den Stehplatzbesuchern alle Altersschichten unterschiedlichster Nationalitäten vertreten. Man kann sie auch nach ihrer Ausstattung unterscheiden: Starbucks-Becher versus Käsebrot in der Alufolie, e-Reader versus zerschlissene gebundene Klassiker, Sitzplätze am Boden versus operntaugliche Klapphocker. Nach gefühlten fünf Stunden (es sind gerade mal eineinhalb) öffnen die Kassen. Dann das Übliche: »Einmal Galerie, bitte«, drei Euro hinüberschieben und losstürmen. Sollte sich das Personal erdreisten, die Schlange auf dem Weg zur Galerie mit den besten Stehplätzen anzuhalten, wird einem kostenlos ein Kurs in Keifen für Anfänger geboten: »Wos isn heit los?« oder: »Des derf oba ned woa sein!« sind noch die harmlosesten

Aussprüche der fassungslosen Damen in ihren mehr oder weniger eleganten Roben.

Doch damit nicht genug ihres Unmuts. Als sich herumspricht, dass Rolando Villazón an diesem Tag doch nicht auftreten würde, geht ein Raunen durch die Menge. Der Werdegang des Ersatzmanns Charles Castronovo ist schnell recherchiert. Während ein älterer Herr seine Recherchen telefonisch angeht, hält eine junge Japanerin binnen Sekunden ein entsprechendes YouTube-Video in die Menge.

Endlich am Stehplatz, Schal um die Brüstung gewickelt und damit ein möglichst gutes Plätzchen reserviert. Hinter mir wuselt es, ich höre ein genuscheltes »Tschuldigung«, während ich mich frage, was die Dame hinter mir wohl treibt. Ski-Gymnastik? Tai-Chi-Übungen? »Tschuldigung, i hobs glei, i muas mi nua eirichten«, sagt sie und zieht sich ihre Gesundheitsschlapfen an.

Nach den ersten Takten stelle ich fest, dass ich durch die rege bewegten Fledermausärmel der Dame vor mir (eine angehende Dirigentin?) die Texte auf den Displays mit den Übersetzungen leider nur bruchstückweise lesen kann: »quäle dich, füße leiden, einfaltspinsel«. Ganz erschließt sich mir der Text der Oper nicht, obschon das mit den leidenden Füßen nach einiger Zeit gar nicht mehr weit hergeholt scheint. Eine der letzten Zeilen, die ich unter dem Fledermausärmel erspähe, lautet »bin ich wieder voller hoffnung«, was den Abend eigentlich sehr gut zusammenfasst. Bei den Standing Ovations haben wir oben auf den Stehplätzen eindeutig einen Startvorteil. Ob sie auch deshalb so euphorisch ausfallen, weil sich die vielen müden Füße auf einen Sitzplatz in der Straßenbahn freuen, kann ich nicht mit Gewissheit behaupten. Fest steht hingegen eines: Ich komme sicher wieder – vielleicht mit Klapphocker und e-Reader, vielleicht mit Wolle und Stricknadeln – ein Eierwärmer müsste sogar mir allemal gelingen.

(Andrea Farthofer)

Weil einem sonntags
der Lesestoff nicht ausgeht

Da ist er nun also, der neue Westbahnhof. Als Auto-, Mofa- und Radfahrerin hat mich seine Eröffnung so kalt gelassen wie das neueste Rezept für Rosinenbrot, was Sie nach Kenntnis von Grund 71 nicht verwundern wird. Doch irgendwann entdeckte ich, dass der neue Wiener Westbahnhof ganz maßgeblichen Einfluss auf meine sonntägliche Lebensqualität haben kann. Genau genommen ist die große Neueröffnung nicht nur für mich eine Lebenserleichterung, sondern auch für den werten Koautor, der mir früher von den Flughäfen in aller Welt immer Dutzende internationale Zeitschriften mitbringen musste. Das war einmal. Der neue Westbahnhof weist nämlich einen ganz monumentalen Zeitschriftenladen auf, zu dem man früher wohl »Trafik« gesagt hätte. Eine Trafik, eigentlich Tabak-Trafik, ist ein Laden, in dem Tabakwaren, Zeitungen und Zeitschriften sowie allerlei andere nützliche Dinge verkauft werden, wie etwa Parkscheine oder Billetts. Trafiken im herkömmlichen Sinn scheinen jedoch eher in die Kategorie »Auslaufendes Geschäftsmodell« zu fallen. Zigaretten kauft man, wenn überhaupt noch, am Automaten und den Lesestoff bekommt man in Buchhandlungen, im Supermarkt, im Internet und an der Tankstelle oder sonntags, hach, sonntags eben am Westbahnhof.

Auch wenn der Spaziergang durch dieses Einkaufszentrum an Sonn- und Feiertagen ein wenig seltsam anmutet. Angesichts der rigorosen Regelung der Öffnungszeiten haben nur wenige Geschäfte geöffnet – ausschließlich solche, die den Reisenden mit dem nötigen Proviant versorgen. Da Zeitschriften anscheinend unter Proviant fallen, ist meine kleine Lesewelt in Ordnung – obwohl ich mir beim Einrichtungsladen nebenan zu gern ein buntes

Kissen für die Gartenmöbel oder einen bequemeren Sitzplatz im Zug mitgenommen hätte.

Lesestoff zählt für mich zu den lebensnotwendigen Gütern, gleichzustellen mit frischem Karottenbrot, Butter und Schokocroissants – alles Dinge, die man am Westbahnhof nun auch sonntags bekommt. Mein perfekter Sonntag gestaltet sich also wie folgt: Fahrt zum Westbahnhof, Besorgen von frischem Gebäck und dann Stöbern in der Zeitschriftenhandlung, bis der Magen so laut knurrt, dass es mir peinlich wird, oder bis mir der Arm, auf dem sich die Zeitschriften türmen, schwer wird – je nachdem, was früher eintritt. Mit meiner Ausbeute geht es dann nach Hause oder im Sommer an einen picknicktauglichen Ort, an dem ich mich in aller Ruhe dem Genuss hingeben kann. Als leidenschaftliche Radfahrerin habe ich in diesem Zusammenhang schon manche Marktlücke entdeckt. Darunter fällt etwa das anstelle von Packtaschen einsetzbare Miniregal aus extraleichtem Kunststoff. Ich denke dabei an eine Konstruktion, die sich einfach abnehmen und zu Hause montieren lässt und tief genug am Fahrrad angebracht ist, dass man in der Wiese liegend schnell und ohne aufzustehen nach dem nächsten Heft greifen kann – so eine Art Zeitschriftenspender eben. Vielleicht finden sich ja Leser, die eine solche Konstruktion (fröhliche Farben, bitte!) in Serienproduktion herstellen und idealerweise im Zeitschriftenladen am Westbahnhof anbieten. Wie Sie das unter »Proviant« legitimieren, ist allerdings Ihre Sache!

(Andrea Farthofer)

Weil »hohe Literatur«
eine neue Bedeutung bekommt

Wer sich in den letzten Jahrzehnten stante pede eine Staublunge zulegen wollte, brauchte nur die alte Hauptbücherei aufzusuchen. Doch jetzt gibt es die neue Hauptbücherei und die kann weit mehr, als man auf den ersten Blick annehmen möchte. Ihre Lage direkt am rund um die Uhr stark befahrenen Neubaugürtel, wo sie seit 2003 zu finden ist, würde man im Allgemeinen nicht gerade mit »vielversprechend« assoziieren. Doch dass dieses Gebäude mit dem »Landmark Libraries Award« als beste neue Bibliothek Europas ausgezeichnet wurde, weckt die berechtigte Hoffnung, dass dem Gürtel damit ein richtiges Schmuckstück mit bleibendem Wert verpasst wurde.

Der Begriff »hohe Literatur« ist dabei nicht abschreckend gemeint, sondern er steht für die 98 Stufen, die man bezwingen muss, um die neue Hauptbücherei zu betreten, was im Sommer oft nicht ganz einfach ist. Schließlich machen es sich hier Leseratten und müde Seelen gern auf der Treppe bequem, sie lesen oder sehen der Zeit beim Vergehen zu – mit Blick gen Süden, wo Wasserturm, Philips-Haus und die beachtlichen Twin Towers die Skyline des Wienerbergs dominieren. Natürlich gibt es auch eine Rolltreppe hinauf zum Eingang, doch das Erklimmen der Stufen ist ein besonderes Erlebnis. Schließlich handelt es sich um die größte Freitreppe Wiens; sie führt bis zum Dach, wo sich das Café Oben befindet. Dort sitzt man im auf drei Seiten verglasten Raum oder im Freien unter Schirmen oder womöglich gar in einem Strandkorb und kann in aller Ruhe in den frisch entliehenen Werken schmökern. Sonntags gibt es Brunch, tagsüber unterschiedliche Speisen, abends manchmal Afterwork-Clubbings und gelegentlich sogar »Literatur zum Essen« in Form von viergängigen Menüs, beispielsweise aus dem Buch »Wein und Tod« der kochaffinen Krimiautorin Eva Rossmann.

Die Hauptbücherei ist naturgemäß der größte der insgesamt 39 Standorte der BüchereienWien. Architekt Ernst Mayr entwarf das Gebäude, das die Form eines abstrahierten, 150 Meter langen Schiffs aufweist. Auf zwei von Tageslicht durchfluteten Ebenen kann man 240.000 Bücher und 60.000 audiovisuelle Medien ausleihen und in Zeitungen und Zeitschriften stöbern. Dazu gibt es einen eigenen Kinderbereich, 130 Computerarbeitsplätze sowie 40 Audio- und Videoplätze. Stammgäste kommen allerdings auch wegen der unbezahlbaren Aussicht in die Leselounge. Dann sitzt man, wenn man einen der bequemen Stühle ergattern konnte, mit Blick über die Otto-Wagner-Station »Burggasse« bis hin zum Kahlenberg und Leopoldsberg und kann in aller Ruhe zwischen den Zeilen von jungen und alten, österreichischen und internationalen Autoren lesen und in andere Welten eintauchen, ohne dabei den Bezug zu Wien zu verlieren.

Auch eine Fülle von Veranstaltungen wird hier geboten. Für Kinder gibt es das jährliche Lesofantenfest, für Wissbegierige immer wieder Minikurse für fast alle Lebenslagen, für Erwachsene Lesungen, für sehr Erwachsene die SeniorInnentreffpunkte und im Sommer das kleine, aber feine Kino am Dach. Mitten in der Stadt, direkt am Gürtel ein Kino anzusiedeln ist ein gewagtes Projekt, das mir gut gefällt, weil es voll aufgeht. Guter Schallschutz lässt einen fast vergessen, dass man sich mitten in der Stadt befindet. Seit 2004 wird das Dach im Sommer zum höchstgelegenen Open-Air-Kino Wiens. Die Jahresthemen reichten dabei von »Dach«, »Schiff«, »Italien« und »City Lights«, »Liebe«, »Humor« und »Crime Time« bis zum Thema »Reisefieber«. 2012 lautete das Motto »Good Vibrations – Filme gegen die Krise«. Wenn dieses Motto genauso aufgeht wie das Konzept der neuen Hauptbücherei, brauchen wir uns keine Zukunftssorgen mehr zu machen.

(Andrea Farthofer)

Weil man keinen Tag
ohne Live-Musik sein muss

»Die Freiheit ist ein wundersames Tier und manche Menschen haben Angst vor ihr. Doch hinter Gitterstäben geht sie ein, denn nur in Freiheit kann die Freiheit Freiheit sein.« Dieses Stück Musikgeschichte aus der Feder von Georg Danzer gilt auch für das Abendprogramm, das man in Wien bestreiten kann. Es muss nicht immer Fernsehen sein – auch nicht Oper oder Operette. In Wien kann man seinen musikalischen Horizont nämlich 365 Tage im Jahr nach Lust und Laune neu definieren.

Einen ganz besonders denkwürdigen Termin gibt es seit 2007 jedes Jahr im Oktober. Rund um den Geburtstag des nur 61-jährig verstorbenen Musikers finden sich im »Local« Freunde, Weggefährten und Fans der österreichischen Popszene ein und gedenken des wunderbaren Wiener Liedermachers Georg Danzer, der ein musikalisches Erbe von rund 500 Liedern hinterlassen hat. Die Location könnte nicht besser gewählt sein. Das Local befindet sich in einem der revitalisierten Stadtbahnbögen, es ist ein gemütlicher Club mit Wohnzimmeratmosphäre und reichlich guter Musik, die je nach Wochentag eine andere Richtung aufweist. Hausherr und Musiker Christian Becker, einer der Wegbegleiter von Georg Danzer, macht seinen Job nämlich richtig gut und erweist dem »Schurl« mit seiner Interpretation des Lieds »Von Scheibbs bis Nebraska« die Ehre.

An zwei Abenden im Oktober kann man sich vergewissern, wie es ums Wienerische bestellt ist – das eigene ebenso wie jenes in den Georg-Danzer-Liedern, die an diesen Gedenktagen neu interpretiert werden. Dabei kann man feststellen, dass Blues-Guru Erik Trauner auch deutsch singen kann, selbst wenn er es erst zum zweiten Mal macht, dass es zumindest im Fall von George Nussbaumer ein Leben nach dem Song Contest gibt, auch wenn man nicht Christina Stürmer heißt, dass es in Österreich mit Christian Becker und Matthias Kempf musikalischen Nachwuchs gibt, der ohne Klischees und Lederhosen auskommt, dass Ulli Bäer, einer der landesbesten Gitarristen, noch immer auf der Bühne brilliert, dass sich der Vorarlberger Sänger Toni Knittel von der Lechtaler Band »Bluatschink« durchaus an das langsame Kaugummideutsch der Wiener anpasst und dass man sich mit Livemusik darüber hinwegtrösten kann, dass man gerade versetzt wurde. Die Erkenntnis des Abends: In diesem Rahmen fühlt man sich gewiss nicht lange allein, egal ob man ein Plätzchen im Lokal ergattert hat oder im Freien über die Leinwandübertragung am Konzert teilhaben darf.

Einen gewissen Bildungsauftrag in Sachen »spielerisch Wienerisch lernen« erfüllt so ein Abend gleich noch nebenbei. Redewendungen wie »mit mir zum Andrahn na des woa ka Hetz« gehören nicht einmal bei mir als Wienerin zum aktiven Wortschatz, sie können aber von Nutzen sein, falls man im Dschungel der Großstadt vom rechten Weg abkommt und mit der Gewissensfrage konfrontiert wird: »Na, wüst andrahn mit mir?« (Nein, natürlich will ich mich mit niemandem anlegen – schon gar nicht, wenn er größer und stärker ist.)

Wenn alle Künstler des Abends gemeinsam auf der Bühne stehen und unterstützt vom begeisterten Publikum lautstark – so laut, dass »Schorschi« uns da oben auch wirklich alle hören kann – »Lass mi amoi no d'Sunn aufgeh' segn« singen, hat sich das Leben zwischen A-Dur und b-Moll wieder einmal selbst auf wundersame Weise relativiert. Und bis zur nächsten wichtigen Entscheidung sind noch mindestens 18 Stunden Zeit: Wogegen werde ich morgen das Fernsehprogramm eintauschen? Blues im Reigen, Jazz im Porgy & Bess, Rock im Flex, House in der Volksgarten Disco, Wienerlied bei »Wien im Rosenstolz«, E-Musik, X-Musik oder U-Musik, hochkarätige Opernstars in der Staatsoper oder aufstrebende Stern-

chen in kleinen Szenelokalen, Wiener Symphoniker oder Sängerknaben im Musikverein oder internationale Popstars in der Stadt-
halle, hochpreisiger Hörgenuss im Ronacher oder erschwinglicher
Musikgenuss im Gasthaus zum lustigen Radfahrer, Frühschoppen
im Bamkraxler oder Mitternachtseinlage bei einem der 450 Bälle
Wiens?

In derlei wichtige Gedanken versunken, habe ich wohl auf dem
Heimweg in der U-Bahn meine Version des Ohrwurms »Von
Scheibbs bis Nebraska« zum Besten gegeben. Das fällt mir allerdings
erst auf, als ein anderer Fahrgast unruhig wird und schließlich den
Fahrplan prüft, ehe er erleichtert in seinen Sitz zurückfällt. Dass die
U6 neuerdings bis ins Mostviertel verlängert wurde, ist schließlich
nicht sehr wahrscheinlich, und Nebraska kann auch noch ein Jährchen warten. An zwei Tagen im nächsten Oktober bin ich allerdings
definitiv verhindert, denn die halte ich schon jetzt für einen Besuch
im Local frei.

(Andrea Farthofer)

Weil die Philharmoniker tun, was man will

Unlängst betrat ich wieder das Dirigentenpult, den Taktstock lässig in meiner Rechten. Auf dem Programm stand der »Radetzkymarsch« – für Profis eine leichte Übung. Vor mir die Wiener Philharmoniker, eines der besten Orchester der Welt, voll konzentriert auf ein Zeichen des Maestros für ihren Einsatz wartend. Und los ging es: Tadadam, tadadam, tadaramdamdam! Seltsam, das Stück hörte sich nicht so an, wie ich es vom Neujahrskonzert her kannte. Die Geiger kratzten auf ihren Instrumenten herum wie einst die Spinne Thekla in der Zeichentrickserie »Biene Maja«, die Pauke haute ständig daneben und irgendwie passte die Geschwindigkeit nicht. Vielleicht sollte ich etwas mehr Tempo ins Stück bringen? Auch keine gute Idee, jetzt klang der »Radetzkymarsch« mehr wie »La Cucaracha«, dargeboten von einer schwer alkoholisierten Mariachi-Band. An den Musikern konnte es nicht liegen – vielleicht doch am Dirigenten? Diesen Eindruck hatte offenbar auch der Konzertmeister, als er aufsprang und mir verärgert zurief: »Das ist doch total sinnlos! Wenn Sie so herumfuchteln, irritieren Sie uns nur! Versuchen Sie, den Takt bis zum Schluss zu halten!«

Ganz ehrlich, vom Dirigieren habe ich nicht mehr Ahnung als eine Kuh vom Skispringen, aber das ist im Haus der Musik völlig egal. Mittels ausgefeilter Technik wird es jedem Besucher dieses einzigartigen Klangmuseums ermöglicht, gemeinsam mit den Wiener Philharmonikern Konzertklassiker aufzuführen.

Die Musiker gehorchen dem »virtuellen Dirigenten«, folgen seinem Tempo und Rhythmus und belohnen ihn mit Applaus, wenn er den Takt bis zum Schluss hält. Ewige Geduld des virtuellen Orchesters dürfen unbegabte Dirigenten, siehe oben, allerdings nicht erwarten.

Seit der Eröffnung im Juni 2000 hat das Haus der Musik täglich von zehn bis 22 Uhr geöffnet, damit alle an Musik und Klängen Interessierten in diese faszinierende Welt eintauchen und ihre Ohren auf Entdeckungsreise schicken können. Das Klangmuseum ist keine dieser traurigen Stätten, wo die im Lauf der Jahrhunderte von enthusiastischen Sammlern zusammengetragenen Exponate mit einer dicken Staubschicht überzogen vor sich hin modern. Ganz im Gegenteil: Die interaktiven Ausstellungsbereiche bieten großen und kleinen Besuchern neue, innovative Zugänge zum Thema Musik. Klangerfassung nicht nur mit den Ohren, sondern gleich mit mehreren Sinnesorganen.

Das ehemalige Palais Erzherzog Karl in der Wiener Innenstadt, in dem heute das Haus der Musik residiert, war einst Wohnort von Otto Nicolai, dem Gründer der Wiener Philharmoniker. Diese Verbindung war ausschlaggebend dafür, dass die Philharmoniker mit ihrem historischen Archiv in das Gebäude einzogen. Das erste Stockwerk ist auch zur Gänze dem weltberühmten Orchester gewidmet.

Mich beeindruckt besonders die zweite Etage, wo man die geheimnisvolle Welt der Töne ganz intensiv erleben kann. Im Alltag sind wir ständig von Klängen umgeben, bewusst oder unbewusst. In dem Bemühen, uns davor zu schützen und selektiv nur das wahrzunehmen, was in aktuellem Zusammenhang steht, haben wir das Hören fast verlernt. In der »Sonosphere« können die Besucher wieder ein neues Hör-Bewusstsein entwickeln. So kann man zum Beispiel die Welt aus der Wahrnehmungsperspektive eines Embryos als pränatales Sinnesrauschen erleben. Man hört und fühlt Originalaufnahmen aus dem Mutterbauch, kompositorisch um Vibrationen und Schwingungen erweitert. Ein Erlebnis, das wir alle einmal hatten, ohne dass wir uns daran erinnern können.

Auch die anderen Ausstellungsräume bieten interessante Erlebnisse: Im »Stimmenmeer« benutzt der Besucher die eigene Stimme als Musikinstrument. Mit der »Evolution Machine« kann man individuelle Klangkompositionen aus der eigenen Stimme, aus klassischer Musik und diversen Geräuschen mixen, diese anschließend auf CD brennen und im Shop käuflich erwerben.

Der dritte Stock ist ausgewählten Wiener Komponisten gewidmet, wie Joseph Haydn, Wolfgang Amadeus Mozart oder Ludwig van Beethoven. Ebenso wenig fehlen dürfen die Begründer der Neuen Wiener Schule wie etwa Arnold Schönberg oder Alban Berg. Ich bin eigentlich R'n'B- und Jazz-Fan und bekennender Klassikbanause. Doch die geballte Ladung an musikalischem Genie nötigt sogar mir Respekt ab.

So, nach dieser Lobrede auf mein Wiener Lieblingsmuseum gehe ich nach Hause üben, denn beim nächsten Besuch möchte ich nicht noch einmal von der siebenjährigen Nichte meiner lieben Koautorin als Dirigentenpfeife enttarnt werden.

(Max Ferner)

Weil man sich ein Gedicht pflücken kann

Wien ist bekannt für lange Traditionen, auch im literarischen Bereich. Was Waluliso für den Frieden war, Heinrich Weingartner für den Billard-Sport und Ernst Fuchs für den fantastischen Realismus, ist Helmut Seethaler für die Zunft der Lyriker. Irgendwie zumindest. Als selbst ernannter Zettelpoet verteilt er seit Jahrzehnten Pflückgedichte in der Stadt. Ich erinnere mich noch, dass ich mir nach den Vorlesungen an der Uni manchmal ein Gedicht für die Heimfahrt mit der Bim (Wienerisch für Straßenbahn, falls ich es noch nicht erwähnt haben sollte) pflückte. Wobei das Pflücken noch nicht einmal kreuzunfreundliches Bücken erfordert. Vielmehr kann man die kleinen Zettelchen von doppelseitigen Klebebändern abnehmen, die an Bäumen, Zäunen, Laternenmasten oder anderen Stellen angebracht sind. Helmut Seethaler spielt mit Worten und mahnt, macht aufmerksam und hellhörig und sich damit auch immer wieder unbeliebt.

Ich hatte den Zettelpoeten schon vergessen, als ich kürzlich in einer U-Bahn-Station wieder einmal auf seine Werke stieß. Was früher mit Schreibmaschine geschrieben war, dürfte jetzt aus dem Drucker eines PCs gekommen sein – sonst hat sich nicht viel geändert. Mehr als 3000 Klagen wegen Sachbeschädigung musste der Zettelpoet bereits über sich ergehen lassen, doch 1998 sprach der Oberste Gerichtshof ein Machtwort und beurteilte seine Werke als Kunst.

Erst nach der Beschriftung von Gehsteigen konnte Helmut Seethaler dann tatsächlich wegen Sachbeschädigung belangt werden. Umso mehr freut es mich, dass er dennoch weiterschreibt und wir immer noch pflücken können. »Ergreif ein Gedicht«, steht da in krakeliger Handschrift und ich folge der Aufforderung, vielleicht ergreift es mich ja auch: »… wieso nicht bleiben und dafür sorgen, dass es keine gründe gibt, ein woanders als erstrebenswerter zu sehen?« In Wien ist das nicht schwer. Vielen Dank, Herr Seethaler!

(Andrea Farthofer)

Weil die Kriminacht mörderisch spannend ist

Freiwillig in den Kanal? Seit der Überschwemmung meines Kellers und stundenlangem Waten im Abwasser bin ich eigentlich davon abgekommen. Dabei war das inhaltlich gesehen ein Klacks gegen das, was gerade unter uns vorbeizieht. Eine rege Fantasie zu haben ist hier definitiv kein Vorteil. Auch wenn uns der Weihnachtskrimi, der uns auf kleinem Raum und bei leichter Geruchsbelästigung (beides eher Untertreibungen) vorgelesen wird, den Duft von Zimt und gebrannten Mandeln nahelegen möchte, warte ich eher darauf, dass eine Leiche unter uns vorbeitreibt. Ich befinde mich nämlich in der Wiener Kanalisation, auf meinem Kopf ein Papiermützchen, das mich aussehen lässt wie kurz nach einer Gehirnoperation oder zumindest nach einem verheerenden Friseurbesuch, darüber ein Helm mit Scheinwerfer, der zwar die Lichtverhältnisse, nicht aber meine Fotogenität verbessert. Umgeben bin ich dabei von 19 Gleichgesinnten, einem bestens bewanderten Mitarbeiter von »Wien Kanal« und der Autorin, die bei der diesjährigen Kriminacht in der Kanalisation lesen darf, sowie 2290 Kilometern Kanalnetz, die wir aber glücklicherweise nicht alle ablaufen müssen, um an den Ort der Lesung zu gelangen.

Seit 2005 lehrt Wien jeden Herbst Krimifans das kollektive Fürchten – an den unterschiedlichsten Orten mit ganz unterschiedlichem Gruselfaktor. Die Kanalisation ist dabei der wohl authentischste und ungastlichste Ort für eine Krimilesung, die hier notgedrungen im Stehen stattfindet. Während Ilona Mayer-Zach ihre Rätselkrimis zum Besten gibt und viel zu viele Fragen in den düsteren Raum stellt, entstehen vor meinem geistigen Auge unzählige Szenarien für einen perfekt inszenierten Mord im Untergrund. Primär sind es aber die Wiener Kaffeehäuser, die bei der jährlichen Kriminacht zu Orten der Literatur werden und sich dabei auf ihre Ursprünge als Treffpunkt von Literaten besinnen. Neben traditionellen Kaffeehäusern wie dem Café Museum, dem Drechsler, dem Hawelka, dem Sperl oder dem Prückel öffnen auch andere Locations ihre Pforten zu teils außergewöhnlichen Zeiten. Große und kleine Buchhandlungen, Bäckereien, Brauereien, Restaurants, die Lounge einer Bank, das Casino Wien oder die Fernwärme Wien waren schon mit von der mörderischen Partie. Diese Nacht gehört zweifellos zu jenen, wo man sich am liebsten teilen möchte, um dem »Who is who« der Wiener Kaffeehausszene aus rein literarischen Gründen, versteht sich, auf den Grund gehen zu können. Da dies aber leider nicht gelingen will, muss man sich pro Kriminacht mit zwei bis drei Veranstaltungen zufriedengeben, was die Vorfreude auf das mörderische Event im nächsten Jahr schürt. Irgendwann hat man vielleicht einmal alle Kaffeehäuser durch, aber selbst ich als Wienerin bin davon noch ein Stück entfernt. Das Erreichen dieses Ziels wird noch dadurch erschwert, dass das Programm Jahr für Jahr erweitert wird. 8000 begeisterte Krimifans zählte man bei der 1. Kriminacht 2005 und war vom regen Besucherzustrom hellauf begeistert. Von der Bedienung in den Kaffeehäusern konnte man das allerdings nicht behaupten. Sie musste in dem dichten Gedränge, mit dem damals niemand gerechnet hatte, gute Nerven beweisen. Das galt insbesondere für das Café Korb, in dem die Fans 2006 bei der Lesung von Publikumsliebling Erika Pluhar sogar auf dem Boden saßen wie sonst nur Studenten in überfüllten Hörsälen. Heute sind es rund 25.000 Krimifreunde, die kostenlos und mittlerweile in fast allen 23 Wiener Bezirken an rund 60 Lesungen teilnehmen.

Jedes Jahr können wir auch internationale Autoren begrüßen: Petros Markaris, Veit Heinichen, Magdalen Nabb, Håkan Nesser oder Jussi Adler-Olsen waren schon da. Besonders spannend war der Auftritt von Donna Leon im Café Museum, die auf Englisch las und sich entspannt mit Bürgermeister Dr. Häupl unterhielt, der ihren Starermittler Commissario Brunetti in die Staatsoper einlud und vorschlug, ihn einmal in Wien ermitteln zu lassen. Ich könnte mir vorstellen, dass ihm eine Kaffeehaustour durch Wien während der Kriminacht auch gefallen würde. Es muss ja nicht gleich die Kanalisation sein.

(Andrea Farthofer)

Weil wir Elisabeth und ihre Sisters in Act lieben

Das mit der Globalisierung ist so eine Sache. Einerseits: Toll, dass man vieles, wofür man früher auf Reisen gehen musste, nun auch zu Hause bekommt! Andererseits: Schade, denn dadurch fällt so manche gute Ausrede fürs Reisen weg. Einer jener Fälle, wo zweifellos das »Einerseits« zum Tragen kommt, ist das Thema Musical.

Als Au-pair-Mädchen in London hatte ich jeden zweiten Nachmittag frei. Und wenn man Big Ben, St. Paul's Cathedral, Harrods und Selfridges einmal durch hat (vielleicht nicht unbedingt in dieser Reihenfolge), kann man in London eine Sache Nachmittag für Nachmittag genießen, ohne zum Ausgleich Sport machen zu müssen: Musicalbesuche zu Nachmittagspreisen. Dies wusste ich angesichts meines bescheidenen Taschengelds und meiner nicht vorhandenen Abendfreizeit durchaus zu schätzen – auch wenn ich vergeblich darauf wartete, dass die Plätze, die bei jeder Vorstellung für das Königshaus reserviert sind, endlich einmal in Anspruch genommen würden. Auf ein gutes Dutzend Musicals brachte ich es in einem Monat.

Zurück in Wien, ereilte mich danach die musicalmäßige Leere. Es sollte noch einige Jährchen dauern, bis auch Wien in diesem Genre ein vielseitiges Programm auf die Beine stellte. Doch jetzt, wo die Musicalbühnen Wiens so richtig in Schwung gekommen sind, gibt es scheinbar kein Halten mehr. In den 1980er-Jahren musste man sich auf die deutschsprachige Erstaufführung von »Cats« im Theater an der Wien und später im Ronacher beschränken, bis man jede Zeile auch im Schlaf mitsingen konnte. Von 1983 bis 2000 trieben die Katzen auf den Bühnen Wiens ihr Unwesen und lockten bei den insgesamt 2040 Vorstellungen mehr als zwei Millionen Besucher an. 2011 sind die Katzen zurückgekehrt – in ein eigenes Theaterzelt in Neu Marx.

1988 kam es mit dem »Phantom der Oper« zu einer weiteren deutschsprachigen Erstaufführung im Theater an der Wien. Von 1990 bis 1993 wurde das Erfolgsmusical im Raimundtheater gespielt. 1363 Vorstellungen mit insgesamt 1,4 Millionen Besuchern gab es davon.

Langsam wuchs das Angebot: Ob das Stück »Sister Act« nach einer Vorlage des mit Whoopie Goldberg brillant besetzten Films im wunderschönen Ronacher, das 1992 im Theater an der Wien uraufgeführte »Elisabeth« über das Leben der österreichischen Kaiserin, das auf Udo-Jürgens-Liedern basierende Musical »Ich war noch niemals in New York« im Raimundtheater oder das Cole-Porter-Stück »Kiss me, Kate« in der Volksoper – die Palette ist breit und die Inszenierungen und Darsteller sind ausgezeichnet. Auf der Website der Wiener Volksoper ist nachzulesen, dass die Zeitungen Marcel Prawys Produktion von »Kiss me, Kate« im Februar 1956 mit Jubelmeldungen nur so überhäuften. Das Werk blieb, so die Website weiter, »mit drei Neuinszenierungen und insgesamt 338 Vorstellungen an unserem Haus ein Lieblingsmusical des Publikums«.

Federführend in Sachen Musical ist in Wien die Holding Vereinigte Bühnen Wiens (VBW), die die Spielstätten Theater an der Wien, Raimundtheater und Ronacher betreut. Unter den Vereinigten Bühnen Wiens hatten neben »Elisabeth« aber auch Stücke wie »Tanz der Vampire«, »Mozart!«, »Rebecca« oder »Freudiana« ihre Weltpremiere. Die VBW Holding ist der einzige Musicalproduzent im deutschsprachigen Raum, der eigene Produktionen erfolgreich in aller Welt vermarkten konnte. »Elisabeth« wurde 1992 in Wien uraufgeführt und bis 1998 gespielt und dann von 2003 bis 2005 wieder aufgenommen. Parallel dazu trat es seinen Siegeszug um die ganze Welt an. In Japan wurde das Stück ebenso gespielt wie in Ungarn, in den Niederlanden, in Schweden, Italien, Finnland, der Schweiz und Belgien. Für mich heißt das nunmehr, dass ich dieser Tage eher wegen Harrods und Selfridges nach London fahre, wegen des Afternoon Tea bei Fortnum & Mason, des Camden Town Market oder der Tate Modern. Denn mit Musical-Aufführungen alleine kann ich meine häufigen London-Trips beim besten Willen nicht mehr rechtfertigen!

(Andrea Farthofer)

Weil wir für jeden ein paar Ezzes bereithaben

»Ezzes?« »Masel?« »Chuzpe?« Da kommt man aus der Provinz in die österreichische Bundeshauptstadt und versteht plötzlich nur mehr Bahnhof. Sie ahnen es angesichts dieser Beispiele vielleicht schon: Selbst als Österreicher kann einen Wien vor manche sprachliche Herausforderung stellen.

Verwundern darf das ja nicht: Schließlich wurde das Wienerische im Laufe der Jahrhunderte maßgeblich um Ausdrücke aus dem Jiddischen angereichert. Ein paar Übungsbeispiele aus der Praxis gefällig?

Angenommen, Sie sitzen, nichts Böses ahnend, am Computer und spielen eine Partie Solitär. Während Sie Ihren nächsten Zug überlegen, fällt plötzlich ein Schatten über den Bildschirm und von hinten sagt jemand: »Die rote Dame auf den schwarzen König!!«

Ein echter Wiener würde wohl mit »Spoar da die Ezzes!« antworten. Das jiddische Wort »Ezzes« oder »Eizes«, abgeleitet vom hebräischen Wort »ezah« für Rat(schlag), bezeichnet nämlich einen gut gemeinten, aber total unerwünschten und als besserwisserisch empfundenen Rat.

Oder Sie kommen nach einem entspannten Abend bei dem einen oder anderen Bierchen zurück zu Ihrem Auto und stellen fest, dass Sie in der Hitze des Gefechts ganz vergessen haben, einen Kurzparkschein auszufüllen. Schon von Weitem sehen Sie, dass bei allen anderen Autos Strafzettel hinter den Scheibenwischern klemmen. Nur Ihr Auto ist verschont geblieben – was Ihre Begleitung zur Bemerkung »Dein Masel hätt i gern!« veranlasst, als sie hinter ihrem eigenen Scheibenwischer den verhassten Strafzettel entdeckt.

Eigentlich ist »Masel« oder vielmehr »Masel tov« ja als Segen oder Glückwunsch gedacht, beispielsweise bei jüdischen Hochzeiten. In Fällen wie dem oben beschriebenen bezieht man sich in Wien jedoch auf das kleine Quäntchen unverdientes Glück.

Wenn sich jemand durch zielgerichtete Unverschämtheit und Dreistigkeit einen Vorteil verschafft, dann spricht man in Wien von »Chuzpe«. In diesem eigentlich als negative Bewertung gedachten Ausdruck für die Überschreitung der Grenzen von Höflichkeit und Anstand schwingt aber auch eine gewisse Anerkennung für eine Form sozialer Unerschrockenheit mit. Nach einigen Tagen in Wien können Sie gewiss auch mit so manchem Beispiel dafür aufwarten.

Einige Begriffe aus dem Jiddischen sind hingegen so weit in den Sprachgebrauch übergegangen und »eingedeutscht« worden, dass man sich ihres Ursprungs gar nicht mehr bewusst ist. Oder wussten Sie, dass »Schmiere stehen«, »Pleite machen«, »großkotzig« oder »betucht« ihren Ursprung im Jiddischen haben? Sogar das Ur-Wiener Wort »Beisl« als Bezeichnung für ein Gasthaus kommt vom hebräischen »beth« für Haus, und der eher eigenartig anmutende Wunsch »Hals- und Beinbruch« hat seinen Ursprung in den Wörtern »hazlacha« (Erfolg) und »bracha« (Segen).

Aber nicht nur das Jiddische beeinflusste die Entwicklung des Wienerischen. Die Zuwanderer aus den Kronländern des Habsburgerreichs brachten neben ihren landestypischen Gerichten (Stichwort: Powidltascherl, Knödel, Gulasch, Palatschinken) auch ihre Sprachen mit, bei denen sich der Wiener Dialekt fleißig bediente. Das Wort »Bahö« (Lärm, Aufruhr) gehört ebenso zum Standardrepertoire jedes Wieners wie »Tuchent« (Federbett) oder »Tschapperl«, Letzteres vor allem als »Tschapperlwasser« (Kindergetränk). Dazu kamen Worte aus dem Französischen, was dazu führte, dass schöne Begriffe wie »Pompfüneberer« (Sargträger) oder »Trafik« (Tabak- und Zeitschriftenladen) manch ratlose Gesichter hervorrufen. Aus dem Italienischen wiederum haben sich Begriffe wie »Spompanadeln« (Faxen) und »Pallawatsch« (Durcheinander) im Wienerischen durchgesetzt.

Leider kommt es, wie auch Sprachwissenschaftler bestätigen, durch den Einfluss der überwiegend deutschen Medienwelt langsam zu einer Vereinheitlichung der Sprache und zum Verschwinden der Dialekte. Auch in Wien hört man immer häufiger »Alles okay, Alter?« statt »Ois in Urdnung, Oida« oder »krass« und »geil« statt »leiwand«.

Ich werde aber weiterkämpfen und auch als Zugereister versuchen, das Wienerische hochzuhalten. Mein persönlicher Favorit ist übrigens »büseln«. Diese schöne Beschreibung meiner Lieblingsbeschäftigung oder vielmehr Nicht-Beschäftigung am Sonntagnachmittag stammt aus dem Italienischen und steht für »ein Nickerchen machen«.

(Max Ferner)

KAPITEL 5

Wiener Blut

»Du bist die Blume aus dem Gemeindebau,
merkst du nicht, wie ich schau,
wenn du an mir vorüberschwebst,
du Blume aus dem Gemeindebau,
merkst du net, wia i mi bei dir einehau,
weu du bist für mich die Überfrau,
komm, lass dich pflücken,
du Rose aus Stadlau.«

»Blume aus dem Gemeindebau«, Wolfgang Ambros

Weil der Zentralfriedhof lebt

Den Wienern sagt man schon zu Lebzeiten ein besonderes Verhältnis zum Tod nach. Ganz aus der Luft gegriffen ist das nicht, wie ich aus eigener Erfahrung weiß. Während eines Ferienjobs als Nachtwächter eines Supermarkts lernte ich bei den Außenrundgängen eine ältere Dame kennen, die die langen Sommerabende gern am offenen Fenster verbrachte. Eines Abends erzählte sie mir, dass sie schon seit vielen Jahren jeden Monat einen bestimmten Betrag beim Wiener Verein einbezahlen würde, damit sie, wenn es soweit sei, ein schönes Begräbnis bekäme.

Dass man in eine Bestattungsvorsorge investiert, leuchtet mir noch ein, man trifft ja auch in anderen Lebensbereichen Vorsorge. Dass der 1904 als Feuerbestattungsverein gegründete Bestattungsversicherer aber ausgerechnet »Wiener Verein« heißt, erhärtet die These vom besonderen Verhältnis schon ein wenig. Und es schafft gleich die Verbindung zur »schönen Leich«, wie man im östlichen Österreich und speziell in Wien sagt, wenn es eine zu Herzen gehende Abschiedszeremonie und Beerdigung sowie einen ausgiebigen Leichenschmaus in netter Gesellschaft gegeben hat. Das gute Aussehen der oder des Verblichenen spielt dabei keine große Rolle, es geht um das letzte Fest des Lebens, und ein Festakt, auch wenn der Anlass traurig ist, will würdig begangen sein.

Dabei sind prunkvolle Trauerfeiern und Begräbnisse erst seit der zweiten Hälfte des 19. Jahrhunderts en vogue. Bis dahin war die »schöne Leich« den Adligen vorbehalten, für das gemeine Volk waren Massengräber wie jenes, in dem selbst Mozart landete, die Regel. Unter Kaiser Joseph II. gab es auf ein Minimum reduzierte Sparbegräbnisse in Särgen mit Klapptür, die mehrfach verwendet wurden. Das ging den Bürgern doch zu weit und nach gewaltsamen

Demonstrationen gegen die postmortale Massenabfertigung zog der Kaiser die Recycling-Särge wieder aus dem Verkehr und erlaubte prunkvollere Begräbnisse.

Dafür gibt es in Wien 50 aktive Friedhöfe, mehr als in jeder anderen Großstadt. Zusätzlich existieren noch einige stillgelegte, wie etwa der bekannte Friedhof von St. Marx, der nicht zuletzt wegen der Begräbnisstätte Mozarts jedes Jahr von Tausenden Touristen und Mozart-Fans besucht wird. Zu erreichen sind viele Friedhöfe ganz bequem mit öffentlichen Verkehrsmitteln, zu Allerheiligen sogar mit verdichtetem Fahrplan. Untrennbar verbunden mit Wiens größter Begräbnisstätte ist die Straßenbahnlinie 71, die von der Börse direkt zum Zentralfriedhof fährt. Der 71er stellt in vielen Anekdoten oder Liedern den letzten Weg jedes Wieners dar, man kann über einen Verstorbenen auch schon mal umgangssprachlich hören: »Er hat den 71er genommen.«

Mit dem Zentralfriedhof, der im Widerspruch zu seinem Namen am südöstlichen Stadtrand liegt, besitzt die Stadt Wien eine Nekropole von gewaltigen Ausmaßen. In über 330.000 Grabstellen, davon rund 1000 Ehrengräbern, wurden drei Millionen Verstorbene aller Konfessionen zur letzten Ruhe gebettet, das sind Wikipedia zufolge die Hälfte aller Wiener, die je gelebt haben. Zum Zeitpunkt seiner Eröffnung im Jahr 1874 galt der Zentralfriedhof als die größte Friedhofsanlage Europas, seine Gesamtfläche von knapp 2,5 Quadratkilometern wird nur vom vier Quadratkilometer großen Hamburger Friedhof Ohlsdorf übertroffen. Haupttore, Aufbahrungshallen und Wartesäle sind ebenso Jugendstilbauten wie das zentrale Gebäude: die Karl-Borromäus-Kirche, im Volk besser bekannt als Dr.-Karl-Lueger-Gedächtniskirche.

Viele Menschen zieht es aus Neugier auf den Zentralfriedhof, schließlich liegen hier die Prominenten Seite an Seite: verdiente Persönlichkeiten aus Politik, Kunst und Kultur, von Vertretern der Wiener Klassik wie Beethoven, Brahms, Schubert oder der Familie Strauss bis hin zu Falco, Österreichs einzigem internationalen Popstar. Seiner feierlichen Beisetzung in einem Ehrengrab wohnten im Februar 1998 Tausende Menschen bei.

Seit Kurzem kann man den Wiener Zentralfriedhof auf völlig neue Art erkunden, nämlich per Fiaker. Das gibt es wohl auch nur in Wien: Gemütlich in der Kutsche sitzend, begibt man sich auf Sightseeing-Tour durch die Wiener Totenhauptstadt. Angepriesen wird das Ganze auf der Website als »Naturerlebnis der besonderen Art« sowie als »passendes Geschenk für den Muttertag oder als romantische Überraschung für den oder die Liebste«. Ich bin mir nicht sicher, ob ein solches Präsent bei der Koautorin oder gar bei meiner Mutter beim nächsten Wien-Besuch gut ankommen würde.

Ich für meine Person werde jedenfalls dem Zentralfriedhof einmal nach Einbruch der Dunkelheit einen Besuch abstatten, um eine wichtige Sache zu klären: Gibt es ein Leben nach dem Tod? Geht es nach Austropop-Legende Wolfgang Ambros, dann ist die Frage mit Ja zu beantworten, denn in seiner Hymne »Es lebe der Zentralfriedhof«, geschrieben anlässlich der 100-Jahr-Feier im Jahr 1974, heißt es eindeutig: »Wann's Nocht wird über Simmering, kummt Leben in die Toten.«

(Max Ferner)

Weil man ungeniert a Eitrige mit an Bugl und a 16er Blech genießen kann

Es gibt viele Gründe, warum es sich lohnt, gebürtiger Wiener oder gebürtige Wienerin zu sein. Einer davon besteht darin, dass nur echte Wiener (und da auch nicht alle) die Phrase »a Eitrige mit an Bugl und a 16er Blech« einigermaßen würdevoll von sich geben können.

Ich finde diese Vorstellung mit der Eitrigen auch sehr grauslich (hochdeutsch: ekelhaft, grässlich), wenngleich sehr zutreffend. Man bestellt damit nämlich eine Käsekrainer (laut Wikipedia »eine leicht geräucherte Brühwurst mit grobem Brät aus Schweinefleisch und einem Anteil von zehn bis 20 Prozent Käse in kleinen Würfeln«, wobei Letzterer durch die beim Grillen aufgeplatzte Haut zähflüssig austritt) und mit dem Bugl ein Brotende (Wienerisch: Scherzerl, hochdeutsch: Buckel). Diese Kombination bekommt man auf einem Pappteller mit etwas Senf serviert. Dazu muss man eventuell noch die Frage beantworten: »Schoaf oda siaß?«, womit das Würstelstandpersonal herausfinden möchte, ob man scharfen oder süßen Senf bevorzugt. An dieser Stelle darf man sich auch des Wortes »Kinderschas« (hochdeutsch: Kinderfurz) befleißigen, mit dem man sich für den süßen Senf entscheidet.

Und das 16er Blech? Das ist eine Dose Bier aus dem 16. Wiener Gemeindebezirk Ottakring, wo die 1837 gegründete Ottakringer Brauerei dieses Wiener Kultbier herstellt. 2007 hat sich die Brauerei die umgangssprachliche Bezeichnung zunutze gemacht und neue, silberfarbene Dosen designt, die nun tatsächlich die Aufschrift »16er BLECH« tragen und mit 5,4 Prozent Alkohol und 11,8° Stammwürze auftrumpfen.

Das Angebot am Würstelstand geht aber noch weiter: Wer das mit der »Eitrigen« schon ganz gut hinbekommt, kann sich an der

Bestellung von einem »Buanheitl« (Burenhaut, Burenwurst, Klobasse, laut Wikipedia eine »grobe österreichische Brühwurst«) versuchen. Außerdem seit ewigen Zeiten sehr beliebt: die urostösterreichische Leberkäsesemmel (Fleischkäsescheibe in einem Brötchen, eine Übersetzung, die, wie ich finde, doch etwas an Charme entbehrt), die urwienerische Spezialität des Pferdeleberkäses, das vor mehr oder weniger Fett triefende Langos sowie die unverzichtbaren Pommes, die es in Wien niemals mit Mayo, sondern nur mit Ketchup gibt. Wer sich also nicht frühzeitig als Nicht-Wiener outen will, sollte unbedingt davon Abstand nehmen, »Pommes mit Mayo« zu bestellen, das nur so nebenbei. »Amoi Bomm Fritz« kommt der Sache nämlich weitaus näher. Da die Globalisierung selbst vor dem Würstelstand nicht haltgemacht hat, kann man an den meisten Buden heute auch Pizza, Gyros und Kebab und vermutlich bald asiatische Nudelboxen bestellen. Wie das allerdings in Verbindung mit der Bierbestellung klingt, stelle ich mir lieber nicht vor: »Einmal Mie Goreng und a 16er Blech« – ich befürchte, das wird schwierig.

Wenn ich manchmal mit der Ungerechtigkeit der Welt hadere, gehe ich zum Würstelstand. Denn vor Gott und dem Würstelstandler sind alle Menschen gleich: ob Arzt oder Arbeitsloser, Manager im Nadelstreifen- oder Arbeiter im Schlosseranzug – hier frieren sie gemeinsam und schwitzen gemeinsam, kleckern sich kollektiv Senf auf die Oberbekleidung und trinken kollektiv aus Flasche oder Dose.

Über den besten Ort für »a Eitrige mit an Bugl und a 16er Blech« gehen die Meinungen stark auseinander. Die einen schwören auf den Würstelstand am Hohen Markt oder bei der Albertina in der Innenstadt, die anderen auf ihre lokalen Würstelstände, etwa jene am Floridsdorfer Schnellbahnhof oder irgendwo zwischen Gürtel und Westbahnhof, und wieder andere testen den stylishen »Igel« im neuen »Viertel Zwei«. Da hilft nur eines: durchprobieren, bis man den Würstelstand und die Eitrige seiner Wahl gefunden hat. Dabei hat man reichlich Gelegenheit, an seiner Aussprache zu arbeiten.

(Andrea Farthofer)

Weil Gemeindebauten besser sind als ihr Ruf

»Ich eröffne mit fetten 120.000!« »Geh bitte, da kann ich mit 143.000 locker mithalten!« »Damit wollt ihr Eindruck schinden? 156.000 zum Ersten, zum Zweiten und zum Dritten. Die Runde geht an mich, danke für die Mitarbeit!« Auch wenn es sich so anhört, ist das kein Stimmungsbild einer Auktion im Dorotheum, sondern ein Live-Bericht aus dem Gemeindebau. Oder vielmehr von der Runde Gemeindebau-Quartett, die bei unserem letzten Spieleabend angesagt war.

Als Gemeindebau wird speziell in Wien ein Wohnblock des kommunalen sozialen Wohnungsbaus bezeichnet. Seit den 1920er-Jahren sind die Gemeindebauten ein wichtiger Bestandteil der Architektur und Kultur Wiens und prägen das Stadtbild vor allem in den Arbeiterbezirken. Hauptziel des kommunalen Wohnungsbaus war die Errichtung von Wohnanlagen, die gesunde Lebensbedingungen für ihre Bewohner zu günstigem Mietzins ermöglichten. Die Wohnungen wurden nach einem Punktesystem vergeben, das Familien und einkommensschwache Bürger bevorzugte.

Heute besitzt die Stadt Wien rund 220.000 Gemeindewohnungen und ist damit die mit Abstand größte Hausverwaltung Europas. Eine gute halbe Million Wienerinnen und Wiener, mehr als ein Viertel aller Einwohner, leben in den über 2300 Gemeindebauten.

Die klassischen Gemeindebauten der Zwischenkriegszeit hatten zumeist eine prunkvolle Schauseite, an der eine große Toreinfahrt in einen begrünten Innenhof mit Spielplätzen führt. Wegen dieser aufwendigen Eingänge bezeichnet man den Baustil scherzhaft auch als »Arbeiterbarock«. Ein besonders gelungenes Beispiel dafür findet man im Ludo-Hartmann-Hof aus Grund 70, wo man unter »Palmen« sitzend gleichzeitig die Schönheit von Wiener Bau-

und Backkunst genießen kann. Mit der zugehörigen Quartettkarte wird man allerdings keinen Stich machen, denn der Ludo-Hartmann-Hof gehört zu den kleineren Vertretern seiner Art.

Die gewinnbringende Zahl 156.000 findet man übrigens unter der Rubrik »Fläche in m²« auf der Karte für den Karl-Marx-Hof, den wahrscheinlich bekanntesten aller Wiener Gemeindebauten. Errichtet wurde dieses Paradebeispiel eines »Superblocks« in den Jahren 1926 bis 1930 nach Plänen des Otto-Wagner-Schülers Karl Ehn mitten im Nobelbezirk Döbling. Der längste zusammenhängende Wohnbau der Welt erstreckt sich über 1,1 Kilometer oder vier Straßenbahnhaltestellen und hat heute rund 1270 Wohneinheiten. Nur 20 Prozent der Grundfläche sind tatsächlich bebaut, der Rest entfällt auf Grünflächen, Spielplätze und Verbindungswege.

Der Karl-Marx-Hof verfügte ursprünglich wie viele der großen Gemeindebauten Wiens über eine Reihe von Zusatzeinrichtungen: zwei Zentralwäschereien, zwei Bäder mit 20 Wannen und 30 Brausen, zwei Kindergärten, eine Zahnklinik, eine Mütterberatungsstelle, eine Bibliothek und ein Jugendheim, ein eigenes Postamt, eine Krankenkasse mit Ambulatorium und mehrere Arztpraxen, eine Apotheke und 25 weitere Geschäftslokale.

Im Waschsalon Nr. 2 in der Halteraugasse 7, wo – wie schon seit der Eröffnung – immer noch Wäsche gewaschen wird, befindet sich seit 1. Mai 2010 eine Dauerausstellung, die unter anderem die Geschichte des kommunalen Wohnbaus zum Thema hat.

Dass im Gemeindebau nicht nur gewohnt und gewaschen wird, beweist das Rabenhof Theater im gleichnamigen Wohnkomplex im 3. Bezirk. Ursprünglich ein Arbeiter-Versammlungssaal, wurde das heutige Theater in den 1930er-Jahren zu einem Kino umgebaut. Im Zuge der Generalsanierung der Anlage im Jahr 1990 entstand daraus die zweite Nebenbühne des Theaters in der Josefstadt. Seit 2000 ist das Rabenhof Theater eine unabhängige Spielstätte mit einer Mischung aus jungem kritischen Theater, Kabarett und Kleinkunst.

Was mir das Quartett leider nicht verraten hat, ist die Adresse der von Wolfgang Ambros besungenen Blume aus dem Gemeindebau. Die »Rose aus Stadlau« hätte ich gern einmal kennengelernt. Aber das ist eine andere Geschichte.

(Max Ferner)

Weil man am Cobenzl
mit Wien-Blick schmusen kann

Wer »Before Sunrise« (Zwischenstopp in Wien) gesehen hat, weiß erstens, dass Wien eine Stadt für Verliebte ist, und ahnt zweitens, dass Ethan Hawke und Julie Delpy nicht annähernd das gesamte romantische Potenzial Wiens ausgeschöpft haben.

Ob Spaziergänge durch die Kopfsteingassen der Wiener Innenstadt, die Einkehr in kleinen Beisln oder ein Rückzug an Orte wie den kuscheligen Salettl-Pavillon im Winter oder der Besuch eines urigen Heurigen inmitten der Weinberge – das Betätigungsfeld ist reich. Vollmondnächte mit Bootsfahrten und Mondscheinpicknick im Sommer, gemeinsames Eislaufen im Winter – Wien hat zu jeder Jahreszeit Liebespotenzial.

Ein ganz besonderes Angebot hält der Cobenzl-Parkplatz parat, der nicht nur in Silvesternächten sehr beliebt ist. Insbesondere aber besticht er in lauen Sommernächten durch einen wunderbaren Blick über Wien. Der Cobenzl mit einer Höhe von 492 Metern heißt eigentlich Latisberg und liegt im 19. Bezirk. Aber das interessiert die Verliebten unter Ihnen gewiss genauso wie das neueste Mohnstrudelrezept meiner lieben Tante Fanny oder die exorbitante Beschleunigung des neuen Aston Martin. Obwohl diese natürlich die Anfahrtszeit verkürzen könnte. Aber wirklich wichtig sind bei einem Ausflug auf den Cobenzl eigentlich nur die folgenden Dinge:

Der Ausblick: Rückwärts einparken mag zum Nachhausefahren praktisch sein, ist aber ganz schlecht, was die Aussicht betrifft.

Der Parkplatz: Ausreichend Abstand zum Fahrzeug neben Ihrem ist wichtig, wenn Sie sich weder als Voyeur betätigen wollen, noch als Objekt für andere Voyeure herhalten möchten. Die Auswahl des richtigen Parkplatzes erfordert also etwas Fingerspitzengefühl oder am besten Recherchen im Vorfeld. Und: 120 Parkplätze klingt viel, aber nicht alle sind »erste Reihe fußfrei«!

Die Handbremse: Man kann ja nie wissen! Also vergessen Sie trotz aller Aufregung über den wunderschönen Ausblick und die hoffentlich ebensolche Begleitung nicht das Ziehen der Handbremse!

Die Ausstattung: Wenn es ein Ausflug fürs Familienalbum werden soll, bringen Sie Ihre Kamera mit und kommen Sie bereits in der blauen Stunde. So können Sie sich den Parkplatz Ihrer Wahl sichern, der Stadt beim allmählichen Zubettgehen zusehen und dies auf Film oder Chip bannen. Der Proviant: Passende Getränke und Musik sollten Sie vorab besorgen, da die Beschaffungsmöglichkeiten für Take-away-Sekt und dergleichen hier oben gegen null tendieren. Sagen Sie hinterher nicht, ich hätte Sie nicht gewarnt!

Vielleicht sind Sie aber ohnehin so überwältigt vom Anblick der Lichter der Stadt (unverkennbar das Riesenrad, der Zwiebelturm der Fernwärme, die Blöcke des AKH, der Turm im »Viertel Zwei«, der DC Tower, das Stadion und mit ziemlichem Kopfverrenken die nächtlich beleuchtete Kirche am Kahlenberg), dass Sie nun vermutlich leise den Rainhard-Fendrich-Hit »Haben Sie Wien schon bei Nacht gesehen?« vor sich hin summen. Das ist jener österreichische Singer-Songwriter, der mit »I am from Austria« die inoffizielle Bundeshymne der Moderne geschrieben, mit dem Lied »Strada del Sole« und der nicht nur aus Grund 92 bekannten Zeile »I steh aufs Gänsehäufel, auf Italien pfeif i« Furore gemacht und mir bei einem seiner allerersten Konzerte – damals noch im Boxring einer kleinen Veranstaltungshalle – ein Autogramm auf eine allzu vergängliche Bananenschale geschrieben hat.

Wenn Sie es auf Kinoehren abgesehen haben, sollten Sie sich an den beiden Hauptdarstellern Ethan Hawke und Julie Delpy ein Beispiel nehmen. Sie wurden nämlich in der Kategorie »Bester Filmkuss« für den MTV Movie Award nominiert. Wenn das kein lohnendes Ziel ist, um sich Wien von oben anzusehen …

(Andrea Farthofer)

Weil wir Gemütlichkeit großschreiben

Probieren müssen wir das mit der Gemütlichkeit eigentlich nicht mehr – das beherrschen wir Wiener schon recht gut. Insbesondere in der Zeit, in der die durchaus pragmatisch veranlagten Bären ihren Winterschlaf antreten, rücken wir einfach näher zusammen und machen es uns gemütlich. Nicht ganz auszuschließen, dass die Salettln auch deshalb erfunden wurden.

Als diese in der zweiten Hälfte des 19. Jahrhunderts entstanden, handelte es sich zunächst allerdings um offene Pavillons, die als Treffpunkt für die neu entstehende bürgerliche Freizeitgesellschaft konzipiert waren. Die geschlossene Version, so meine Theorie, wurde vermutlich eigens für den stundenweisen Winterschlaf der Städter entwickelt. Bevor sich jemand entrüstet: Natürlich sind Salettln auch etwas für den Sommer, vor allem dann, wenn sie sich definitions- und naturgemäß in einem schönen Garten befinden.

Der Begriff »Salettl« leitet sich vom italienischen Wort »saletta« ab, was so viel wie »kleiner Saal« bedeutet. Bei meinem persönlichen Lieblingssalettl, dem »Salettl-Pavillon«, ist selbst der Begriff »kleiner Saal« etwas hoch gegriffen. Und das ist gut so. Der »kleine Saal« – wobei es hier eher am Wort »Saal« als am Adjektiv scheitert – liegt über den Weinbergen Wiens im 19. Bezirk und bietet an kalten Wintertagen ein wunderbar rustikal-romantisches Candlelight-Ambiente ohne übertriebenes Pipapo (genau genommen gibt es gar keines) und im Sommer einen weitläufigen, angenehm unaufgeregten Gastgarten. Wegen seiner riesigen Kastanienbäume, seiner einfachen Holztische und -stühle auf Kiesboden und seines vielen Grüns, so weit das Auge reicht, könnte man meinen, die Stadt völlig hinter sich gelassen zu haben. Im Winter fällt der Blick durch die atelierartigen weißen Fenster ins verschneite Döbling. Generell und ganz ohne saisonale Einschränkung ermöglicht das Salettl einen Einblick in die Wiener Gastgartenkultur und die Besinnung aufs Wesentliche: das Jetzt, das Hier und das gemütliche Zusammensitzen. Urgroßmütterliches Flair war nie schöner als an diesem idyllischen Fleckchen Wien.

Erbaut wurde dieses Gartenidyll im Jahr 1932 vom Otto-Wagner-Schüler Friedrich Pindt. Er fühlte sich dabei der entzückenden Umgebung des Hugo-Wolf-Parks verpflichtet. Das dunkelbraun gestrichene Salettl mit seinem oktogonalen Grundriss wurde harmonisch in den Garten eingegliedert, zudem wurde ein separates Gebäude mit einigen wenigen Tischen als Laube errichtet.

Im Salettl-Pavillon kann man frühstücken, Mittag essen, jausnen (Wienerisch für einen süßen Imbiss am Nachmittag, in diesem Fall beispielsweise einen »Müllirahmstrudel«, hochdeutsch Milchrahmstrudel), zu Abend essen oder einen Mitternachtssnack einnehmen. Genau genommen gibt es keinen triftigen Grund, das Salettl zwischen den Mahlzeiten zu verlassen. Außer vielleicht für den Besuch der Toilette, die bei Pavillons häufig außerhalb liegt und im konkreten Fall den Charme einer rustikalen Holzhütte mit modernster High-Tech-Ausstattung (Sensorseifenspender, Sensortrockner, Sensorwasserhahn) vereint.

Besonders kuschelig ist das im Winter, wenn man die warme Hütte wieder betritt, sich vielleicht eine zweite heiße Schokolade mit Schlag oder einen Apfelglühmost gönnt und noch enger zusammenrückt. Das alte, mit Teppichen ausgelegte Holzhäuschen ist dafür prädestiniert, stehen die Tischchen doch eng zusammen. »Und außerdem?«, könnte das Personal fragen, sobald Sie Ihren Getränkewunsch geäußert haben. Eine durchaus passende Antwort, wenn Sie gerade keinen Gusto auf Süßes haben, wäre je nach Tageszeit ein »legendäres, vergnügtes Original« aus dem großen Angebot in Form eines lecker pikant gefüllten Kipferls (Sie wissen schon, ein Hörnchen, hier zur Auswahl Schi-ki, Go-ki und Ge-ki mit Schinken, Gorgonzola beziehungsweise Gemüse), eine der nicht minder berühmten Gulaschkreationen oder gar ein Kaiser-frühstück. Nur zwischen 1.30 Uhr nachts und 6.30 Uhr morgens müssen Sie sich anderweitig vergnügen, aber das sollte in Wien kein Problem darstellen.

(Andrea Farthofer)

Weil man nach einer Karambolage keinen Abschleppdienst braucht

»Tock!« »Klack!« Zwei, drei Sekunden Pause. Und nochmals: »Klack!« Treffer! Ich nehme ein Kopfnicken und ein anerkennendes »Habe nicht geglaubt, dass sich das noch ausgeht!« wahr, bevor meine Konzentration wieder den bunten Kugeln gilt, die leider recht weit voneinander entfernt vor mir auf dem grünen Filz liegen. Ich prüfe die Lage von allen Seiten und nehme schließlich eine wenig rücken-freundliche Position ein, um den gelben Ball mit einem kräftigen Stoß mit dem Queue in Richtung rote Kugel zu befördern. »Klack!« Berührung des roten Balls, weiter an die Längsbande, Querbande, nochmals Längsbande – und dann? Nichts, kein »Klack!«, keine Karambolage, kein weiterer Punkt zum Anschreiben an der Tafel. Sch…! Das einzige Klackern kommt von einer schwungvoll ab-gesetzten Kaffeetasse durch den unerwartet auf der Bildfläche auf-getauchten Ober.

Ich gebe es zu: Ich bin ein Billard-Aficionado und diese Leiden-schaft kann man(n) – oder frau – nirgendwo so ausleben wie in Wien. Wenn es draußen kalt und regnerisch wird und die Lust auf Outdoor-Aktivitäten drastisch abnimmt, ist das eine unterhaltsame Alternative zu Laptop und TV-Fernbedienung. Völlig egal, wo die persönliche Präferenz liegt, Wien bietet für jeden Geschmack ge-nügend Möglichkeiten, sich mit Queue und Kugeln auszutoben. Die Palette beginnt beim Köö-Imperium mit einer Unzahl von Pool-, Snooker- und Karamboltischen an jedem der elf über ganz Wien verstreuten Standorte. Und sie endet bei vergammelten Spelunken mit altersschwachem Billardtisch und Queues, die durch jahre-langen unsachgemäßen Gebrauch auf den Status von Brennholz reduziert wurden. Dazwischen gibt es jede Menge gemütliche

Studentenlokale, Cafés und Pubs, wo man nach einer Partie noch ein, zwei gepflegte Bierchen zischen kann.

Im Köö findet man fast immer einen freien Tisch zum Wunschtermin und Parkplatzprobleme bekommt man auch kaum, was in der Umgebung diverser Bars und Innenstadtcafés keine Selbstverständlichkeit darstellt.

Außerdem kann man, wenn man gerade Spielpause hat, wunderbar das Geschehen an den Nachbartischen beobachten und gegebenenfalls auch kommentieren. »Hausmeistern« heißt das dann. Sollte einem trotzdem langweilig werden, stehen Großbildschirme für Sportübertragungen, Darts-Automaten und Wuzzler zur Verfügung. Wer jetzt fragend die Augenbrauen hochzieht: So nennen wir in Wien Tischfußball.

Das echte, kontemplative Billardvergnügen fernab jeder Hektik finden Traditionalisten aber nur mehr in den klassischen Wiener Cafés. Mein Lieblingslokal, das Café Weingartner in der Goldschlagstraße im 15. Bezirk, gehört zu diesen Dinosauriern der Kaffeehauskultur.

Es wartet nicht nur mit einem gut sortierten Zeitungstisch sowie Schach- und Kartentischen auf, sondern verfügt in einem Nebenraum auch über einige erstklassige Karamboltische. Nicht weiter verwunderlich, schließlich ist der Seniorchef nicht nur mehrfacher österreichischer Staatsmeister und Europameister, sondern er betreibt auch noch gleich um die Ecke ein Billard-Fachgeschäft sowie ein Billard-Museum. Falls ich jemals meinen Traum verwirklichen und mir einen eigenen Billardtisch fürs Wohnzimmer oder die Bibliothek zulegen sollte, würde ich mir das gute Stück vom Fachmann anfertigen lassen. Fragt sich nur, ob er den erforderlichen Hausausbau im Paket mitliefert.

Im Café Weingartner gehen nicht nur ambitionierte Amateure ihrem Hobby nach, sogar den einen oder anderen Profi kann man bei seiner spielerisch leichten Ausführung von quasi unmöglichen Stößen beobachten. Und was die Tradition betrifft – nachfolgenden

Dialog mit dem Ober bekommt man in einer Billardhalle garantiert nicht zu hören: »Zahlen bitte!« – »Zusammen oder getrennt?« – »Alles zusammen.« – »Bitte sehr, der Herr, ich kann also davon ausgehen, dass Sie die Partie verloren haben.«

(Max Ferner)

Weil man Farbe bekennen muss

Das Wissen um die typgerechten Farben könne mein Leben entscheidend verändern, meinte die liebe Koautorin und beglückte mich mit einem Gutschein für eine Farb- und Stilberatung. Anfangs war ich ein wenig skeptisch, aber als moderner Mann denke ich nicht nur in den Kategorien »Schwarz« (Schuhe, Anzüge) und »Weiß« (Hemden), sondern bringe auch gern eine buntere Note in meinen Alltag. Fragt sich nur, welche Farbe für meinen Typ ideal ist.

Ich hätte es mir denken können: Für einen nach Wien ausgewanderten Steirer gibt es nur eine richtige Farbkombination. Grün-Weiß, so wie die steirischen Landesfarben. Das lässt mein Herz höher schlagen.

Jetzt denken Sie bestimmt: Ja und, warum erzählt mir der Kerl das eigentlich? Ganz einfach. Wenn Sie Wien lieben und nur ein bisschen Interesse an Fußball haben, kommen Sie an einer grundlegenden Entscheidung nicht vorbei. Entweder Sie tendieren zu Violett und outen sich damit als Fan des FK Austria Wien, auch bekannt als die Veilchen. Oder Sie stehen, wie es sich meiner bescheidenen Meinung nach gehört, auf Grün-Weiß, was Sie zum Anhänger des SK Rapid Wien macht.

Die Entscheidung für oder gegen einen der beiden Traditionsvereine ist nicht nur eine Frage der Farbpräferenz, sondern eine Frage von Werten und Weltanschauung. Rapid gegen Austria, das ist Kampfkraft gegen Technik, Arbeiterverein gegen bürgerliche Wurzeln, Hütteldorf gegen Favoriten, West-Block gegen Ost-Tribüne. Für so manchen Fan kommt die Anhängerschaft zum Lieblingsverein einem Glaubensbekenntnis gleich. »Rapid ist unsere Religion«, heißt es unter den Anhängern gern. Die Ausübungsstätte für diese spezielle Religion ist »Sankt Hanappi«, wie das Stadion von

Rapid in der Meistersaison 2004/2005, in der mein Lieblingsverein kein Heimspiel verlor, vom damaligen Trainer Josef Hickersberger bezeichnet wurde.

Der zumindest viermal pro Jahr stattfindende Höhepunkt im Kulturkampf ist das legendäre Wiener Derby, eine in den 1950er-Jahren entstandene Bezeichnung für das Aufeinandertreffen der beiden Fußballvereine. Bislang standen sich die beiden Rivalen in über 300 Pflichtspielen gegenüber, davon mehr als 270-mal in Meisterschaftspartien der höchsten österreichischen Spielklasse. Das Wiener Derby ist damit das am zweithäufigsten gespielte Fußballderby Europas. Nur Celtic Glasgow und die Glasgow Rangers kämpften noch öfter gegeneinander, nämlich 398-mal, aber seit die hochverschuldeten Rangers zwangsweise in die vierte schottische Liga absteigen mussten, wird es ein paar Jährchen bis zum nächsten »Old Firm« dauern und das Wiener Derby kann in der Zwischenzeit ein wenig aufholen.

Wobei, nötig haben wir Wiener diesen Vergleich ja nicht. Rapid gegen Austria steht für sich alleine, das ist Rivalität pur und hält die Stadt tagelang in Atem. Und das betrifft nicht nur die Glücklichen, die sich rechtzeitig Karten fürs Derby sichern konnten. Auch außerhalb des Hanappi-Stadions oder der Generali-Arena, wie die Heimstätte der Austria neuerdings heißt, kann man am Derbytag jede Menge Fans mit grün-weißen oder violetten T-Shirts und Schals durch die Straßen Wiens ziehen sehen.

Mir ist in diesem Zusammenhang beim letzten Frühjahrsderby in der Saison 2011/2012 etwas passiert, worüber ich eigentlich besser den Mantel des Schweigens breiten sollte. Wurscht, ich erzähl's trotzdem. Ich wollte mir mit einem guten Freund, Rapid-Anhänger wie ich, das Spiel ansehen, hatte aber verabsäumt, mich rechtzeitig um Karten zu kümmern. Das Rapid-Kontingent war in null Komma nix weg, blieb also nur die Möglichkeit, über den Austria-Fanshop Tickets zu organisieren. Normalerweise für einen aufrechten Grün-Weißen eine verbotene Zone, aber mein Freund M. und ich sahen uns an und dachten, da müssen wir jetzt durch. Das dicke Ende kam aber erst im Fanshop: kein Kartenverkauf ohne namentliche Registrierung mit Foto. Asche auf mein Haupt, aber es gab keine andere Möglichkeit, als eine Austria Live Card zu erwerben. Als Strafe für diesen Frevel durften wir ein grottenschlechtes 301. Wiener Derby inmitten von Tausenden Austria-Anhängern als stumme Zuschauer verbringen. Auf und ab gehüpft bin ich nur, weil es saukalt war. An alle Rapid-Fans unter den werten Leserinnen und Lesern: Ich versprech's, ich mache es nie wieder.

Auf der Austriakarte, die vergessen in irgendeiner Lade herumliegt, wächst mittlerweile wohl grüner Schimmel – vielleicht wird ja doch noch etwas aus ihr?

(Max Ferner)

Weil man zur Biobäuerin werden kann

Wenn die aktuellen Trends anhalten, ist Zucchini-Cordon-Bleus, Gurken-Hotdogs, Tomatenkäsesemmeln und Wiener Kürbisschnitzeln eine große Zukunft beschieden. Da müssen wir uns mit unseren sprachlichen Gepflogenheiten anpassen und statt »Wischni« ein »Küschni« bestellen. Wien ist nämlich die einzige Großstadt Europas, die sich selbst mit Frischgemüse versorgen kann, was mit zunehmender Freude unter Beweis gestellt wird.

Das liegt einerseits an dem seit Jahrzehnten ungebrochenen Interesse an den Schrebergärten, deren Zuteilung aktuell Wartezeiten von sieben bis zehn Jahren aufweist. Das hat den interessanten Nebeneffekt, dass man bereits einige Jahre vor der Anmeldung des Nachwuchses für die Schule auch den Kleingarten beantragen muss, wenn die Kleinen zumindest ab dem Volksschulalter im Grünen aufwachsen und zusätzlich zu Mausarm und Computer-Ellbogen einen grünen Daumen bekommen sollen.

Andererseits sind es Einrichtungen wie die neuen Ökoparzellen und Öko-Erntelandparzellen sowie die urbanen Mikrokosmen (Stichwort: Urban Gardening), in denen neben Blumen oft Gemüse gepflanzt wird. Ungeachtet dessen, ob es sich um einen 200 Quadratmeter großen Schrebergarten in einer der rund 250 Kleingartenanlagen Wiens, eine 70 Quadratmeter große Ökoparzelle am Stadtrand von Wien, 20 Quadratmeter Beet in einem Nachbarschaftsgarten oder um fünf Quadratmeter urbanen Grünraum zwischen geparkten Autos handelt – Kreativität wird in Sachen Gartengestaltung in jedem Fall groß geschrieben. Denn in den Kleingartensiedlungen, wie sie offiziell, oder »Schrebergärten«, wie sie in Anlehnung an den Begründer Dr. Daniel Gottlob Schreber inoffiziell heißen, steht die Liebe zum hausgezüchteten

Obst und Gemüse im Mittelpunkt. Hier wird gegartelt, kultiviert, geerntet und dekoriert, was das Zeug hält.

Die Schrebergärten entstanden verstärkt in den Nachkriegsjahren, um die Selbstverpflegung der Bevölkerung zu ermöglichen. Mit Ende des Ersten Weltkriegs gab es allein in Wien 10.000 Kriegsgemüsegärten und 6000 Schrebergärten mit nicht nur sprechenden, sondern auch vielversprechenden Namen: Sonnenschein, Frohsinn, Grünland, Knödelhütte und Rasenstadt, Frohe Zukunft, Frohes Schaffen und Heubergstätten kann ich gut nachvollziehen. Beim Namen »Reifental« hänge ich ein wenig, wohingegen ich »Neu Brasilien«, »Kanada« und »Neu Florida« wunderbar ambitioniert finde.

Ein ähnliches Konzept wie mit den Schrebergärten wird auch mit den Ökoparzellen verfolgt, die man für eine Saison pachten kann. Diese sind mit einer Größe von 80 Quadratmetern weitaus arbeitsintensiver, aber auch entsprechend ertragreicher. Sie liegen allerdings nicht direkt vor der Haustür. Das Gemüse wird von den Mitarbeitern des jeweiligen Betreibers angebaut, und die Pächter sind lediglich für Pflege und Ernte zuständig. Garteln für Einsteiger, wenn auch mit weniger Auswahl, was die Vorlieben angeht. Der geringe Kostenbeitrag deckt Anpflanzung und Aussaat von Sorten wie Karotten, Erbsen, Fisolen (Bohnen), Salat, Kraut, Kohl, Paradeiser (Tomaten), Kohlrabi und Radieschen sowie zweimal pro Woche die Beregnung ab. In Eigeninitiative dürfen auch andere Sorten angebaut werden, sofern diese ebenfalls aus gentechnikfreiem Saatgut stammen. Nach Ende der Saison werden die Parzellen wieder an den Betreiber zurückgegeben, der sie für das nächste Jahr vorbereitet. Die Wartelisten sind auch hier recht lang, aber es könnte sich lohnen. Manchen Pächtern ist es sogar gelungen, sich zwischen Tomatenpflanzen, Sonnenblumen und Weinranken kleine Lauben zu schaffen. Sie genießen den Sommer nun im Schatten bunter Sonnenschirme an ihren Tischchen mit patriotisch angehauchten, rot-weiß karierten Tischdecken. Es sieht ganz so aus, als ob »Schrebergarten light« ohne Übernachtungsmöglichkeit und womöglich sogar ohne Gartenzwerg der nächste große urbane Trend wird. Wenn das so weitergeht, wird Wien demnächst die einzige Stadt sein, die alle ihre Einwohner ausschließlich vegetarisch ernähren könnte – mit immer frischen Blumen auf dem Tisch, versteht sich.

(Andrea Farthofer)

Weil Grillen und Gegrilltwerden nahe beisammenliegen

Was stimmt nicht an folgendem Bild? Es ist Anfang August und die Sonne brennt vom wolkenlosen Himmel. Wir radeln am linken Ufer der Neuen Donau entlang, haben die Ostbahnbrücke hinter uns gelassen und halten Ausschau nach einem netten Plätzchen für ein Picknick. Nur leises Gezirpe durchdringt die Stille, während ein paar verirrte Sonnenanbeter friedlich in der Mittagshitze dösen. Eine leichte Brise weht uns den schwachen Cevapcici-Geruch von Toni's Inselgrill entgegen.

Hallo, aufwachen! Wen an diesem Bild nichts irritiert, der war entweder noch nie im Sommer in dieser Gegend, Europas größtem innerstädtischen Erholungsgebiet, oder er hat – wie wir – zu spät registriert, dass er sich mitten im islamischen Fastenmonat Ramadan befindet. Da Moslems dann zwischen Sonnenaufgang und Sonnenuntergang nichts essen dürfen, fällt eine große Fraktion der Donauinsel-Fans für etwa vier Wochen aus. Das ändert aber nur wenig daran, dass zwischen April und Oktober hier am Wochenende der Bär los ist. Seit Anfang der 1980er-Jahre von der Stadt Wien im Bereich der Donauinsel Plätze geschaffen wurden, um Menschen ohne eigenen Garten das Grillen zu ermöglichen, bevölkern bis zu 8000 Frischluftfanatiker die beiden Grillzonen. Pro Tag, wohlgemerkt.

Auf Geräten aller Art bringen die zumeist männlichen Grillmeister die Holzkohle zum Glühen und Rauchen, um anschließend je nach kulinarischen Vorlieben und kulturellem Hintergrund Lammspießchen, Hühnerschnitzel, Schweinekoteletts oder Bratwürste auf den heißen Rost zu legen. Sogar ganze Spanferkel kann man hier finden. Dazu werden Berge von Grünzeug, diverses Gebäck und kalte und warme Getränke gereicht.

Während die Männer mit Argusaugen den Grill bewachen und die Frauen die Beilagen schnippeln, zischen die lieben Kleinen kreuz und quer durch die Gegend, mit und ohne Ball. Da wird der Weg kurzerhand zum Spielplatz umfunktioniert, was bei den Radfahrern und Inlineskatern, die am Donauradweg ihren Sport, aber keinen Hindernislauf ausüben wollen, nicht unbedingt immer Freude auslöst.

Damit es beim Aufeinandertreffen der Kulturen nur in unmittelbarer Umgebung des Grillrosts heiß hergeht, sorgen seit 2005 die Grillplatzmeister der Magistratsabteilung 45 für ein friedliches Miteinander. Sie greifen ins Geschehen ein, wenn es Verstöße gegen die Grillordnung gibt, und das ganz im Sinne der Völkerverständigung nicht nur auf Deutsch, sondern auch auf Türkisch, Ungarisch oder Serbokroatisch.

Zusätzlich zu den zwei frei zugänglichen Grillzonen – die zweite befindet sich ein paar Kilometer stromaufwärts in der Brigittenauer Bucht – gibt es noch 16 Grillplätze, die auf der Website der Stadt Wien gegen eine geringe Gebühr online reserviert werden können. Wetterfroschqualitäten sind dabei sehr gefragt, denn es wird empfohlen, den gewünschten Grillplatz mindestens vier Wochen im Voraus zu buchen. Zur Reservierung liefert das Forstamt der Stadt Wien für die elf Holzgrillplätze auch das nötige Brennholz.

Das Grillen von Fleisch, Gemüse und was sonst noch so alles auf den Rost wandert, ist nicht an die Sommermonate gebunden. Extrem-Griller können die gekennzeichneten Plätze und Zonen auch ganzjährig benutzen. Seit ich vor vielen Jahren in der Ukraine mitten im Winter köstliches Schaschlik vom Grill gegessen habe – und das um vier Uhr morgens und bei etlichen Graden unter null –, kann ich mir eine kleine Grillparty im Schnee durchaus vorstellen. Statt Bier würde ich allerdings Tee mit Rum empfehlen und die heißen Folienkartoffeln nach dem Vorbild der Koautorin für die Innenbeheizung der Handschuhe zweckentfremden.

Ich bin mir ziemlich sicher, dass ich bei diesem Vergnügen die zweite große Gruppe der Freunde des gepflegten Brutzelns nicht antreffe. Es dürfte ihnen dann wohl zu kalt sein – den Anhängern von textilfreiem Baden und nahtloser Bräune, auf gut Wienerisch »die Nockatn« genannt. Und das nicht nur, weil die widerrechtlich geparkten Autos samt der darin verstauten Kleidungsstücke wieder einmal abgeschleppt wurden.

(Max Ferner)

Weil wir alle Kaiser sein können

Hatten Sie schon einmal den geheimen Wunsch, sich einen Tag lang wie ein Kaiser zu fühlen? In Wien ist das auch für das gemeine Volk problemlos möglich, denn über Kaiserliches stolpert man hier an jeder Ecke.

Zuallererst bedarf es einer standesgemäßen Unterkunft. Anbieten würde sich natürlich die Hofburg, doch ich befürchte, man wird Ihnen eine Übernachtung in den Kaiserappartements nicht gestatten. Eine Abendführung nach den regulären Öffnungszeiten, bei der Sie die Wohnräume Kaiser Franz Josephs und Kaiserin Elisabeths in exklusiver Atmosphäre erleben können, ist aber möglich. Für Kinder gibt es sogar Taschenlampenführungen, bei denen die Kleinen in Begleitung einer Zofe oder eines Kammerdieners in alle Winkel der kaiserlichen Gemächer leuchten dürfen.

In Schönbrunn ist auch kein Zimmer zu haben? Bleiben als Alternativen immer noch das Hotel Kaiser Franz Josef im Nobelbezirk Döbling oder das Hotel Kaiserhof im 1. Bezirk – auch keine schlechten Adressen. Außerdem sind die Zimmer etwas zeitgemäßer ausgestattet als die Schlafzimmer in der Hofburg.

Zum Frühstück gibt es traditionell eine Kaisersemmel (im englischsprachigen Ausland auch als »kaiser rolls« bekannt) mit Butter und Marmelade oder Honig und dazu einen Kaffee. Am besten ist eine Kaisermelange, denn da sind neben frisch gebrühtem Kaffee und Schlagobers (für unsere deutschen Leser: Sahne) auch noch Weinbrand und Eidotter drin. Ein starker Kaffee mit Schuss und Frühstücksei – so kann der Tag beginnen. Hoffentlich bei Kaiserwetter!

Wenn Sie Lust verspüren, sich unter das Volk zu mischen, empfiehlt sich ein Ausflug in den 22. Wiener Gemeindebezirk, Ortsteil Kaisermühlen. Das dort gelegene Freizeitparadies Alte Donau mit dem Gänsehäufel und anderen Bädern sowie der Donaupark bieten Ihrer Majestät eine wunderbare Gelegenheit, »dem Volk aufs Maul zu schauen«. Viel echter geht es nicht mehr. Wollen Sie etwas weniger Trubel, bieten sich die Lagerwiesen am Wildbadeplatz Kaiserwasser, einem Seitenarm der Alten Donau, in unmittelbarer Nachbarschaft zur Donau City an.

Wenn sich gegen Mittag der Hunger meldet, sollten Sie in einem der rustikaleren Gastronomiebetriebe auf einen Kaiserspritzer und eine Portion Kaiserfleisch einkehren. Bei Letzterem handelt es sich übrigens nicht um ein kaiserliches Körperteil, sondern um mageres Bauchfleisch vom Schwein im geräucherten Zustand.

Am Nachmittag steht ein Besuch im ältesten Zoo der Welt, dem Tiergarten, Schönbrunn an, wo Sie neben anderen majestätischen Tieren wie Löwen oder Elefanten auch den Kaiserschnurrbarttamarin, eine Primatenart aus der Familie der Krallenaffen mit einem gezwirbelten Bart der Marke »Kaiser Wilhelm«, bestaunen können. Sollte Sie der Ausflug ein wenig müde gemacht haben, können Sie sich mitten im Zoo im Kaiserpavillon zur Kaffeejause eine Portion Kaiserschmarren mit Zwetschkenröster gönnen.

Den Abend lassen Sie am besten in einem der vielen Gastgärten bei einem gepflegten Bier nach Wiener Brautradition ausklingen, gemäß dem Werbespruch: »Hast a Kaiser, bist a Kaiser!«

Bleibt nur noch, einen solchen Tag mit den legendären Worten von Kaiser Franz Joseph I. zu beschließen: »Es war sehr schön, es hat mich sehr gefreut!«

(Max Ferner)

KAPITEL 6

Grätzelkunde für Anfänger

»Dear Vienna, are you singing?
Dear Vienna, are you swinging?
Dear Vienna, we were happy like the shades
of May when we got carried away.«

»Dear Vienna«, Owl City

Weil ein altes Grätzel zum Trendspot wurde

Kaum passt man nicht auf, hat man schon wieder eine Trendwende versäumt. Dieses Gefühl beschleicht mich in Wien immer öfter, es überfällt mich von hinten, wenn ich es am wenigsten erwarte. Wo ich früher in einer infrastrukturell, sagen wir, eher unterprivilegierten Gegend zur Schule gegangen bin, hat sich in den letzten Jahren ein Grätzel entwickelt, dem ich heute viel mehr abgewinnen kann als zu Schulzeiten. Nicht, dass ich die Schule nicht mochte. Ich hätte nur schon damals auch gern in einem der unzähligen Marktcafés gesessen, hätte im Madiani georgisch gefrühstückt, beim Kaas am Markt den kleinen Käseeinkauf erledigt und den Abend im Tewa orientalisch begangen, dem Treiben zugesehen und vielleicht sogar die eine oder andere Hausaufgabe erledigt.

Ich hätte die Karmeliterkirche nicht nur anlässlich von Schulmessen besucht, sondern auch ohne Anlass an warmen Sommertagen. Dann kann man nämlich auf dem großen Platz davor richtiges Piazza-Feeling genießen – nur ohne die Missverständnisse, die mit einem italienischen *cameriere* nie ausgeschlossen sind. Das Gläschen Wein aus der gemütlichen Weinbar Spezerei und die Sonnenschirme tragen das Ihre dazu bei, dass sich angenehme Urlaubsgefühle einstellen. Im Umkreis von nur wenigen Kilometern sind Lokale und Geschäfte aus dem Boden geschossen, die dem Viertel neues Leben eingehaucht haben. Ob Wollmeile, Wundertüte oder Wulfisch, Good Friends oder Genussbuchhandlung – hier gibt es für jeden Geschmack etwas.

Während die Glasscherbeninsel, bestehend aus 2. und 20. Bezirk, früher nicht unbedingt den besten Ruf hatte, hat sich das heute geändert. Die Wohnungen in diesem Teil des 2. Bezirks sind heiß begehrt, die Szene ist lebhaft, aber nicht zu touristisch, das Ambiente relaxt. Die jüdische Bevölkerung, die in dieser Gegend seit vielen, vielen Jahren stark vertreten ist, sorgt als fixer Bestandteil des Stadtbilds mit ihren Spezialitätenlokalen, koscheren Supermärkten und Bäckereien für Abwechslung. Schon mal Kindl oder Rugelachs probiert? Die Bäckerei Ohel in der Lilienbrunngasse hat sogar an Sonntagvormittagen geöffnet und ist höchst sehenswert. Auf den Abholregalen dieser unscheinbaren koscheren Bäckerei liegen die vorbereiteten Backwaren mit liebevollen Anweisungen versehen, wie »Für Nora: Bitte hell, bitte viel Sesam« oder »Für Weinstein, Freitag 16 Uhr«.

Den Karmelitermarkt zwischen Krummbaumgasse, Leopoldsgasse und Haidgasse gibt es seit 1671, offiziell seit 1891. Als ich hier noch mit meiner Oma einkaufen ging, konnte natürlich niemand ahnen, dass ich Jahrzehnte später in diese Gegend zurückkehren würde, um bei Wulfisch braune Würmer zu genießen, über das Leben nachzudenken und ein Buchprojekt entstehen zu lassen. Allzu lange sollten Sie sich hier aber nicht aufhalten, denn sonst geht es Ihnen wie mir und Sie verpassen mal wieder die Entwicklung des nächsten Trendviertels. Das »Viertel Zwei« im 2. Bezirk soll dafür ein heißer Kandidat sein.

(Andrea Farthofer)

Weil Naschen nur eine Nebenrolle spielt

Nein, hier ruft keine Verkäuferin wie in Bali »Look my shoooop«, kein ehemaliger Aldi-Süd-Mitarbeiter wie am Gewürzsouk von Dubai »Schau ma mal!« und kein einsichtiger Verkäufer wie in Mexiko »Let me show you something you don't need«. Keiner hält einem gleichzeitig Seidenstoffe und getrocknete Rosen unter die Nase und dennoch wähnt man sich auf einem Basar. Vielmehr werden einem von rechts die Kostprobe Sauerkraut (»Des miassans prowiert ham!«) und von links ein Falafel (»Bäässte Falafel in Stadt!«) gereicht.

Er steht in jedem Reiseführer und trotzdem noch immer auch auf meiner persönlichen Hitliste. Seit Jahren wird er einer Verjüngungskur unterzogen und irgendwann, wenn alle Bauarbeiten abgeschlossen sind, wird er noch einladender sein als je zuvor. Gut möglich aber, dass es ist wie bei der Golden Gate Bridge in San Francisco: Sobald die Arbeiter das Ende der Brücke erreicht haben, dürfen sie mit dem Streichen wieder von vorn beginnen. Vielleicht gehören die gelegentlichen Bauarbeiten (Wissende mögen mir die kleine Untertreibung verzeihen!) eben einfach dazu wie die Läden und Lokale.

Die Rede ist vom legendären Naschmarkt, der sich zwischen Karlsplatz und Kettenbrückengasse entlang des Wien-Flusses erstreckt und der mit einer Fläche von mehr als zwei Hektar den größten innerstädtischen Markt Wiens darstellt. Bereits 1780 gab es am rechten Ufer der Wien nahe dem heutigen Naschmarkt einen Bauernmarkt. Seit 1820 läuft er inoffiziell, seit 1905 auch offiziell unter dem Namen »Naschmarkt«.

Meine ersten Ausflüge hierher unternahm ich noch mit der Stadtbahn und ließ die von Otto Wagner wunderbar gestalteten Jugendstilstationen unwissend links liegen. Heute kann man be-

quem mit der U-Bahn anreisen. Die ehemaligen Stadtbahnhalte-
stellen sind nun U-Bahn-Stationen, ansonsten aber unverändert
erhalten geblieben und bieten somit eine kleine, kostenlose Ein-
führung in den Jugendstil.

Während früher hauptsächlich österreichische Waren sowie
Artikel aus dem ehemaligen Jugoslawien, aus Griechenland oder
der Türkei verkauft wurden, haben mittlerweile auch asiatische
Händler Einzug gehalten und leisten mit ihren Ständen und Imbissbuden einen Beitrag zur kulinarischen Horizonterweiterung. Besonders trendig: Nudelboxen (übrigens keine neue fernöstliche
Kampfsportart, sondern Take-away-Nudelgerichte mit Asienflair).

Zu den wenigen österreichischen Gastronomiebetrieben von
einst, wie etwa der Palatschinkenkuchl mit mehr als 50 verschiedenen Palatschinkenvariationen oder der Sopherl am Naschmarkt, haben sich mittlerweile zahlreiche weitere Lokale gesellt –
ebenfalls mit jenem internationalen Flair, das den Markt heute in
jeder Hinsicht auszeichnet. Darunter befinden sich neuerdings so
viele Fischlokale, dass man meinen könnte, Wien läge am Meer.

Die Lokale, die sich seit dem Jahr 2000 ansiedeln und maximal
ein Drittel aller Betriebe ausmachen dürfen, haben bis Mitternacht
geöffnet, was dazu führt, dass Nachtschwärmer und Morgenmenschen hier gleichermaßen gut aufgehoben sind. Verliebte
schlendern Händchen haltend durch die Gassen, man tratscht,
trinkt, hört Lesungen, feiert bei Afterwork-Clubbings, erlebt die
Szene spätabends, wenn die Stände geschlossen sind und die Lokale
alle Freiflächen zu erobern scheinen, und morgens beim Frühstück,
wenn die Menschenmassen den Naschmarkt langsam zu ihrem
Wohnzimmer oder Balkon erklären.

Welches Lokal lacht mich heute an? Was will ich diesmal
probieren? Orientalisches Frühstück, hausgemachte Pasta aus der
Pastamanufaktur, koreanische Gerichte von Starköchin Kim in
ihrer Naschmarkt-Filiale von »Kim kocht«, köstliches Asia-Food
von Yumi oder doch lieber die Etagere mit israelischen Häppchen

bei »Neni am Naschmarkt«? Brauche ich japanische Stäbchenhalter, Vorarlberger Käse oder ein neues Palästinenser-Tuch? Wenn man die Antworten nach bestem Wissen und Gewissen umgesetzt hat, kann man einen kleinen Kulturauftrag erfüllen. Schließlich lassen sich Marktkultur, Kulinarik und Architektur für Jugendstilanfänger nirgendwo so gut vereinen wie auf der Wienzeile. Beim Bestaunen der wunderbaren Secession mit ihrer golden glänzenden Kuppel und der zahlreichen Jugendstilfassaden entlang der Wienzeile bemühe ich mich regelmäßig, mein einstiges Banausentum gutzumachen, das ich heute nur mit einem entschuldigen kann: mit meinem eigenen Jugend-Stil.

(Andrea Farthofer)

Weil man im Aussichtswundergarten über den Dingen steht

Keine Website. Kein E-Mail-Verkehr. Auch das gibt es noch: Lokale, die es sich leisten können, der Moderne den Rücken zu kehren. Das liegt vermutlich daran, dass sie ihren Blick lieber ganz woanders hinwenden. Hinunter auf die Stadt etwa, von hoch oben auf dem Predigtstuhl-Plateau. Die Villa Aurora im 16. Bezirk hat eben ein Gespür für ein wunderbares Gesamtkonzept und für die richtigen Prioritäten noch dazu. »Willkommen im Märchen« heißt dementsprechend auch das Flugblatt, das über die Geschichte des Lokals informiert.

Das wundersame Konglomerat aus Meierei und Restauration, Kaffeehaus, Biergarten, Eislaufplatz, Aussichtswundergarten, Literaturveranda und Galerie – so die Eigenbeschreibung des Lokals – liegt am Wilhelminenberg. Dieser wurde nach Fürstin Wilhelmine von Montléart benannt, er heißt aber offiziell nach wie vor Gallitzinberg oder Predigtstuhl. Böse Zungen könnten behaupten, dass die verschiedenen Namen nur einem einzigen Zweck dienten: der Irreführung der Besucher. Eine Art natürliche Selektion sozusagen, frei nach dem Motto: »Nur die Härtesten finden herauf.«

Im Sommer gibt es nicht viele Orte, wo man sich so aus der Stadt zurückziehen, über den Dingen stehen und die Seele baumeln lassen kann, ohne die Stadt zu verlassen. Für die einen wäre da die große Wiese mit Retro-Liegestühlen, für die anderen ein Strandkorb und stylishe Kunststoffmöbel, die davon zeugen, dass auch das 21. Jahrhundert vor dem Aufstieg in diese lichten Höhen nicht zurückgescheut hat. Für die breite und hungrige Masse stehen einfache dunkelgrüne Holzklappstühle und -tische unter riesigen Kastanienbäumen bereit – unter den Füßen Kies wie andernorts Sand.

Dazu hat man je nach Wetterlage eine wunderbare Fernsicht und mit etwas Glück entdeckt man den schönsten Regenbogen über der Stadt. Im Winter kann man sich aus nahezu denselben Gründen hierher zurückziehen: gemütliche Stube, einladender Natureislaufplatz mit Wien-Blick, leckerer Punsch und vielleicht sogar eine märchenhafte Schneelandschaft!

Wer hier einmal an einem lauen Sommerabend das eine oder andere Schäferstündchen mit dem Liebsten und einem Picknick, das hierzulande »Schäfermahl« heißt, verbracht hat, kennt nur einen Wunsch: den ewigen Sommer. Wer hier einmal zu einer Hochzeitsgesellschaft gehört hat, weiß, wo er auch gern heiraten würde, es sei denn, Hawaii hätte sich gerade im Zuge einer unerwarteten tektonischen Verschiebung um ein paar Tausend Kilometer gen Europa bewegt. Die im Garten liegende »Arche Aurora« sorgt aber auch hier für ein ganz besonderes Flair. Und wenn man einmal während eines Gewitters im Gartenhaus, einem ehemaligen Jugendstil-Bad, ein Fest gefeiert hat, kann man plötzlich auch dem Regen etwas abgewinnen.

Wer nichts von der Existenz der Villa Aurora weiß, wird nicht gerade darüber stolpern, denn hinter den rostigen, gusseisernen Toren würde trotz der riesigen Schilder niemand ein betriebsames und gleichzeitig idyllisches Plätzchen der Gastkultur vermuten. Den Sträuchern und Bäumen wird hier nicht Einhalt geboten (Stichwort: »erquickende Spontanvegetation«, so eine weitere durchaus zutreffende Eigenbeschreibung). Das ist umso erstaunlicher, als es die Villa mit Garten bereits seit Kaisers Zeiten gibt, als sie noch Gasthaus Predigtstuhl hieß.

Auch die Umgebung der Villa Aurora lädt ein, die Stadt von einer anderen Seite kennenzulernen: Urige Häuschen neben imposanten Villen wollen bestaunt werden. Der Stadtwanderweg 4a führt in der Nähe vorbei und ermöglicht die Verbindung von Wanderung und Genuss. Trainierte Menschen wandern bis hoch zum Schloss Wilhelminenberg, heute ein Hotel, mit seiner riesigen Parkanlage, von wo aus man ebenfalls eine traumhafte Aussicht auf Wien genießt.

Wer dann den Wunsch hat, ein bisschen Natur mit nach Hause zu nehmen, sollte im Blättergarten vorbeischauen. Nicht einmal einen Kilometer entfernt hat Rita Allram auf einem perfekten Fleckchen Erde hoch über der Stadt einen Garten gestaltet – schöner als im Bilderbuch – und ihre selbst hergestellten Objekte – goldene Kugeln, weinrote Amphoren, Betonblätter in allen Größen und Farbtönen – perfekt inszeniert. Die aus den schrulligsten Blättern gefertigten Betonabgüsse werden liebevoll in traumhaften Farbnuancen lackiert und dienen als Deko für den Innen- und Außenbereich, als Sprudelbrunnen oder womöglich auch als fliegender Teppich. Unweigerlich stellt sich ein Gefühl der Leichtigkeit ein, sodass man versucht ist, es Aladdin gleichzutun und auf einem fliegenden Rhabarberblatt, einem Paulownienblatt oder gar einem Lotosblatt zurück in die Stadt zu gleiten.

(Andrea Farthofer)

Weil Buddhismuskunde
sehr lohnend erscheint

So schnell kann es gehen. Gerade noch zufriedene Übersetzerin und Autorin, plötzlich im Studentenfieber. Alles hinschmeißen und noch einmal studieren, Studiengebühren hin, Jobaussichten her? Wäre ich nicht über Hof 2 des Alten AKH, des einstigen Allgemeinen Krankenhauses, hereingekommen, sondern bei Hof 9, wäre ich vielleicht gar nicht auf die Idee gekommen, mich mal eben der Buddhismuskunde zu verschreiben. Aber manchmal muss man schicksalhafte Zeichen als das nehmen, was sie sind: plumpe Hinweise des Universums, unverschlüsselte Botschaften einer höheren Macht.

Da sitzen die Studenten alle auf den bunten Enzos aus Grund 19, die Sonne scheint ihnen auf die Bäuche und die Bücher, da wird geplauscht, gelacht, gesnackt und vermutlich auch gelernt, da werden Fahrräder geschoben und Prüfungstermine, Kinder abgegeben und Semesterarbeiten, Skripten gewälzt und große Pläne, während das Plätschern der Brunnen für Urlaubsstimmung und wüste Studienpläne zufälliger Passanten sorgt.

Dabei war auf diesem Areal bis Ende der 1990er-Jahre an Vergnügen nicht zu denken. Auch mit Weiterbildung hatte das alles nur bedingt zu tun. Die meisten Menschen, die hier verkehrten, taten dies nicht freiwillig, sondern sie mussten sich medizinischen Eingriffen unterziehen. Als das Krankenhaus an den neuen Standort am Gürtel verlegt wurde, begann man mit der Umsetzung eines erfolgreichen Desensibilisierungsprogramms für Krankenhausphobiker und erklärte das Gelände zum Uni- und Freizeitareal.

Ich flaniere durch die Höfe des Campus und lasse mich inspirieren, wie man es von einem guten Campus erwarten darf. Ich lerne, dass hier über 15 Fachbereiche der Historisch-Kulturwissenschaftlichen und der Philologisch-Kulturwissenschaftlichen Fakultät beheimatet sind, und stelle fest, dass es auf diesem Gelände abseits des für seine Punsch- und anderen Verkaufsstände bekannten Weihnachtsdorfs und abseits der sommerlichen Gaststätten mit Gartenbetrieb einiges zu entdecken gibt. Den Narrenturm etwa, ein ehemaliges psychiatrisches Krankenhaus, das unter Kaiser Joseph II. errichtet wurde und nach seiner Funktion als Wohnstätte für geistig Kranke und späteres Schwesternwohnheim seit 1971 das Pathologisch-anatomische Bundesmuseum beheimatet.

Ich entdecke das Institut für Kunstgeschichte und stelle für einen kurzen Moment meine buddhistischen Ambitionen infrage. Vielleicht doch lieber Musikwissenschaft? Womöglich gar Sinologie? Buddhismuskunde scheint mir nämlich ein sehr überlaufenes Studium zu sein. So wie die Studenten da auf dem Rasen sitzen, könnte man meinen, sie hätten ihr Buddhismusstudium bereits mit Bravour gemeistert und würden hier nur als Vorzeigemodelle fungieren: Vorbilder, die nicht nur in den Wiesen unter den Kastanienbäumen, sondern auch in sich zu ruhen scheinen. Sie fügen sich ins grüne Stadtbild ein, als ob sie ihren Platz in der Welt schon gefunden hätten. Mein unruhiges Alter Ego drängt mich aber weiterzugehen, um herauszufinden, was mich hier alles erwarten würde.

An fast jeder Ecke rund um das Campus-Gelände stoße ich auf kleine Studentenlokale. Bei Nascha's kann man bei Frühstückskombos, die nach diversen Celebrities benannt sind, vorfühlen, wie das Leben als Audrey Hepburn oder Coco Chanel sein könnte, und überlegen, ob man vielleicht unter die Tapetendesigner gehen möchte. Ob man das eher in Kunstgeschichte oder in Amerikanistik lernt, ist allerdings nicht klar, aber die Tapete mit einem Muster aus Burgern, Toasts und Makronen inspiriert in ihrer Großflächigkeit zu kreativen Höchstleistungen. Mittags kann man sich im Zuppa mit Suppen oder anderen Snacks verkösten und abends im Alten AKH abhängen.

In der Pie Factory könnte man sich in Sachen Fusionsküche (Paprikahendl-Pie) oder einfach in angewandter Amerikanistik (Cherry Crumble, Lemon Meringue Pie, Blueberry Almond Tart) üben, in Giulia's Yogurteria etwas für das gute und gesunde Gewissen tun. Schnell wird mir klar, dass das Studentenleben auch seine Schattenseiten hat, die genau genommen im Hüftbereich angesiedelt sein könnten. Trotzdem: Jetzt, wo es in Wien endlich einen richtig tollen Campus gibt, will ich auch dabei sein – selbst wenn der Gedanke an meinen neuen Bildungsweg und der Begriff »Unaufgeregtheit« noch nicht so recht zusammenpassen. Aber ich bin zuversichtlich: Noch ein paar Stunden auf diesem Campus und ich bestehe jede Aufnahmeprüfung in Sachen Gelassenheit!

(Andrea Farthofer)

Weil Frau Pöhl mein Herz erobert hat

Ein heißer Sommertag in der Stadt. Während die meisten Leute nach der Arbeit in die Bäder ziehen, schwinge ich mich aufs Fahrrad und fahre zum Kutschkermarkt in den 18. Bezirk. Dieser Markt, 1885 erstmals erwähnt, ist neben dem Brunnenmarkt einer der letzten beiden Straßenmärkte Wiens.

Es wäre übertrieben zu sagen, dass ich Frau Pöhl näher kenne, obwohl sie, wie ich glaube, immer höchstpersönlich am Stand steht. Ein besonderes Interesse an ihren Dienstagsevents im Sommer kann ich allerdings nicht verleugnen. Ziemlich still und heimlich hat sie in den letzten Jahren eine kulinarische Institution begründet, die mich an jedem Dienstag auf gutes Wetter hoffen lässt. Dann wird groß aufgekocht. Ob Länderthemen von Bella Italia über Sri Lanka bis zu Olympia 2012, Jamie-Oliver-Menü oder zu Saisonende das große »Best of« – hier gibt es Glück und Zufriedenheit vom provisorischen Buffet.

Man sitzt an kleinen Tischen in dieser winzigen Fußgängerzone, genießt die kühle Luft im Schatten der Häuser und atmet mal so richtig durch: »Summer in the City meets Marktkultur« ist ein hervorragendes Konzept für hitzegeplagte Städter. Das sind die Momente, die man gern tütchenweise mit nach Hause nehmen möchte. Daran arbeitet Frau Pöhl derzeit vermutlich gerade. Kreativ genug ist sie zweifellos, hat sie doch eben erst ein innovatives Konzept für ein »Running Breakfast« erfunden. Donnerstags und freitags kann man bei ihr nämlich auch frühstücken. Ihre MitarbeiterInnen gehen dabei mit Mini-Portionen herum, von denen man sich nach Herzenslust bedienen kann. Ob Milchreis, herrlicher Trüffelkäse mit Rosengelee und Nussbrot, Mini-Omelette mit Parmesan, feiner Beinschinken oder Obstschälchen – da wird ein kleines Fleckchen

Markt für drei Stunden zur Wohlfühloase und das Freitagsgebet zum Wettergott ein wichtiges Ritual.

Falls es doch einmal regnen sollte, gibt es auf diesem Markt wunderbare Ausweichmöglichkeiten: Maggies Genussgalerie sowie das entzückende Café Himmelblau zählen zweifellos dazu und warten mit einer Extraportion Charme auf.

Ebenso wie Irene Pöhl zählen auch Maggie Kolb, die Floristin Cornelia Schneider, die Bäuerin Christine Bauer sowie die beiden Newcomerinnen vom Café Himmelblau und der Kinderzeit zu den »6 Herzdamen vom Kutschkermarkt«. Mehrmals jährlich organisieren sie die Genusspfade, bei denen man Schmankerl um einen Euro verkosten kann: Rhabarber-Mandel-Tarte vom Café Himmelblau ebenso wie einen Gruß aus der Toscana von Maggies Genussgalerie oder Kräuterpolenta mit Ofengemüse und Schafkäse von Pöhls Käsestand. Die ergänzenden Produkte für zu Hause von Käse, Kräutern und Kindersachen bis zu Gewürzen, Gemüse und Gemälden gibt es natürlich auch direkt auf dem Markt. Dafür, dass die Zeit am Kutschkermarkt ein bisschen langsamer verfliegt als anderswo, sorgt die Slow-Food-Ecke, die neuerdings dazugekommen ist. Produkte von Herstellern mit langjähriger Slow-Food-Tradition sind ebenso zu finden wie Neulinge auf dem Slow-Food-Sektor. Als Ideenproduzentin falle ich vielleicht auch ein klein wenig in diese Kategorie und suche passende Produzenten: Glück aus dem Glas von einem nachhaltigen Hersteller, frisch vom Käsestand! Kalt genießen oder kurz in der Mikrowelle aufwärmen – als Brotaufstrich oder direkt aus dem Glas zu löffeln, am besten in der kalorienreduzierten Version mit vollem Geschmack, das wäre was!

(Andrea Farthofer)

Weil Pop-up Stores & Guerillas in sind

Wofür es sich an einem regnerischen Sonntag im Februar lohnt, sich lange im Freien anzustellen? Ehrlich, bis vor Kurzem hätte ich bei dieser Frage nur mit den Schultern gezuckt. Für meine himmlischen Schoko-Brownies vielleicht, aber das hat sich glücklicherweise noch nicht herumgesprochen. Im Sommer für ein Eis oder, wenn es denn schon wieder ein Jahr her ist, an der Autowaschanlage. Aber bei Regen, im Winter?

Seit ich an einem solchen Sonntag in der Großen Neugasse einen Menschenauflauf von geschätzten 100 Personen im Regen ausharren gesehen habe, weiß ich, dass es sogar dafür triftige Gründe geben kann – zumindest, wenn die Guerilla Bakery in Aktion tritt.

An diesem Sonntag reicht mein Optimismus, dass demnächst die Sonne herauskommt, allerdings nicht aus. Ganz zu schweigen davon, dass diese Pop-up Bakery meist nur ein bis zwei Stunden geöffnet hat und alle Waren vermutlich ausverkauft sind, bevor ich meinen nassen Fuß in das Lokal gesetzt und mein mitgebrachtes Plastikgefäß (Marke Tupperware-Generikum) zum Befüllen über die Theke gereicht habe.

So luge ich nur durchs Fenster, sehe eine Fülle von Plastikbehältern, mit denen man eine beachtliche Ausstellung über Design und Entwicklung von Kunststoffgefäßen in den letzten drei Jahrzehnten gestalten könnte, mit Papier ausgelegte Schuhkartons und Pappteller, die in großen Lettern mit Namen beschriftet werden (Stichwort: MEINS!), und strahlende Gesichter – vor allem der wenigen, die sowohl Sitzplatz als auch Mehlspeise ergattern konnten.

Seit einigen Jahren schon organisieren die drei Mädels der Guerilla Bakery diese Sonntagsveranstaltungen und mieten sich für ein paar Stunden in irgendwelchen Lokalen oder Geschäften ein. Das ist auch deshalb spannend, weil man als Besucher auf diese Weise immer neue Grätzel und Lokale kennenlernt. Einmal im Monat bäckt jede der Guerillitas fünf bis sechs Sorten für den öffentlichen Verzehr. Zu den Klassikern zählen die Devil's Chocolate Cupcakes, die Cheesecake Cupcakes mit Himbeeren und die Coco Loco-Cupcakes mit Kokos; zudem gibt es immer wieder neue saisonale Kreationen, ob aus Omas Kochbuch, Rezepten von Freundinnen oder als Eigenschöpfungen. Dazu gehören passende Deko, wie etwa Blumenarrangements, hübsche Tischtücher und Schürzen oder bunte Schirmchen in den sommerlichen Cupcakes. Kein Wunder, dass Bestellungen wie »Von allem viel!« nicht als Scherz gemeint sind und die Versuchung groß ist, wirklich von allem mindestens ein Stück einpacken zu lassen. Das führt bei rund 20 Sorten dazu, dass zusätzlich zu den Plastikgefäßen auch große Taschen mitgebracht werden, in denen man die Köstlichkeiten sicher nach Hause transportieren kann.

Wenn das Wetter mitspielt, werden die Straßen manchmal nicht nur während der Anstellmarathons bevölkert, sondern auch noch danach. Dann verzehren die Fans die frisch erstandenen Goodies vor Ort und zelebrieren ein spontanes Happening in einer sonntags sonst vielleicht eher ruhigen Gegend.

Wenn Sie jetzt die große Lust auf Süßes überkommt, Sie aber dieses Buch nicht lange weglegen möchten, oder bevor Sie gar beginnen, vor meiner nach Schokokuchen duftenden Wohnung Schlangen zu bilden, verrate ich Ihnen ein Geheimnis, nämlich das Rezept für meine himmlischen Schoko-Brownies:

140 g Mehl, 25 g Kakaopulver, 120 g brauner Zucker, 120 g Kristallzucker, 180 g weiße Schokolade, 0,75 TL Salz und 4 TL getrocknete Kirschen in einer Schüssel vermengen. 3 Eier sowie 130 ml Sonnenblumenöl unterrühren. Backrohr auf 180 Grad vorheizen. Teig in eine mit Backpapier ausgelegte rechteckige Brownie-Form gießen. 15 Minuten backen und am besten noch lauwarm genießen!

Solange die Brownies ihr Dasein im Backrohr fristen, können Sie ja schon mal Ihre Tupperware-Bestände durchforsten und den Termin der nächsten Guerilla-Bakery-Aktion recherchieren.

(Andrea Farthofer)

Weil das Schweizerhaus
nicht in den Bergen steht

Es gibt Tage, da weiß man schon frühmorgens, dass etwas im Busch ist. Das Tastaturgeklapper geht schneller, das Telefon klingelt lauter und die Betriebsamkeit ist größer als sonst. Kollegen, die normalerweise den Eindruck erwecken, ohne ihre Arbeitsleistung würde das Unternehmen auf der Stelle zusammenbrechen, blicken dauernd aus dem Fenster. Oder auf die Uhr, so als ob sie jeden Moment ganz dringend aufbrechen müssten.

Gegen halb vier legt sich eine geisterhafte Stille über die Büroräume. Leere Schreibtische, wohin man schaut. Wo sind die alle hin? Ein Blick in den Kalender bringt Aufklärung. Wir schreiben den 15. März und das heißt in Wien vor allem eines: Saisoneröffnung im Schweizerhaus!

Es ist so weit: Bis zu 2400 hungrige und durstige Wiener und Wienerinnen können endlich wieder in ihrem Lieblingsbierlokal Platz nehmen, 1700 davon bei jedem Wetter im riesigen Schanigarten. Eine knusprige Stelze, außerhalb Österreichs bekannt als Haxe, Schweinshaxe oder auch Eisbein, und dazu ein frisch gezapftes Krügerl Budweiser Budvar sind beste Voraussetzungen für einen gelungenen Frühlingsbeginn.

Die weit über Wien hinaus beliebte Institution gab es Überlieferungen zufolge bereits vor 1766, als der Prater noch kaiserliches Jagdrevier und dem »gemeinen Volk« nicht zugänglich war. Der damalige Name Zur Schweizer Hütte geht angeblich auf die Schweizer Jagdtreiber zurück, die dort die adlige Jagdgesellschaft versorgten. Nach einigen Namensänderungen in den folgenden Jahrzehnten konnte man sich 1868 in der Schweizer Meierei bewirten lassen, bis der Traditionsbetrieb letztendlich seinen heutigen

Namen erhielt. 1920 übernahm der damals 19 Jahre alte Fleischer Karl Kolarik das »größte Bierfass Wiens«, wie er es selbst nannte, und führte es mit innovativen Ideen zur heutigen Blüte. Seit seinem Tod 1993 wird das legendäre Praterlokal von seiner Familie weitergeführt.

Der Aufenthalt im Schweizerhaus kann von Nicht-Wienern gleich für eine kleine Nachhilfestunde in Sachen Stadtgeografie genutzt werden, denn die einzelnen Gartenstationen sind zur besseren Orientierung nach Gemeindebezirken und Bezirksteilen benannt, was man an den kleinen Straßenschildern ablesen kann. Wie wär's also mit einem Krügerl Bier in »Kaisermühlen«, mit Kartoffelpuffern, dem Markenzeichen der Gaststätte, in »Erdberg« oder ein paar knackigen Rohscheiben im schattigen »Hietzing«. Die Rohscheiben, Ursprung aller Kartoffelchips, wurden übrigens in der Küche des Schweizerhauses erfunden: Die dünnen Erdäpfelscheiben waren ursprünglich als Indikator für die richtige Temperatur des Frittieröls gedacht, da sie aber vorzüglich schmeckten, kamen sie auch auf die Speisekarte.

Das frisch gezapfte, täglich aus der Brauerei Budweis angelieferte Bier wird von einem der vielen Kellner an der Schank abgeholt und in einen »Bezirk« gebracht. Der Platz vor der Schank hat keinen Bezirksnamen, er heißt nach wie vor »Bahnhof«, genauer gesagt »Franz-Josefs-Bahnhof« – weil hier so viele Züge genommen werden.

Für diejenigen unter Ihnen, denen das nötige Sitzfleisch fehlt oder die Angst um ihre Leberwerte haben, ist das Schweizerhaus ein idealer Ausgangspunkt für große und kleine Abenteuer – sei es im Wurstelprater oder in der Prater Hauptallee. Aber das lesen Sie am besten im Grund 93 nach.

Übrigens: Sollten Ihnen am 31. Oktober wieder ein paar Bürokollegen abhanden kommen, schauen Sie doch zum Saisonschluss noch mal ins Schweizerhaus. Am 1. November ist es zu spät.

(Max Ferner)

Weil man für den Spittelberg keine Wanderschuhe braucht

Kommt man an einem Wochentag zwischen Jänner und Mitte November hierher, könnte man sich in Hollywood wähnen, in den Universal Studios oder auf einem Filmset. Vor einer Filmkulisse, wo jede Minute die Schauspieler, Regisseure, Kameras und das ganze Filmteam auftauchen könnten.

Dabei ist die famose Kulisse des Spittelberg-Areals heute ein fast normaler Teil von Wien und gleichzeitig die zweitgrößte Fußgängerzone der Stadt. Soweit ich herausfinden konnte, haben sich weder Steven Spielberg, Woody Allen noch Martin Scorsese jemals hierher verirrt, dabei würden sich einige Folgeprojekte aufdrängen, wie etwa »E.T. – Der Außerirdische in Wien«, »Midnight in Vienna« oder »Gangs of Spittelberg«. Das Areal geht auf die erste Hälfte des 17. Jahrhunderts zurück, als in der Vorstadt Spittelberg zweistöckige Häuser errichtet wurden, wobei das Erdgeschoss oft kleinen Läden oder Gastwirtschaften vorbehalten war und im Obergeschoss Wohnungen für die Besitzer zu finden waren. Dies waren zumeist Menschen, die sich nichts anderes leisten konnten: Handwerker, Tagelöhner, Spielleute, Gaukler und Prostituierte. 1850 kam der Ort als Teil des neuen Bezirks Neubau zu Wien, wobei sich das Rotlichtviertel hier im 7. Bezirk bis zu Beginn des 20. Jahrhunderts gehalten haben soll.

Die Umsetzung der Abrisspläne für das Viertel konnte Anfang der 1970er-Jahre gerade noch abgewendet werden. Es folgte eine Revitalisierungsphase, in deren Rahmen die Barock- und Biedermeierhäuser liebevoll renoviert und danach zu günstigen Bedingungen an Künstler vermietet wurden. Wieder einmal hatte Wien große Pläne: Das Vorbild war der Montmartre in Paris. Die üppig begrünten historischen Häuser wurden mit Schildern versehen, die eindrucksvoll darauf hinweisen, dass man mit ein paar Restaurierungsmaßnahmen auch stilvoll altern kann. Das Haus »Zum schwarzen Bär« wurde 1708 erbaut und 1988 restauriert, das Haus »Zur goldenen Birne« von 1715 im Jahr 1980. Nicht zuletzt deshalb zählt der Spittelberg in Verbindung mit dem MuseumsQuartier zur Welterbestätte »Historisches Zentrum von Wien«. Einheimischen ist der Spittelberg insbesondere als Schauplatz des legendären Weihnachtsmarktes bekannt: berühmt bei den Frauen (»Jö, schau, das ist ja ursüß/urcool/urschön! Das muss ich unbedingt haben!«), berüchtigt bei den Männern (»Oh mein Gott, so viel Ramsch! Gemma schnell zum nächsten Punschstand/ Würstelstand/Taxistand!«). Einziger, aber nicht unerheblicher Nachteil dieses bestens etablierten Kunsthandwerksmarktes: Vor lauter Menschen, Kunstständen und Punschbuden übersieht man allzu leicht die wunderschönen Fassaden, Innenhöfe und Durchhäuser.

Die hohe Dichte an Lokalen und Kunsthandwerksbetrieben, die gut erhaltenen Biedermeierhäuser mit ihren alten Laternen und außen liegenden Gängen und die engen Gassen harmonieren mit den moderneren Läden, dem reizenden kleinen Kino und dem charmanten Theater, die diesem Viertel auch ohne Weihnachtsmarkt zu reichlich Flair verhelfen.

Um den Massen zu entkommen, empfiehlt sich ohnehin ein Besuch zu einer anderen Jahreszeit, vielleicht anlässlich eines der Kunsthandwerksmärkte, die zwischen Mai und Oktober jeweils am ersten Wochenende des Monats stattfinden. Man entdeckt idyllische Plätze, hält unter den riesigen Linden am Platzl beim Brunnen inne und stellt mit großer Verwunderung fest, wie weit weg der Trubel der Großstadt plötzlich ist – und das nur zehn Minuten von der stark frequentierten Mariahilferstraße entfernt.

Romantiker kommen ebenso auf ihre Kosten wie all jene, die es einfach nur gern gemütlich haben. Alt angesiedelte Lokale, wie die

Witwe Bolte, »Zu ebener Erde und im ersten Stock«, das Plutzer Bräu, das Lux, das Amerlingbeisl mit wunderbarem Innenhof oder das Centimeter mit seinen Urwiener Speisen, die hier etwa »Scheibtruhe« heißen oder »Schwert«, laden zum Innehalten ein. Auch ein Spaziergang durch die nähere Umgebung lohnt sich, so viel gibt es zu entdecken: Cuadros, Blumen Feichtinger, Schokov, Sellerie, Finnshop, Burgermacher, dasmoebel, Im siebten Himmel, Kulinarium 7, Love Saves The Day, La Maison d'Elisa sowie Dutzende andere kleine Läden spiegeln noch heute den einstigen Dorfcharakter dieses Viertels wider. Und irgendwann kommen sicher auch die Schauspieler und Selbstdarsteller, Mimen und Pantomimen vorbei, die dem Viertel Leben einhauchen, spätestens zur Weihnachtszeit sind sie dann alle da, rote Nasen inklusive.

(Andrea Farthofer)

Weil Sand zwischen den Zehen glücklich macht

Vielleicht fiele es bei Sigmund Freud unter F wie »Frühkindliches Trauma«. Bei mir fällt es unter G wie »Glückseligkeit«. Es geht um jene Momente, in denen ich meine Zehen in den Sand grabe und die Wörter »Beach« und »Strand« wieder zum aktiven Wortschatz aller Menschen zwischen drei und 93 Jahren gehören. »Beach« steht für Sommer, Sonne, Freiheit und Unbekümmertheit. Ein kleines Wort mit großer Wirkung. Da hätte Sigi gestaunt, wie einfach das mit der Selbsttherapie geht – und das ganz ohne Couch, ein Liegestuhl tut es allemal. Darüber zerbreche ich mir allerdings erst etwas später nach dem Eintreffen auf dem Tel Aviv Beach am Wiener Donaukanal den Kopf. Die ersten Minuten gehören naturgemäß der Suche eines gemütlichen Liegestuhls für die nächsten Stunden sowie der Wahl eines Getränks und dem Herbeiwinken der Bedienung. Dann endlich dürfen die Zehen frei sein – und die Gedanken gleich mit.

Warum gerade Tel Aviv Beach? Weil dies einer der besten Orte in Wien ist, um Stadt- und Strandleben zu vereinen und kulinarisch über den eigenen Tellerrand hinauszublicken – mindestens bis ans andere Ufer des Donaukanals. Weil der Blick auf den Ringturm einzigartig ist, der Caipi (quasi die moderne Version von Cola Rot oder Ribiselwein) ausgezeichnet und die Stimmung auch. Darum kümmern sich die DJs, die hier regelmäßig auflegen.

2009 wurde der Tel Aviv Beach anlässlich des 100-jährigen Bestehens der israelischen Metropole im Rahmen einer Kooperation zwischen Wien und der israelischen Botschaft gegründet. 2010 übernahm die Familie des berühmten Pantomimen Samy Molcho unter der Leitung von Haya Molcho den Tel Aviv Beach, um die entspannte Atmosphäre der israelischen Weltstadt inklusive Gerichten wie dem »Tel Aviv Beach Teller« mit Falafel, Humus und Pita-Brot am Wiener Donaukanal zu kultivieren. Dazu wurde die Anlage im architektonischen Stil der Bauhäuser Tel Avivs umgebaut. Sogar Teile des Sands stammen von dort.

Sollten Sie aber ganz patriotisch rein österreichischen Sand bevorzugen, dann freut sich Herrmann in seiner Strandbar auf Ihren Besuch. Wobei der Betreiber gar nicht Herrmann heißt. Vielmehr liegt die Bar am Herrmannpark, der seinen Namen Emanuel Herrmann, dem Erfinder der Postkarte, verdankt. Der Professor an der Technischen Hochschule in Wien schlug in einem Artikel in der »Neuen Freien Presse« am 26. Januar 1869 »eine neue Art der Correspondenz mittels der Post« vor, eine offene Karte in Briefformat mit aufgedruckter Zwei-Kreuzer-Marke, womit er die Postkarte erfand, die schnell zum weltweiten Erfolg wurde.

Diesen Erfolg scheint Herrmanns Strandbar nahtlos fortzusetzen, auch wenn der werte Herr Herrmann nicht ahnen konnte, dass das wunderbare, seit 1948 laufende Wiener Kasperltheater, ein Volkshochschul-Standort und das Urania-Kino eines Tages direkt an einer nach ihm benannten Strandbar liegen würden. Oder dass man hier sonntags Yoga machen kann, bevor man sich am Buffet stärkt oder bei Public Viewings Fußballübertragungen auf Großbildschirmen verfolgen kann. Falls Sie es nicht bis zur Urania schaffen, gibt es neuerdings sogar ein Strandbar-Mobil – der Berg kommt sozusagen zum Propheten. Nur ob er auch den Sand mitbringt, das weiß ich jetzt nicht so genau.

(Andrea Farthofer)

Weil Partylöwen
auch mal innehalten können

Als in den 1980er-Jahren das Ausgehen in Wien die erste Hochblüte erlebte, entwickelte sich nahezu zeitgleich das Wiener Bermudadreieck. Eine Liberalisierung der Gewerbeordnung hatte dazu geführt, dass in dem ehemaligen jüdischen Textilviertel zahlreiche Lokale aus dem Boden schossen. Innerhalb kurzer Zeit entstanden genau in dieser Gegend zwischen Ruprechtsplatz und Schwedenplatz die Urgesteine der Wiener Ausgehkultur. Sie waren ein magischer Anziehungspunkt für die Jugend von damals, die McDonald's bereits entwachsen war und sich noch nicht reif oder betucht genug für die Restaurants fühlte, in denen ihre Eltern oder Großeltern verkehrten. Krah-Krah, Roter Engel, Salzamt oder Kitsch & Bitter waren angesagt, und meine Generation darf sich stolz auf die Fahnen heften, ihren Beitrag dazu geleistet zu haben, dass es diese Lokale auch heute noch gibt.

Ähnlich wie in der legendären Meeresregion im westlichen Atlantik kam es auch in dieser Ecke Wiens vor, dass Personen auf mysteriöse Art und Weise verschwanden. Das führte häufig dazu, dass man den Heimatbezirk zu siebent verließ, aber nur zu sechst nach Hause zurückkehrte, weil einer unterwegs verloren gegangen, hängen geblieben oder gar abgestürzt war.

Heute muss eine Reduzierung der Gruppe hier, in einem der ältesten Viertel Wiens, wo sich einst der östliche Teil des römischen Legionslagers Vindobona befand, nicht gleich Anlass zur Sorge sein. Vor 21 Uhr könnte es zum Beispiel passieren, dass besagter Freund bei »Shakespeare & Co« landet. Ob in einem Anfall von Bildungswahn, um seine Englischkenntnisse aufzufrischen, oder aus reiner Verwechslung, sei dahingestellt. Falls er das urige Geschäft, das sich auf die chaotische Ansammlung und Anordnung und natürlich den Verkauf englischsprachiger Literatur spezialisiert hat, für ein Lokal gehalten hat, darf man ihm das nicht verübeln. Nicht umsonst lautet das Motto auf der Website dieses netten Freitagabendladens: »Let yourself be found by a book.« Hinterrücks überfallen von einem Buch – das nenne ich eine wirklich einfallsreiche Ausrede, wenn man wieder mal die Zeit aus den Augen verloren hat. »Shakespeare« könnte schließlich jedes x-beliebige Pub in England heißen, auch wenn es dort vermutlich nicht durch »& Company«, sondern »& Elephant« oder »& Castle« ergänzt würde.

Nach 21 Uhr sieht die Lage freitags allerdings etwas anders aus. Sollte besagter Freund ohne Schwimmweste (was ich mal hoffe) und ohne Leuchtrakete (was ich ebenfalls annehme, sofern man den Begriff Glimmstängel nicht sehr frei interpretiert) unterwegs und entsprechend schwer auffindbar sein, gibt es zwei Plätze, wo Sie ihn suchen können. Falls er nicht von den Besitzern von Shakespeare & Co zu einem kleinen Fest, einer Privatlesung oder zum Sortieren der Bücher eingeladen wurde, hat er sich vielleicht einfach nur ein ruhiges Plätzchen in dieser trubeligen Gegend gesucht.

Seit 2002 gibt es ein solches. Von 21 bis 24 Uhr kann man sich freitags an einen Ort der Stille zurückziehen, der einzigartig in Wien ist: in die Ruprechtskirche, das älteste heute noch erhaltene Gotteshaus Wiens, erstmals urkundlich erwähnt im Jahr 1200. Jede Woche öffnet sie für drei Stunden explizit als Ort der Stille ihre Tore. Das Äußere der schlichten Kirche ist auf drei Seiten von Tischen und Stühlen der angrenzenden Lokale umzingelt, innen gibt es die ältesten Glasfenster Wiens, die üblichen Kirchenbänke, ein paar Kerzen und nichts als beruhigende Stille. Das macht Hoffnung – auch darauf, dass man dort dem vermissten Freund wiederbegegnet. Vielleicht hat er es sich einfach mit ein paar englischen Büchern in einer Ecke gemütlich gemacht. Auch die lautesten Partylöwen müssen schließlich einmal Pause haben.

(Andrea Farthofer)

KAPITEL 7

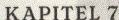

Für Naschkatzen & Genussspechte

»Made a lightning trip to Vienna,
eating choc'late cake in a bag.
The newspapers said, she's gone to his head,
they look just like two gurus in drag.«

»The Ballad of John and Yoko«, The Beatles

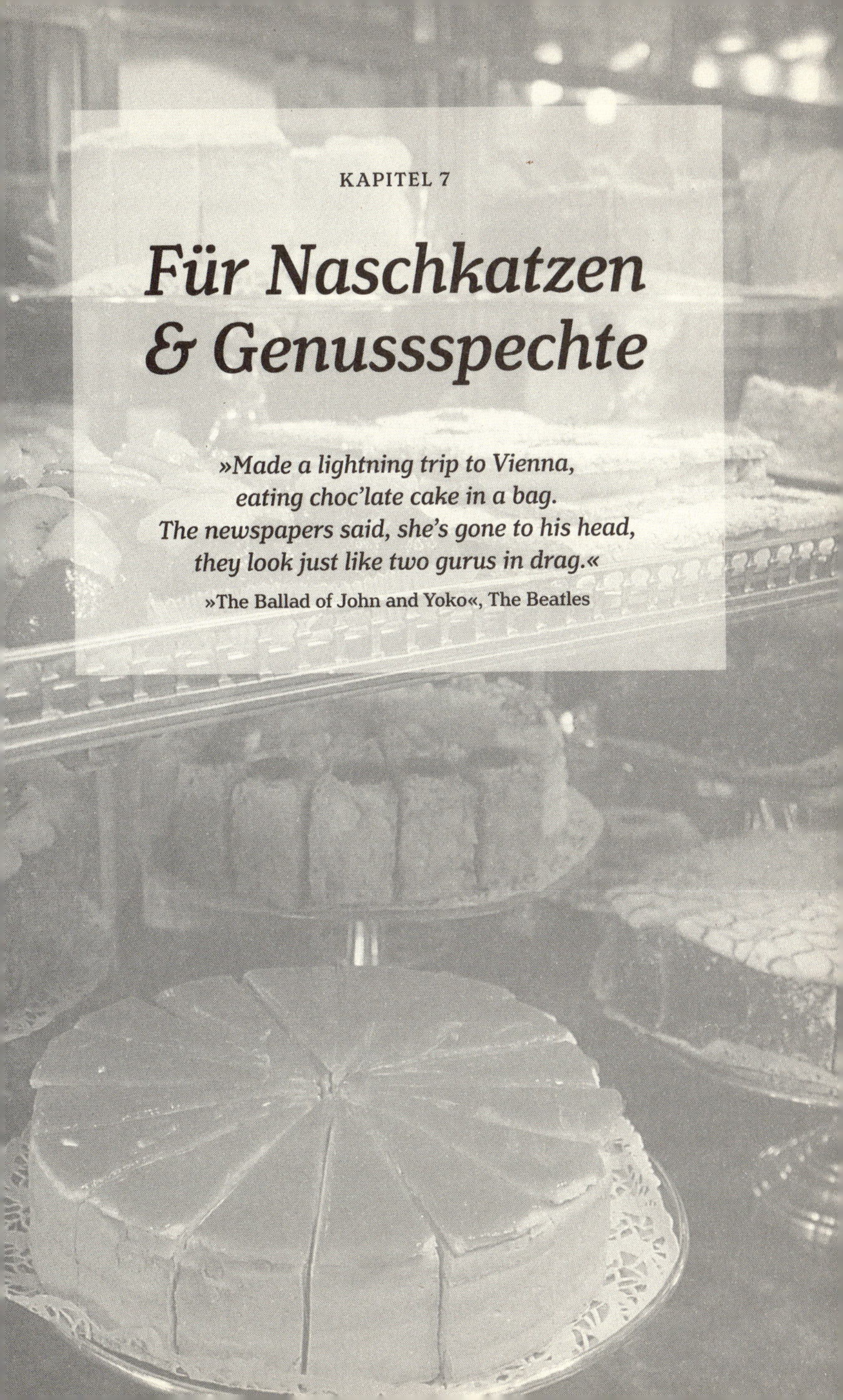

Weil der Apfelstrudel nirgendwo frischer ist

Stellen Sie sich vor, Ihre Oma hätte sieben Kinder. Und diese wiederum hätten Partner aus unterschiedlichen mehr oder weniger benachbarten Ländern geehelicht und wiederum je fünf Kinder. (Keine Angst, das wird keine Denksportaufgabe!) Sonntags trudelt bei Oma ein, wer Zeit und Lust hat. Lust auf den vermutlich besten und frischesten Apfelstrudel der Stadt. Dann versammeln sich Generationen, Sprachen und Kulturen um Omas Küchentisch und haben nur eines im Sinn: eine köstliche Jause (was in Wien wohlgemerkt eine süße Zwischenmahlzeit mit Kaffee und Kuchen bezeichnet). Jetzt stellen Sie sich bitte noch vor, Oma hätte eine sehr große Küche oder gar eine Backstube und – wenn es Ihre Fantasie zulässt – dass Oma ein junger Mann wäre. Wenn das nicht gleich klappt, kein Problem, manchmal steht ja vielleicht auch eine ältere Dame anstelle des jungen Bäckers der Bäckerei Querfeld hinter dem Küchentisch und zelebriert die hohe Kunst des kleinen Sonntagsglücks.

Ein bisschen ist der Besuch der »k. und k. Hofbackstube« wirklich wie ein Nachmittag bei Oma. Zunächst steht ein Spaziergang an – in diesem Fall in den prachtvollen Gärten von Schloss Schönbrunn, das unter Maria Theresia als imperiale Sommerresidenz zum Mittelpunkt des höfischen Lebens wurde und einen Blick auf die prachtvolle Gloriette aus dem Jahr 1775 auf dem Schönbrunner Berg eröffnet. Damit kann Omas Schrebergarten vielleicht nicht ganz mithalten, doch das macht nichts. Man besucht sie ja auch nicht wegen des traumhaften Ausblicks. Während man sich darüber freut, wie liebevoll die Bundesgärten die farblich abgestimmten Blumenpflanzungen vorgenommen haben, kann man sich schon auf einen gemütlichen Nachmittag im Café Residenz im Schönbrunner Schlosspark einstellen.

Die Backstube mit der eindrucksvollen Aufschrift »k. und k. Hofbackstube« liegt im Untergeschoss des Café Residenz. Und während hier der Strudelteig in vollendeter Form zubereitet und so hauchdünn ausgezogen wird, bis man durch ihn eine Zeitung lesen kann, die Butterbrösel liebevoll geröstet und die Rosinen in Rum getränkt werden, staunt man darüber, wie viele Leute aus aller Welt die Leidenschaft für ofenwarmen Apfelstrudel teilen.

Nur wer Lust hat, Oma wie anno dazumal beim Backen zu helfen, sollte sich auf eine Enttäuschung gefasst machen. Und ans Naschen ist in der Hofbackstube auch nicht zu denken. Die Rosinen gibt es erst im Zuge der Verkostung, die bei diesem Sonntagsspektakel selbstredend inbegriffen ist.

Auch einen Geheimtipp für die Zubereitung des geschmeidigen Teigs erfährt man in der Hofbackstube. Doch den verrate ich an dieser Stelle lieber nicht. Am besten, Sie kommen sonntags mal vorbei. Geben Sie sich einfach als Cousin Martin oder Cousine Edith aus, dann werden Sie sicherlich herzlich willkommen geheißen – notfalls zeigen Sie eben Ihre Eintrittskarte.

(Andrea Farthofer)

Weil die Brötchen unaussprechlich gut sind

»Sieben auf einen Streich«, das wäre ein passendes Motto, wenn man hungrig durch die Dorotheergasse in der Wiener Innenstadt spaziert. Auch wenn Franciszek Trzesniewski gebürtiger Pole war – ein Unternehmen, das seit mehr als 110 Jahren in Wien tätig ist und die Esskultur hier erheblich geprägt hat, darf getrost als Wiener Unternehmen angesehen werden. Da wir uns also über die Basics verständigt haben, kann es jetzt ans Eingemachte oder im konkreten Fall ums Aufgestrichene gehen. Denn Herr Trzesniewski hat mit köstlichen Aufstrichbrötchen im Häppchenformat die Wiener Fast-Food-Kultur begründet, lange bevor McDonald's 1940 das Licht der Welt erblickte beziehungsweise in den 1970er-Jahren Wien eroberte. Das Traditionshaus mit den Brötchen gab es sogar bereits, bevor der angeblich älteste Wiener Würstelstand 1928 unter dem Namen Leo's Würstelstand eingerichtet wurde, wobei »Brötchen« in diesem Fall das leckerste Schwarzbrot der Stadt bezeichnet.

Am Tiefen Graben in der Wiener Innenstadt eröffnete der vorausschauende Herr 1902 die erste Filiale – zunächst als Imbiss-stube. Kurz darauf übersiedelte er in die Dorotheergasse 1, wo man heute noch die Qual der Wahl hat: Speck mit Ei oder doch lieber Gervais mit Zwiebel? Hühnerleber, Pfefferoni, Paprika oder Salami? Die Salami kommt natürlich nicht in Scheiben aufs Brot – ebenso wenig wie Pfefferoni und Paprika in Ringen oder Spalten –, sondern als feinster Aufstrich, so wie alle Brötchen hier mit Aufstrich versehen werden. Der Verzehr sollte nämlich »handlich, unfallfrei und damengerecht erfolgen«, so die Devise des Erfinders. Die Idee zum Zerschneiden der Brote kam dem Unternehmer in den 1920er-Jahren; dadurch wollte er die feinen Aufstrichbrötchen in wirtschaftlich schwierigen Zeiten erschwinglich machen.

Auch Innovation wird großgeschrieben. So wurde für die Fuß-ball-Europameisterschaft 2008 eine eigene – ziemlich scharfe – Kreation in den österreichischen Landesfarben Rot-Weiß-Rot entwickelt. Ein köstlicher Kirschpaprika-Aufstrich bildet die roten Streifen, der weiße Streifen ist einem Kren-Gervais-Aufstrich zu verdanken. Wie so oft in Wien wurde aus einem temporären Angebot eine Dauereinrichtung: Die neue Sorte kam so gut an, dass sie bis heute im Angebot geblieben ist. Wie der Senf zur Bratwurst und der Schlag (Sie wissen schon, Wienerisch kurz für Schlagobers, also Schlagsahne) zur Sachertorte, gehört der Pfiff zum Brötchen. Passend zu den kleinen Broten erfand Trzesniewski das kleinste Bier der Welt, den Pfiff. Gerade mal 125 Milliliter passen in die Gläschen – genau die richtige Menge für die kleinen Hopfenmomente zwischendurch.

Die comicartigen Strichmännchenzeichnungen von Tex Rubinowitz, die die Unaussprechlichkeit des Namens Trzesniewski thematisieren und auch auf den schwarz-weißen Transportkartons abgebildet sind, haben den Wiedererkennungswert der Marke noch weiter gesteigert: Angeblich hat Trzesniewski einen Bekanntheitsgrad von 90 Prozent. Und dank der Filialen am Westbahnhof und am Flughafen Wien steht einem weiteren Aufwärtstrend nichts im Weg.

Vielleicht wären die unaussprechlichen Brötchen ja die perfekten Häppchen für eine Buchpräsentation? Mit meiner Bestellung könnte ich den Tagesverbrauch von 600 Kilogramm Schwarzbrot locker auf 610 Kilo anheben. Sie kommen doch auch, oder?

(Andrea Farthofer)

Weil Wien viele süße Ecken hat

Neun Tonnen Liliputdrops, das klingt verlockend. Zumindest für jemanden, der seit Kindheitstagen auf der Suche nach diesen winzigen Zuckerln ist. Wobei neun Tonnen bei genauerer Betrachtung wirklich eine ganze Menge sind. Da würde ich mich heute bei Freunden und Bekannten direkt großzügig zeigen, aber ich befürchte, für diese Menge reicht mein Bekanntheitsgrad noch nicht ganz.

Die Sache ist nämlich die, erklärt mir der Besitzer der Confiserie Zum süßen Eck gegenüber der Volksoper: Wenn ich denn unbedingt die originalechten Mini-Liliputdrops haben möchte, müsste er mindestens zehn Tonnen davon bestellen, aber wenn ich ihm neun Tonnen davon abnähme, wäre das kein Problem. Sie werden nämlich nicht mehr standardmäßig produziert beziehungsweise nur noch in einer XL-Variante, die irreführend ebenfalls »Liliput« heißt. Ich könne es mir ja noch überlegen, fügt er hinzu, während ich die charmante Mischung aus Retro und Moderne bestaune und genussvoll den Duft von Kindheitserinnerungen einatme.

Doch es liegt auch ein »Hauch des Todes« in der Luft. Die gegenüberliegende Volksoper war nämlich im gleichnamigen James-Bond-Film mit Timothy Dalton zu sehen und das Zuckerlgeschäft diente als Drehort. Sowohl die Wiener Volksoper als auch die Confiserie mussten Etablissements in Bratislava darstellen, weil man dort Probleme mit der Drehgenehmigung bekommen hatte. »Seidenzuckerl, knackig wie früher«, »saurer Fruchtsalat«, »dänische Salzpastillen«, »Katzenpfötchen« und »Lakritzkonfekt« findet man hier ebenso wie Schokoladenzigaretten aus einer Ära, als Zigaretten noch in aller Munde waren. Daneben gibt es feinstes Konfekt aus aller Welt sowie eine Fülle von süßen Geschenkideen. Und weil das im Familienbetrieb geführte Unternehmen innovativ ist, wird hier im Herbst seit einigen Jahren das Schokofest veranstaltet. Dann wird die kleine Seitengasse alljährlich von Verkostungsständen gesäumt und man pilgert mit einem Kostlöffel in der Hand von Stand zu Stand und lässt sich die Köstlichkeiten diverser Hersteller auf der Zunge zergehen.

Das Geschäft überzeugt nicht nur mit seinem Angebot, sondern auch mit seinen kulturfreundlichen Öffnungszeiten. Es liefert einen weiteren Beweis dafür, wie gut sich Kultur und Genuss in Wien miteinander verbinden lassen. Bis 19.30 Uhr kann man hier wochentags süßen Proviant besorgen, was sehr gut damit zusammenpasst, dass die Vorstellungen in der Volksoper etwa zu dieser Zeit beginnen. Man sagt, dass der Stopp in der Confiserie für manche Volksopernbesucher genauso dazugehört wie für andere das Glas Sekt in der Pause. »Sound of Music« mit der wunderbaren Sandra Pires in der Hauptrolle hat mir noch nie so gut gefallen wie mit dem zart schmelzenden Konfekt im Mund! Und der Operettenklassiker »Ein Walzertraum« von Oscar Straus war nie süßer als mit zehn Dekagramm (wie wir umgangssprachlich gern sagen, wenn wir 100 Gramm meinen) von den feinen Pralinen. Fragen Sie mich nicht nach meiner Lieblingssorte: »Tut mir leid, Paragraf 5, Absatz 26, nur für Berechtigte, das verstehen Sie sicher.« So hat sich schon James Bond elegant aus der Affäre gezogen.

(Andrea Farthofer)

Weil das Radieschenbrot
nirgendwo besser schmeckt

Essen am Fluss hat etwas – klingt es doch vielversprechend nach Erholung und Ruhe. Das mit der Ruhe ist hier zumindest wochentags ein Problem, aber Erholung gelingt trotzdem. Doch nicht immer wird einem die Erfüllung der Wünsche ganz leicht gemacht. Als ich mein Fahrrad an der Schwedenbrücke absperren möchte, kommt ein älterer Herr auf mich zu. Er hat einen zerschlissenen Stadtplan in der Hand und ein großes Fragezeichen im Gesicht. »Dunaj«, sagt er und deutet auf den wasserarmen Donaukanal, der als kleiner Fluss unter der Brücke dahinplätschert, wobei »plätschern« jetzt schon eher in die Kategorie »Übertreibung« fällt. Dunaj? Jetzt habe auch ich ein Fragezeichen im Gesicht. Dann zeigt er auf seinen Stadtplan, auf dem wegen der vielen Risse nicht mehr allzu viel zu erkennen ist. »Was suchen Sie, what are you looking for?«, frage ich. »Dunaj!!!« Wieder zeigt er mit dem Finger auf den Stadtplan und plötzlich geht mir unter lautem Knurren meines Magens ein Licht auf. Der längliche graublaue Strich, auf den er zeigt, ist die Donau. Schonend versuche ich ihm beizubringen, dass er am Donaukanal steht. Die Enttäuschung in seinem Blick ist so groß wie mein Hunger. »Dunaj, this way«, höre ich mich sagen und zeige in Richtung Osten, wo sich irgendwo hinter den Häusern die Donau befindet. Dass es bis dorthin rund fünf Kilometer sind, bekommt er gar nicht mehr mit; er ist schon losgestapft. Aber er scheint ganz gut zu Fuß zu sein, was mich beruhigt. Nun kann ich mich endlich dem Radieschenbrot zuwenden, das nirgendwo besser schmeckt als hier.

Das »Motto am Fluss« liegt in der Schiffsstation »Wien-City« vor Anker. Auf der dem Donaukanal zugewandten Seite bietet es wunderbare Sitzgelegenheiten im Freien. Ess- und Bartische mit zugehörigen Stühlen und sogar Liegestühle warten im Café auf die Gäste.

Neben der Tatsache, dass man in diesem Café am Fluss herrliche Radieschenbrote für den kleinen Hunger anbietet, mag ich auch die Öffnungszeiten, denn hier wird bereits ab acht Uhr Frühstück serviert. Kombiniert mit der morgendlichen Radrundfahrt über die Ringstraße aus Grund 14 ein wunderbares Samstagmorgenprogramm! Wenn es später und der Hunger größer wird, kann man auf die ebenfalls wunderbaren Frühstückskombos ausweichen. »Heimathafen«, »Volle Kraft voraus« und »Light Haus« heißen die drei Menüs, die zwar ohne Radieschen auskommen, aber dennoch die gute »Marianne«, das Hausbrot vom »Motto am Fluss«, beinhalten. Zuckergoscherl werden sich vermutlich an den Köstlichkeiten aus der Patisserie nicht satt sehen können, was aber ohnehin nicht Sinn der Sache ist.

Ich bleibe beim Radieschenbrot und einer der Limonaden nach Rezept des Hauses, obwohl die hausgemachte Nougatcreme auch sehr verlockend ist. Sie ist nicht nur essenzieller Bestandteil des »Heimathafen«-Frühstücks, sondern auch eine der besten der Stadt. Das Brot ist frisch gebacken – hier vor Ort. Es ist eine Kreation von Joseph Weghaupt, dem neuen Lieblingsbäcker der Stadt, der mittlerweile auch einen eigenen wunderbaren Brot-Shop in der Innenstadt betreibt. Die Butter lässt vermuten, dass das Unterdeck einer Herde überglücklicher Kühe vorbehalten ist, abgesehen vielleicht von der Ecke mit dem Radieschenbeet. Doch kein Muhen dringt bis zu uns – lediglich das leise Geschwätz der Gäste und etwas Straßenlärm. Nur um den älteren Herrn mache ich mir ein wenig Sorgen: Wie weit er wohl auf der Suche nach der Donau schon gekommen sein mag?

(Andrea Farthofer)

Weil »Aida« nicht nur
ein Ohrenschmaus ist

»Aida« oder »La Traviata«? Vor dieser schwierigen Frage stand Josef Prousek, als er 1925 den 1913 übernommenen Konditoreibetrieb Bosaing umbenannte. In einer kühnen Aktion entschied er sich nicht nur für den Namen Aida, sondern auch gleich noch für die Unternehmensfarbe Rosa, die auch 100 Jahre später noch einen farblichen Fixpunkt in der Wiener Konditoreiszene darstellt.

Wer wie ich ein getrübtes Verhältnis zu dieser Farbe hat, ist nicht unbedingt zu einem Job bei der Konditoreikette berufen. Schließlich sind rosa Schürzchen und rosa Söckchen die vorgeschriebene Uniform für das weibliche Personal, wobei das – nur damit mir da keine falschen Hoffnungen aufkommen – nicht ihre einzige Bekleidung ist.

Die kulinarische Versuchung ist groß, schließlich erfolgt die Produktion seit 1976 nur wenige Minuten von meiner Wohnung entfernt. Dazu kommt, dass Selbstabholern ein Rabatt von zehn Prozent gewährt wird und man zusätzlich über die Rechnungsnummer die Chance auf einen Gewinn hat: Jeder 333. Besucher erhält einen Aida-Gutschein in Höhe von acht Euro, das sind umgerechnet knapp drei Tortenstücke oder sechs Pariser Spitze. Es spricht zwar gegen jede Wahrscheinlichkeitsrechnung, dass ich noch nie gewonnen habe, doch das sollte im Gegenzug Ihre Gewinnchancen maßgeblich erhöhen.

Für Partys oder das Kuchenbuffet für die große Runde sind Produkte »zweiter Wahl« besonders preisgünstig zu haben: Ab sieben Uhr morgens steht der legendäre »Aida-Bruch« kiloweise zum Verkauf. Randstücke oder weniger gelungene Creme- oder Kardinalschnitten, aber auch Tortenbruch warten dann auf Genießer, denen eine schiefe Optik nichts ausmacht. Gegen neun Uhr ist der »Ausschuss« erfahrungsgemäß ausverkauft. Wer allerdings ohnehin mehr der Typ für Topfenstrudel, Esterhazy-Schnitte oder Pariser Spitz ist, darf getrost länger schlafen. Obwohl ich es schon unter die kleinen Ungerechtigkeiten der Welt einreihe, dass die Pariser Spitze anscheinend unverwüstlich sind und niemals als Bruch im Verkauf enden. Vielleicht liegt dies ja daran, dass zerbrochene Pariser Spitze gleich in den Mündern der für dieses Malheur zuständigen Konditoren landen?

Neuerdings möchte sich auch der arabische Raum, allen voran Katar, im wahrsten Sinne des Wortes gern ein Stückchen von unserer Mehlspeiskultur abschneiden, denn man plant die Eröffnung einiger Aida-Filialen im Franchise-Betrieb.

Doch nicht nur die Aida pflegt Wiens Image als Welthauptstadt der Mehlspeisen nach bestem Wissen und Gewissen. Wer sich einen umfassenden Überblick verschaffen will, sollte seine Verkostungen auf den »k. u. k. Hofzuckerbäcker Demel«, das Café Sacher, die Kurkonditorei Oberlaa mit ihren zahlreichen Filialen in ganz Wien und den köstlichsten Makronen in allerlei Geschmacksrichtungen oder die Patisserie Landtmann ausdehnen. Sie alle haben Wien zu dem gemacht, was es ist: ein Paradies für Süßspechte, Zuckergoscherln und Naschkatzen jedes Alters.

(Andrea Farthofer)

Weil uns ein Hamburger mit Fisch verwöhnt

Lust auf kleine braune Würmer? Wenn Sie jetzt nicht die Nase rümpfen, sondern einen verklärten Blick bekommen, weil sie an herrliche Nordseekrabben denken, sollten Sie sich schleunigst auf den Weg in den 2. Wiener Gemeindebezirk machen. Fast könnte man so etwas wie eine Alterserscheinung dahinter vermuten, denn in meinem Bekanntenkreis steigt die Anzahl der Hamburg- und Nordseefans in einem Tempo, das Anlass zur Angst vor dem großen Exodus in Richtung Norden gibt. Da keine meiner Wiener Freundinnen mit Hamburg-Faible genug Gelegenheit hat, dieses auch auszuleben, ist der Norden zu ihnen gekommen. Der Mann, der selbigen neben vielen guten Ideen im Gepäck hatte, heißt Stephan Wulf. Gemeinsam mit seiner Frau Valerie betreibt er das Wulfisch in der Haidgasse. Die beiden beweisen: Wenn man etwas aus Überzeugung und Liebe tut, dann wird es auch gut.

Die doppelte Portion Liebe – zum Norden und zu seiner Wiener Frau – reichten im Fall von Stephan Wulf jedenfalls aus, um aus einem ehemaligen Friseurladen im Trendviertel rund um den Karmelitermarkt ein kleines Fischlokal mit großem Charakter zu machen. Dankenswerterweise hat der Mann aus dem hohen Norden nicht nur die kleinen braunen Würmer, die Kenner sofort als Büsumer Nordseekrabben enttarnen, sondern auch zahlreiche andere Fischspezialitäten mitgebracht, ob Matjes für das legendäre Matjesbrötchen, Makrele oder Lachs. Ebenfalls nicht nehmen ließ er es sich, auch die berühmt-berüchtigten Kieler Sprotten nach Wien zu bringen. Über die kann man durchaus geteilter Meinung sein. Während der Chef diese mit Haut und Haar, also Kopf und Schwanz, verspeist, darf der laienhafte Fischesser die Enden der knusprigen Tiere ruhig übrig lassen. Aber probieren muss man sie!

Schließlich kann es ja vorkommen, dass einem eine Gratis-Sprotte zur Verkostung gereicht wird.

Dieses kulinarische Erlebnis liefert dann schon mal Gesprächsstoff – ein Konzept, das die Wulfs auch mit der Einrichtung verfolgen. Während ich mit dem herrlich un-herrlichen Herrn des Hauses im sommerlichen Gastgarten plaudere, werfen mindestens sechs Personen ein paar Worte über den Zaun, weitere fünf winken aus der Ferne. Wien ist ein Dorf, hier ganz besonders. Ein Dorf mit einem ganz speziellen Beisl, in dem sich alle wohlfühlen. So überrascht es nicht, dass Steph, wie ihn diverse Passanten nennen, sagt, dass er sich vorstellen könnte, 90 Prozent seiner Gäste auch zu sich nach Hause einzuladen. Bleibt nur zu hoffen, dass ich nicht zu den unseligen zehn Prozent Rest gehöre …

Ebenso leicht kommt man mit Valerie Wulf ins Gespräch. Innerhalb kürzester Zeit unterhalten wir uns, als ob wir uns schon jahrelang kennen würden, dabei habe ich doch gerade eben den ersten Bissen ihres köstlichen Orangen-Krabben-Salats probiert. Sie ist Absolventin der Hotelfachschule Modul und Soziologin (welch geniale Kombination für eine Gastrokarriere!) und erzählt, dass die meisten der verarbeiteten Fische tatsächlich aus der Nordsee stammen. Der »Curry-Ananas-Krabbensalat« und der »Orangen-Cocktailsauce-Krabbensalat« sind meine Geheimtipps. Wobei: So geheim ist das alles gar nicht mehr. Gerade abends wird das Wulfisch nämlich zu einem Ort der Kommunikation. Dann tummeln sich die Gäste im Schanigarten, auf den paar Stühlen vor dem Lokal sowie auf dem vor dem Lokal geparkten Pritschenwagen. Wenn es kühl wird, macht Stephan Wulf den Heizstrahler und manchmal auch gleich den Fernseher im Lokal an und kurbelt die Markise raus. Bei dem einen oder anderen Jever-Bierchen kann man im Freien sitzend gemeinschaftlich Fußballgroßereignisse verfolgen und die Zeit vergessen und zu später Stunde ist nicht auszuschließen, dass man auch das Rauschen des Meeres hört.

(Andrea Farthofer)

Weil Paris auch an der Wien salonfähig ist

Welche Spuren hat die Hofdame von Kaiserin Elisabeth, Marquise Louise Bombelles, in Wien hinterlassen? Was hat ein Hund namens Suessi mit Wien zu tun? Wofür eignet sich ein ehemaliges Hutgeschäft im Freihausviertel am allerbesten? Nein, diese Fragen stammen nicht aus dem österreichischen Einbürgerungstest, sie sind aber trotzdem wichtig. Ich erspare Ihnen an dieser Stelle ein Multiple-Choice-Quiz und verrate Ihnen die Antworten einfach: Die gute Louise war die Urururgroßmutter von David d'Bonnabel. Suessi ist der Dackel von David. Und der Hutladen ist heute ein beliebter Teesalon in der Nähe des Wien-Flusses, »der Wien«. Und David? Hier handelt es sich um David d'Bonnabel, der seine Heimat »in der Mitte des neuen Europas«, wie er Wien nennt, und da auch noch ziemlich genau in der Mitte Wiens gefunden und sich einen Traum verwirklicht hat. Den Traum eines Teesalons in der Stadt der Kaffeehäuser.

Mehr als 1000 Cafés und kein Teesalon? Das konnte der Franzose mit großer Affinität zu feinen Tees und Desserts nicht mit ansehen. Und mit Tee meint er natürlich keine, wenn auch noch so exquisiten Teebeutel. Vielmehr sind das bei ihm das herrlich duftende offene Mischungen, wie er sie mich zur Probe riechen lässt. Der »Thé á l'Opera«, seine Lieblingssorte der berühmten französischen Marke »Thé du Mariage Frères«, duftet ganz hervorragend. Wegen dieser Traditionstees kommen wahre Kenner sogar mit Einkaufslisten hierher. Aber nicht nur deshalb.

Dank seiner Vorfahren kann David auf einen erklecklichen Schatz an wunderbaren Rezepten zurückgreifen und versteht etwas vom Backen und Kochen. Als Kind eines französischen Botschafters war er oft bei großen Empfängen dabei und durfte in der Küche helfen. Nachdem er in Wien, der Heimat seiner Vorfahren, gelandet war, begab er sich auf die Suche nach einem geeigneten Lokal. Und fand zunächst einen kleinen Laden, den er als reines Take-away-Geschäft betrieb. Als das angrenzende Lokal – ein Hutgeschäft – frei wurde, war es soweit. Die Antiquitäten seiner Familie – goldene Stühle mit schwerem roten Samtbezug, alte Gemälde und Bilder – fanden ein neues Zuhause zwischen rot-goldenen Fleur-de-Lys-Tapeten, liebevoll gedeckten kleinen Tischen, langen weinroten Tischtüchern und feinem Geschirr. Es erinnert ein bisschen an das verlängerte Wohnzimmer von Marie-Antoinette, deren damals noch empörender Aufforderung »Dann sollen sie doch Kuchen essen« an arme Pariser, die hungerten, man jetzt und hier willig nachkommt. Schließlich hat sich David auf die sogenannten »Tartes à la crème« spezialisiert, die in kleinen Gläschen serviert werden und von »Amaretto di Venezia« bis zu »Crème de truffe« reichen. Außerdem wären da noch die »normalen« Crèmes und kleinen Tartes sowie saisonale Kreationen, nicht zu vergessen die zwölf Sorten feinste heiße Schokolade.

Geduldig erklärt er uns die feinen Unterschiede zwischen den einzelnen Sorten. Wir sind allerdings ein wenig abgelenkt, weil uns das Wasser im Mund zusammenläuft und Entschlussfreudigkeit in solchen Momenten nicht unsere hervorstechendste Eigenschaft ist. Wir entscheiden uns schließlich für die »Crème Bisou de Coco« und die »Crème Chocolat Parisienne«. Danach schließen wir uns den einsilbigen Gesprächen an, die wir seit unserem Eintreffen vernommen haben: »Mmmmh!«, »Wahnsinn!«, »Kost mal!«

Dass wir nicht der Versuchung unterliegen, sofort das ganze Sortiment zu verkosten, verdanken wir dem Umstand, dass man die Desserts auch im »Gassenverkauf« – welch prosaischer Ausdruck für diese Wunderwerke – mit nach Hause nehmen kann. Oder so weit man damit eben kommt, ohne davon zu naschen. Wir lassen uns ein paar der kleinen Becher mit den Brioche-Kreationen einpacken und retten somit unsere restliche Arbeitswoche und den Tagesumsatz des französischen Teemeisters bereits am frühen Nachmittag.

(Andrea Farthofer)

Weil einem manchmal unverhofft ein Licht aufgeht

In weniger als zwei Minuten zum Lieblingslokal – das ist selbst bei einem begeisterungsfähigen Menschen wie mir ein neuer Rekord. Ob es Thomas Alva Edison damals auch so ergangen ist? Ein Geistesblitz, eine Eingebung, eine spontane Verliebtheit in eine Idee?

So schnell kann es gehen. Man will nur eben ein bisschen sitzen, etwas trinken und über das Leben nachdenken, notfalls ein wenig plaudern. Da stolpert man in ein Lokal, ist gefangen vom Ambiente, fällt in ein Sofa und möchte einfach nicht mehr weg.

Im Edison hat das viele Gründe. Da wären zunächst die großen Fenster, deren Bänke mit Büchern bedeckt sind. Wenn man die Speisekarte einmal (oder zweimal) durchgelesen und seine schwierige kulinarische Entscheidung getroffen hat (»Rush-Hour«-Frühstück oder »Romantik am Morgen«, Cheesecake oder Schokokoch, Zotter-Trinkschokolade oder hausgemachte Limo), die oft nicht ohne genaue Besichtigung der Süßigkeiten-Vitrine im Erdgeschoss abgeht, kann man sich in aller Ruhe entweder den Begleitpersonen oder den Büchern zuwenden.

So schnell geht das vermutlich aber nicht, denn zuerst muss man die vielen genialen Einrichtungsideen aufsaugen, die unzähligen kleinen Details, die dieses Riesenwohnzimmer im ersten Stock erst dazu machen. Eine kleine Bar mit einem Regalsystem aus alten Laden mit unterschiedlichen Samtüberzügen. Wanddeko aus Back-Gerätschaften und ein »PASTRY«-Schriftzug mit Küchenutensilien aus dem beliebten schwedischen Möbelhaus. Die liebevoll arrangierten Bilder an den Wänden. Die Leichtigkeit des Seins, die vom Logo des Edison ausgeht, das die Speisekarte ebenso ziert wie so manchen Stuhl im Erdgeschoss (nein, leider – noch – nicht verkäuflich, ich habe gefragt!), die Visitenkarte, die Wände und insbesondere das Foyer und den Treppenaufgang in den ersten Stock. Den passenden Spruch dazu gibt es auf der Speisekarte: »Life is beautiful. There are so many things to explore.« Das braucht man mir nicht zweimal zu sagen.

Erst wenn man das alles betrachtet hat, kann man sich entspannen und den Büchern zuwenden: In Reichweite meines Nachmittagsplatzerls finde ich eine sehr dicke »Mississippi Story« (vielleicht etwas zu ambitioniert für einen einzigen Nachmittag, außer ich darf mein Lesezeichen hineinlegen), »Alle deine Söhne, Hawaii« (ziemlich viele, wie es scheint), »Green Hotels«, die für Instant-Entspannung sorgen, und viele weitere Bildbände, von André Hellers »Augenweide« über »Wie wir am Meer wohnen« bis zu den »Verborgenen Raritäten in Wien«, »Häuser in Asien zum Verlieben«, und sogar etwas Selbsthilfe legt man mir zur Seite: »I will survive«. Da mache ich mir im Edison aber ohnehin keine Sorgen. Wahrscheinlich sind es die guten Vibes des ehemaligen Musikgeschäfts, die aus diesem Lokal, das vom Frühstück bis zum Mitternachtssnack keine Wünsche offen lässt, einen Club oder ein Wohnzimmer für alle Fälle machen.

(Andrea Farthofer)

Weil Carrie im Schanigarten sitzen kann

Viele Jahre lang lief Eingeweihten auch in Wien beim Wort »Magnolia Bakery« das Wasser im Mund zusammen. Neidvoll blickte man – wenn auch nur auf der Leinwand – über den großen Teich. Denn der Big Apple beheimatet die Bäckerei, in der Carrie & Co. in »Sex and the City« vor den Augen von Millionen Zuschauerinnen wunderbare Cupcakes genossen. Für die Älteren: Carrie ist eine der vier Frauen in der TV-Kultserie; gemeinsam mit ihren Freundinnen Miranda, Charlotte und Samantha aß sie, beobachtet und beneidet von Zuschauerinnen in aller Welt, in der legendären Magnolia Bakery in New York Cupcakes, was den lieblichen Kuchenteilchen zum internationalen Durchbruch verhalf.

Auch ich konnte mich der Faszination nicht entziehen, obwohl mein Verhältnis zu Cupcakes durchaus zwiespältig ist. Bei einem New-York-Urlaub verliebte ich mich in die kleinen Dinger – wegen ihrer tollen Optik, ihrer wunderbaren Gestaltungsmöglichkeiten und ihres fantastischen Designs. Für den Magen stellten sie allerdings eine gewisse Herausforderung dar: So viel Butter am Stück konnte nur meine Oma vertragen.

Das hielt mich allerdings nicht davon ab, in Manhattan ein bisschen Carrie zu spielen und mich mit all den Cupcake-Freaks bei der berühmten Magnolia Bakery anzustellen. Kurz darauf kam es zur wundersamen Fügung: In Wien eröffnete der erste Cupcake-Laden und Gründerin Renate Gruber setzte, als ob sie meine Gedanken gelesen hätte, auf eine weniger butterlastige Creme als Topping. Die Cupcakes der gelernten Grafikerin waren noch hübscher als jene in New York und eroberten zuerst mein Herz und bald darauf auch die ganze Stadt. Ein Jahr später ein erneuter Fall von Gedankenlesen: Eine weitere entzückende Filiale, untergebracht in einem Prachtstück von städtischer Wohnbauanlage, dem Ludo Hartmann Hof mit palmenartigen Majolikasäulen, kann sogar mit einem Gastgarten aufwarten. »Carrie goes Schanigarten« – daran könnte sich sogar die Magnolia Bakery noch ein Beispiel nehmen.

Doch auch damit nicht genug der Innovationen in Sachen Cupcakes. Zum schattigen Schanigarten gesellte sich eine weitere Novität für heiße Sommertage: »Frozen Cupcakes«, bestehend aus Biskuit, einem fruchtigen Parfait, einem feinen Espuma und dem unverzichtbaren Klecks Fruchtpüree. An den Wochenenden wird der Innovationsgeist in Form von Breakfast Cupcakes mit Spiegelei sowie süßen Brioche-Cupcakes ausgelebt, gelegentlich mit wunderbaren Cupcakes im Glas und im Advent mit einem ganz besonderen Adventskalender.

Was als Online-Kekswerkstatt mit »sprechenden« Mürbteigkeksen, etwa »20 dag Glück« mit Keksen in Schweinchen- und Kleeblattform, und tollen Designerdosen begann, hat die gelernte Grafikerin nun in zwei entzückenden Lokalen auch für Menschen ohne Internet zugänglich gemacht. Saisonal abhängig variieren nicht nur die Sorten, sondern auch die Events. Besonders toll ist etwa das Muttertags-Special im Schanigarten, der mit seinem Vintage-Look ein beschauliches Ambiente für derlei Feierlichkeiten bietet. Im Herbst und Winter kommen die Tea Parties bestens an und sorgen für einen Hauch von »Good Old England« mitten in Wien. Aber auch Pressekonferenzen, Geburtstagsfeiern sowie zahlreiche Fotoshootings haben hier schon stattgefunden und beweisen: Mehr als 30.000 Facebook-Fans können nicht irren.

Nicht verwunderlich: Unter dem riesigen Kastanienbaum zu sitzen – im Sommer mit einem Frozen Cupcake, im Frühling oder Herbst mit pinkfarbener Decke, einem Cupcake mit weißer Schokolade oder einem Schoko-Himbeer-Cupcake – und den Alltag hinter sich zu lassen, ist ein Programm, das sich in Wien gut mit dem Flair der großen weiten Welt verbinden lässt. Wenn man dann wunderbar satt ist, kann man neuerdings seinen Gusto auf die zauberhaften Kuchenteilchen noch auf weitere Art stillen: »130 Gramm Liebe«. So heißt nämlich das traumhafte Backbuch des CupCakes Wien, in dem sich Carrie und andere unersättliche Cupcake-Fans Anregungen für die eigene Backkunst holen und ein Stück vom Glück für das Bücherregal mit nach Hause nehmen können. Der Schmied ist out; mit diesem Buch kann man auch seines eigenen Glückes Bäckerin werden!

(Andrea Farthofer)

Weil Rosinophobien therapierbar sind

Es soll Menschen geben, die zu Rosinen ein ähnlich getrübtes Verhältnis haben wie der durchschnittliche Wiener zu den Worten: »Rechnen Sie in der Hanssonkurve / auf der Auffahrt zur A22 / am Gürtel mit einer Verzögerung von mindestens 30 Minuten.« Für U-Bahn fahrende Nutellafrühstücker mag weder das eine noch das andere ein Problem darstellen. Aber da wären auch noch die Menschen, die morgens für ihr Leben gern Müsli essen, ehe sie mit dem Auto zur Arbeit fahren. Das ist natürlich nicht grundsätzlich verwerflich, wäre da nicht das Problem, dass fast alle handelsüblichen Müslihersteller Rosinen als zentralen Bestandteil ihrer Mischungen betrachten. Da sie das zumeist nur im Kleingedruckten zugeben, nimmt das Studium der Packung bereits mehr Zeit in Anspruch als das durchschnittliche Frühstück – und das nur bei guter Regalbeleuchtung.

Die Zeiten, als man frühmorgens wie Aschenputtel die guten und die schlechten auseinanderklauben musste, sind lange passé. Nicht einmal praktizierende Zen-Fanatiker dürften diese minutiöse Arbeit als Weg zur Erlangung einer höheren Bewusstseinsstufe betrachten.

Psychoanalytiker könnten vermuten, dass diese Rosinophobie – in der Liste neuzeitlicher Neurosen angesiedelt zwischen P wie Paraskavedekatriaphobie (Angst vor Freitag, dem 13.), S wie Soziophobie (Angst vor Gesellschaft) und T wie Tetraphobie (so gut mir die Angst vor dem Tetrapak gefallen hätte – es ist die Angst vor der Zahl Vier) – daran liegt, dass sich der kleine Bruder immer die Rosinen aus dem sprichwörtlichen Kuchen picken durfte. Die Folge: Man selbst konnte sich nie an den fragwürdigen Geschmack der unglückselig verschrumpelten Früchtchen gewöhnen.

Wiener Lebensberater haben in diesem Fall leichtes Spiel. Wenn es nach ihnen ginge, könnte man zur Behandlung des frühkindlichen Rosinentraumas und für ein individuelles Desensibilisierungsprogramm einen Besuch im Corns n' Pops in der Gumpendorfer Straße in die Lehrbücher aufnehmen. Bei Lisa Schön, Ernährungswissenschaftlerin mit fehlendem Rosinen-Gen, kann man die tägliche Rosinendosis nämlich nach Belieben steigern und sich so über Tage, Wochen, Monate oder auch Jahre an die verdörrten Weinbeeren gewöhnen. Kann man, muss man angesichts der riesigen Auswahl an Alternativen aber nicht.

Die Müslibar mit ihrer Fülle an Müslispendern erinnert an die XXL-Version eines gesunden amerikanischen Frühstücksbuffets. (Ich weiß: ein Widerspruch in sich.) Von frischen und getrockneten Früchten, Cerealien und Nüssen bis hin zu verführerischen Toppings (Mini-Smarties für meine Nichte, Gummibärchen für meine Freundin Michaela, Rosinen für den lieben Koautor, Beeren-Crunchy für mich) gibt es alles, was man sich für das perfekte Müsli nur wünschen kann. Für Eilige stehen praktische Plastikbecher und hübsche Glasflaschen zur Verfügung, die man beliebig füllen kann. Für die anderen ein charmantes Retro-Lokal, in dem man sich beim ganztägigen Müslibrunch stärken oder überhaupt gleich eine Portion Zuversicht bestellen kann. Wenn man alle vier Kombinationen des Müslibrunch durch hat, müsste man eigentlich vor Optimismus strotzen und ganz ohne Rosinenkontakt die nächste Bewusstseinsstufe erlangen: »Energie«, »Freude«, »Glück« und »Erfolg« heißen die Kombinationen, denen man das zutrauen könnte.

Unentschlossene Rosinophobiker können getrost zu den Spezial-Müslis greifen. Nur ein einziges dieser elf Spezial-Müslis, das »Umstandsmeier«, enthält Rosinen. Rosinenfreie Zonen sind hingegen die anderen Fertigmischungen, von »Fräulein Wichtig«, dem ersten Frauenmüsli, das mit 50 Cent pro verkaufter Packung die Brustkrebshilfe unterstützt, über den »Seelenstreichler« und den »Blitzkneißer« bis zum »Hochadel«, dem »Hosenmatz«, dem »Leichtgewicht« für Diabetiker und dem »Wirbelwind«. Und mal ehrlich, was gibt es Schöneres als die Worte »Einen ›Seelenstreichler‹ für dich« der netten Servierkräfte?

In 100 Jahren werden die Lehrbücher zur Desensibilisierung in Rosinenangelegenheiten und Heilung frühkindlicher Rosinentraumata vielleicht mit derselben Selbstverständlichkeit auf die Gumpendorfer Straße 37 verweisen wie in anderem Zusammenhang auf Sigmund Freuds Berggasse 19. Wir alle können dann unseren Nachfahren stolz erzählen, dass wir dabei waren, als die Geschichte moderner Therapieformen neu geschrieben wurde.

(Andrea Farthofer)

KAPITEL 8

Im Kaufrausch

*»Da kauf ich mir für 32 Groschen
einen Fahrschein nach Neuwaldegg,
da draußn halt die ganze Welt die Gosch'n
und alle Sorgen, die sind weg ...
und das alles für 32 Groschen
in der Nähe von Wien.«*

»32 Groschen«, Hermann Leopoldi

Weil die »Mahü« wieder was hermacht

Wenn man gleichzeitig von einer Shopping-Attacke und einer akuten Einkaufszentrumsparanoia heimgesucht wird, gibt es nur eines: Ab auf die »Mahü«! Die Mariahilfer Straße würde sich angesichts ihrer therapeutischen Wirkung das Attribut »Vom Arzt empfohlen« durchaus verdienen, wenngleich im Kleingedruckten wohl stünde: »Bezüglich Wirkung und Nebenwirkungen fragen Sie Ihren Bank- oder Ernährungsberater.«

Als Wienerin habe ich zu dieser Straße ein besonderes Verhältnis. Zu Zeiten, als noch die Straßenbahnlinien 52 und 58 von der Babenbergerstraße am Ring bis hinauf zum Westbahnhof am Gürtel fuhren, kauften wir Teenager hier unsere ersten Klamotten vom ersten selbst verdienten Geld und besorgten von dem, was übrig blieb, noch ein paar Weihnachtsgeschenke.

Vieles hat sich seither verändert, doch eines ist geblieben: An den Einkaufssamstagen vor Weihnachten ist die Mariahilfer Straße für den Autoverkehr gesperrt. Es war ein verschneiter Samstag vor Weihnachten irgendwann im letzten Jahrtausend, als ich mit meinen Einkäufen die Mahü hinaufspazierte und mir ein Wiener Urgestein auf Skiern entgegenkam. Waluliso, der sein Pseudonym aus Wasser, Luft, Licht, Sonne abgeleitet hat, hieß der Freigeist und Friedensaktivist, der in seinem weiten weißen Umhang, dem Kranz aus Olivenzweigen auf der Stirn und mit Hirtenstab und Apfel in der Hand die Mahü herunterfuhr. Zugegeben, sie ist nicht besonders steil, aber trotzdem: Waluliso auf Skiern die Mahü abfahrend – schade, dass es damals noch keine Handy-Cams gab! Das hätte auf Facebook so richtig viele »Gefällt mir«-Klicks gegeben.

Nach ihrer Blütezeit ging es mit der Mahü auch im übertragenen Sinn bergab. Die Geschäfte verkamen ebenso wie die Besucher, statt

Straßenbahnen gab es Staus, statt internationalem Design Ramsch aus aller Welt. So wie ich blieben auch viele andere Käufer fern. Erst in den letzten Jahren erfuhr die Mahü wieder einen Aufschwung – und was für einen. Neben kleinen schicken Boutiquen und witzigen Läden siedelten sich renommierte Ketten an, die Lokale wurden aufgepeppt und vermehrten sich wie durch Zauberhand. Heute findet man alles, was das Herz in jeder nur erdenklichen Lage begehren könnte, vom Suppentopf bis zur Bentobox, vom Designerstuhl bis zur Hängematte, von Barbapapa-T-Shirts bis zu Humanic-Schuhen. Sogar einen eigenen Walk of Fame gibt es mit der »Straße der Sieger« vor dem Generali Center. Mehr als 150 nationale und internationale Sportgrößen haben sich bereits mit ihren Hand- und Fußabdrücken verewigt und einen Hauch von L.A. auf die Shopping-Meile gebracht.

Vor der Mariahilfer Kirche, die auch Barnabitenkirche genannt wird und in ihrer Krypta in der »Gruft« Obdachlose bewirtet, erwartet den Besucher ein kleiner Markt mit saisonalen Produkten (Weihnachtsgestecke, Bauernkrapfen, Ostereier, Muttertagsblümchen, Bauernspeck), im Winter freut man sich über die Maronistände und die Nähe zum Spittelberg mit seinem Kunsthandwerksmarkt. Der beliebte Naschmarkt liegt ebenso nahe wie die neu erwachende Gumpendorfer Straße und das MuseumsQuartier. Interessante alte Hausdurchgänge – sogenannte »Durchhäuser« – wie etwa der Raimundhof laden ein, in das Wien vergangener Zeiten hineinzuschnuppern und sich auf der gesamten Mahü zwischen den Welten zu bewegen: hier das urige Café Ritter, dort die stylishe Bar Italia, hier seit Jahrzehnten schon McDonald's, dort seit Kurzem Starbucks, hier der kleine Handschuhladen, dort Peek & Cloppenburg.

Seit Jahren laufen hitzige Diskussionen darüber, ob die Mahü zur permanenten Fußgängerzone erklärt werden sollte. Die Meinungen dazu gehen auseinander; man scheint sich aber erstmals in Wien auf »Begegnungszonen« geeinigt zu haben, die die Zufahrt zu den

Parkgaragen garantieren, den Durchzugsverkehr jedoch verhindern. Eines aber steht fest: Die Mahü erneuert sich immer selbst. Und wer, oben beim Westbahnhof angekommen, noch nicht genug geshoppt haben sollte, kann durch das neue Einkaufszentrum im Bahnhof flanieren, das teilweise sogar sonntags geöffnet hat. Das lesen Sie aber besser bei Grund 34 nach.

(Andrea Farthofer)

Weil auch Schlafwandler shoppen können

Winterblues, Sommerhitze, Stress mit Kollegen, Verhältnis mit dem Chef, Schuhkrise, Schulkrise oder andere Sorgen? Manche Menschen schwören auf Apfelmus, andere auf Schokolade und wiederum andere auf die bewährte »Retail Therapy«. Anders als früher kann man die therapeutischen Einkaufsattacken in Wien heute zu nahezu jeder Tages- und Nachtzeit ausleben und muss mit der Behandlung nicht mehr auf den nächsten Arbeitstag warten. Viele Therapieeinrichtungen haben die »lost souls« als neue Zielgruppe identifiziert und auch zu ausgefallenen Zeiten ein offenes Ohr und, besser noch, ein offenes Tor.

Wenn Sie etwa Dienstagabend die große Sinnkrise überkommt, wartet das MAK, das Museum für angewandte Kunst, auf Sie. Bis Mitternacht können Sie durch den schicken MAK Design Shop flanieren und für Verschönerung von Haus und Bereicherung von Geist sorgen. Wenn abzusehen ist, dass Sie auch nach 24 Uhr noch keine Bettruhe finden werden, empfehle ich allen, die es ganz genau wissen möchten, den Erwerb des Gemeindebauquartetts (bis Sie alle Fakten verinnerlicht haben, ist sicherlich der Morgen da) oder den Kauf einer Postkarte zum Selberbasteln einer Sachertorte (man bedenke: null Kalorien!). Als Paartherapie eignen sich die Origami-Sets »Möbel« beziehungsweise »Mode«, und für die Schnellschläfer das Fünf-Minuten-Origami-Set. All das sind feinmotorisch mehr oder weniger anspruchsvolle Projekte, mit denen man sich gewiss die eine oder andere Nacht um die Ohren schlagen und dabei ein paar existenzielle Fragen wälzen kann. Die passende Nachtkastllampe für Österreich-Fans gibt es hier auch, sei es mit einem Fuß aus einer Almdudler-Dose oder einer Ottakringer-Dose. Letztere kann hilfreich sein, wenn man in der Früh gern wissen möchte, woher der kecke Kater kommen könnte.

Überhaupt sind Museumsläden sehr beliebt für den kleinen Einkauf zwischendurch, so etwa auch die trendigen Shops im MuseumsQuartier, die täglich geöffnet haben. Im MQ Point etwa bekommt man Designergegenstände für jede Gelegenheit. Ein Schlüsselanhänger mit knautschigem Enzo-Sofa hilft bei kleinen Aggressionen, pfiffige T-Shirts sorgen ebenso für gute Laune wie ausgefallene Vogelhäuser, und wenn das nicht hilft, tut es vielleicht die hübsche Backmischung für Tiramisu-Milchreis. Nirgendwo anders bekommt man so viele Dinge, die man wirklich unbedingt besitzen muss. Wenn man schon mal da ist, kann man auch gleich nebenan in der Buchhandlung König etwas für die Bildung tun und dem eigenen Kunstverständnis mit dicken Wälzern auf die Sprünge helfen.

Auch »Onkel Ali« ist ein beliebter Retter in der nächtlichen Not. So wird der Kiosk in der Kaunitzgasse im 6. Bezirk bezeichnet – Wiens einziger Spätkauf, geöffnet bis 23 Uhr, sogar sonntags. Die Anrainer nennen ihn »den Kiosk« oder »Onkel Ali«, die Stadtzeitung »Falter« bezeichnet ihn als »Drugstore Kaunitzgasse«. Es ist die moderne Version des Greißlers von einst – mit einem Besitzer nahöstlicher Herkunft und längeren Öffnungszeiten. Ob Lebensmittel, Feinkost, Getränke, Knabberzeug, Süßwaren oder ein erkleckliches Sortiment an Zeitschriften für viele schlaflose Nächte – hier findet man, was man zu später Stunde ganz dringend braucht. Das ist sehr praktisch, wenn man für die Nachtvorstellung im Kino gegenüber noch schnell etwas Proviant und/oder Taschentücher besorgen muss.

Auch die Wiener Einkaufsstraßen und andere Einkaufsgrätzel werden gelegentlich nachtaktiv. So etwa lädt seit einigen Jahren der Lerchenfelder Night Market mit Live-Musik und über 50 Teilnehmern aus den Bereichen Kunst, Design, Kreatives und Handwerk im Ambiente der wunderschön sanierten Altlerchenfelder Kirche zum nächtlichen Einkaufsbummel ein. Auch die Gumpendorfer Straße ist mit von der nächtlichen Partie und bietet unter dem

Motto »Guerilla Late Night Shopping« am längsten Tag des Jahres besondere Öffnungszeiten – bis zum Einbruch der Dunkelheit.

Wer es sich einteilen kann, sollte sich den ganz großen Kummer bis zum August aufsparen, denn dann lässt er sich besonders effektiv therapieren. Beim Late Night Shopping hält das Designer Outlet Center Parndorf vor den Toren Wiens ein spezielles Programm für therapiesüchtige SchlafwandlerInnen bereit. In mehr als 150 Geschäften darf dann bis 23 Uhr gebummelt und gekauft werden. Für die Begleitpersonen (euphemistisch für Männer) gibt es ein eigenes Rahmenprogramm mit Musik, Modeschau und Feuerwerk, das über die schlichte »bench for bored husbands«, wie ich sie aus Australien kenne, weit hinausgeht.

Das ultimative Sonntags-Shopping gibt es aber hinter der Grenze. Nur eine Autostunde von Wien entfernt liegt mit Bratislava nicht nur die Hauptstadt der Slowakei, sondern auch eine Stadt, deren zahlreiche internationale Einkaufszentren ebenso sonntags geöffnet haben wie viele Läden in der schön renovierten Altstadt mit ihrer gemütlichen Fußgängerzone. Bratislava erreicht man ab Wien ganz bequem mit der Eisenbahn oder natürlich mit dem Schiff, aber das wissen Sie vermutlich bereits aus Grund 4. Der Blues ließ sich selten so gut therapieren wie hier.

(Andrea Farthofer)

Weil man sich an den
ungewöhnlichsten Orten einrichten kann

Sie haben Lust auf Veränderung und wollen nicht bei sich selbst beginnen? Dann knöpfen Sie sich doch Ihre Wohnung vor. Wie hätte der ewige Stenz Monaco Franze aus der gleichnamigen Fernsehserie gesagt? »A bissl was geht immer!«

Auch wenn Ihnen Möbelhäuser so verhasst sind wie der jährliche Zahnarztbesuch, können Sie Ihre eigenen vier Wände in Wien mit größtem Vergnügen verschönern. Beginnen Sie doch einfach mit einem genussvollen Frühstück. Im Café »das möbel« kann man die Einrichtungsgegenstände des Lokals nämlich erwerben – im zugehörigen Laden ein paar Straßen weiter. Und sicherheitshalber auf den Stühlen richtig gut probesitzen und die Tische zur Probe belegen, bevor man sie nach Hause karrt. Das alles, während man gemütlich einen Kaffee trinkt oder sich dem großen Wochenendbrunch widmet und so die Nerven für das Einrichtungsprojekt stählt.

Wenn Sie noch unschlüssig sind oder weitere Anregungen brauchen, können Sie zehn Fußminuten entfernt noch einmal testweise sitzen. Das »phil« mit seinem »philfraßfrühstück« und seinem »philgoodfrühstück« ist nämlich nicht nur ein gemütliches Lokal, sondern auch ein Secondhand- und Secondass-Möbelladen, der Designerstühle, Sofas, Steh-, Tisch- und Hängelampen verkauft, die irgendwann Mitte des vorigen Jahrhunderts kreiert wurden.

Wer Lust auf eine gute Tat beim Möbel-Shopping hat, sollte im Gabarage in der Schleifmühlgasse vorbeischauen. Mein unangefochtenes Lieblingsstück ist die Sofabank gewordene Rolltreppe, auf der man tatsächlich bequem sitzt. Nicht passgenau gefertigte Treppen werden diesem Upcycling-Projekt gespendet und von den Mitarbeitern – ehemaligen Suchtkranken, die hier ein Jahr lang arbeiten können – zu einem Sofa verschraubt. Die Sitzbank bekommt Räder, die Lehne bleibt gerafft, wie die Schlosserei sie geschaffen hat. An zweiter Stelle kommen in meiner bisherigen Hitliste die nach Designer-Entwürfen aus alten Bibliotheksbüchern gefertigten Hocker, knapp gefolgt von den grauen, einst unansehnlichen Mülltonnen, denen ein »Innenleben« aus Sitzpolstern verpasst wurde. Die Mitarbeiter bringen so, ausgehend von den Entwürfen der Profidesigner, statt Massenware und Einheitsdesign witzige Teile in Kleinserie hervor. Mit dem Kauf der hippen Designs tut man mehrfach Gutes – den hier arbeitenden Menschen auf dem Weg zurück in die »normale« Arbeitswelt, dem eigenen Wohnsinn und der Umwelt unter dem Stichwort »Upcycling«: Rolltreppe goes Couch, Fußball goes Vase, Espresso-Dose goes Lampe, Lkw-Plane goes Tasche.

Gestandene Do-it-yourself-Männer- und -Frauen können dem Lager der MA54 im 21. Bezirk einen Besuch abstatten. Hier werden unter dem lapidaren Titel »Altwarenverkauf« ausrangierte Möbel von Kindergärten und öffentlichen Dienststellen unters Volk gebracht. Selbst wenn die Auswahl angesichts der Sparmaßnahmen der Regierung heute kleiner ist als noch vor wenigen Jahren, wird man manchmal zwischen ausgedienten Büro- und Kindergartenmöbeln fündig. Mit etwas Fantasie und handwerklichem Geschick (nicht unbedingt in dieser Reihenfolge) können daraus coole Möbel entstehen.

Weniger gestandene Do-it-yourself-Künstler machen ihre ersten Schritte in Sachen Heimwerken in den Caritas-Lagern. Die »Carla« nimmt gespendete Waren entgegen und verkauft diese an den beiden Standorten in Wien günstig weiter. Der Erlös kommt diversen Sozialprojekten zugute. Da Retromöbel derzeit genauso trendig sind wie das Heimwerken, ist dies eine gute Anlaufstelle für alle, die ihre Heimwerkerkarriere mit kleineren Renovierungsarbeiten beginnen möchten.

Für blutige Anfänger, die immer noch versuchen, Nägel mit der schmalen Seite des Hammers in die Wand zu schlagen, empfiehlt sich ein Besuch beim Traditionsladen Altmann & Kühne am Graben. Auch dieser »Möbelspezialist« ist alles andere als gewöhnlich. Er verkauft liebevoll verkleidete Möbel, die größenmäßig in jede Puppenstube oder Playmobil-Villa passen. Die Minikommoden, Minisekretäre und Minitruhen werden mit handgefertigten Minipralinen gefüllt, ehe sie über den Ladentisch wandern. Während man das Konfekt nascht, kann man sich im kleinen Tischerlrücken üben, ohne dass wegen grober Unvereinbarkeit der Interessen und Geschmäcker gleich der Haussegen schief hängt oder womöglich gar herunterfällt und eines der neuen Möbelstücke beschädigt.

(Andrea Farthofer)

Weil es einen Retter in der Geschenkenot gibt

Stellen Sie sich vor, es ist Weihnachten. So richtig, nicht erstes Fenster, zweite Kerze oder dritte Kekssorte. Nein, so richtig, 24. Dezember, sagen wir Samstag, neun Uhr morgens. Sie drehen sich gemütlich im Bett um, denn nichts ist Ihnen verhasster, als am 24. Dezember einkaufen zu gehen. In sieben Stunden wollen Sie nämlich so richtig erholt aussehen, dann treffen sich alle unter oder genau genommen rund um den Christbaum. Bis dahin ist zugegebenermaßen nicht mehr sehr viel Zeit. Das scheint nun auch der Liebste an Ihrer Seite zu bemerken, der noch im Halbschlaf nach einem Stück Papier greift. Darauf hat er spätnachts noch alle Namen notiert, die es heute Nachmittag zu bescheren gilt.

Ich verkneife mir die Frage: »Und was hast du heute noch vor?« und drehe mich noch einmal um. Ich für meinen Teil werde noch ein Stündchen schlafen. Wie jedes Jahr steht die Frage im Raum, wie er sein Geschenkeproblem in letzter Minute möglichst effizient lösen kann. Die kluge Frau hat vorgebaut und sich schlaugemacht. Keine unnötigen Diskussionen sollen mir den Schönheitsschlaf rauben. Dieses Jahr schicke ich den Liebsten mit gelangweilter Stimme in die vermischte Warenhandlung. »Was, einkaufen muss ich auch noch?«, fragt er in einem Tonfall, der nicht gerade auf helle Begeisterung schließen lässt. Tja, bei der vermischten Warenhandlung denkt man schnell an einen Greißler mit etwas mehr. Weit gefehlt. Greißler ist das keiner. »Etwas mehr« stimmt allerdings haargenau. Und dieses Etwas findet man seit über 20 Jahren in einem wunderschönen Innenhof gleich beim idyllischen Franziskanerplatz; zusammen mit dem nebenan gelegenen Buchgeschäft gehört es der Aichinger, Bernhard & Comp. GesmbH. Kurz darauf zieht der Liebste los, in der Hand die Liste mit den Namen seiner Lieben.

Als er vier Stunden später nach Hause zurückkehrt, ist er höchst zufrieden mit der Ausbeute. Die Vermischte Warenhandlung in der Weihburggasse hat nämlich gehalten, was ich versprochen hatte.

Und dann packt er aus: für seinen Motorrad fahrenden Bruder ein Metallschild mit der Aufschrift »Scooter Parking Only – All others will be crushed«, für seine Schwägerin unter dem Motto »Get your books back« das »Personal Library Kit« mit Retro-Bibliothekskärtchen zum Eintragen, wem man ein Buch geborgt hat, mit Datumstempel und selbstklebenden Einschubtaschen, für die Japan-affine Nichte eine violette dehnbare Shibori Bag, für den knausrigen Onkel das »Millionnaire's Confetti« aus gestanzten Geldscheinen, für den Nachwuchs der Nachbarn ein großes Metallschild mit der Aufschrift »SHHH!«, für die alleinstehende Nachbarin mit den sieben Katzen den »Ultimate Family Organizer – A One Stop Planner for Busy Moms«, für unser Wohnmobil ein Mini-Mini-Fondue-Kit, für den Weihnachtsbaum seiner Mutter sechs pastellfarben glänzende Kitschkatzen, ein leeres Musiknotenheft für die spontane musikalische Eingebung unter dem Weihnachtsbaum, das schwarze Lacktäschchen mit dem silbernen Schriftzug »VIP« für die Gastgeberin am morgigen Weihnachtstag, einen Bleistiftaufstecker mit einem sehr schrägen Hund für deren Tochter und das literarische Barbuch für ihren Mann, ein Postkartenset »Unser Wien vor 100 Jahren« für die nach Frankreich ausgewanderte Tante und ein Tagebuch für gute und schlechte Tage in Knallgelb für mich, wie ich befürchte.

Weil der gute Mann schlau ist und wie jedes Jahr aus seinen Fehlern lernen möchte, hat er auch für sich selbst ein Geschenk erstanden. Es heißt »My Gift Organizer« und soll ihn in den Folgejahren vor einem ähnlichen Fiasko wie heute bewahren, indem er die restlichen 364 Tage alle Geschenkideen darin sammelt. Ob das notwendig ist? Angesichts des erfolgreichen Last-Minute-Einkaufs, mit dem er das Überleben der Vermischten Warenhandlung gewiss für ein weiteres Jahr gesichert hat, bezweifle ich das.

(Andrea Farthofer)

Weil man im Feinschmeckerparadies nie auslernt

Wer gern shoppen geht, sollte sich ein kleines Grundvokabular Wienerisch zulegen. Davon handelt diese Geschichte, die mir eine deutsche Freundin zugetragen hat. Es ist nämlich so: Feinspitze und kulinarisch ambitionierte Wien-Besucher gehen gern zum Meinl am Graben. Der Edel-Delikatessenladen, der 2012 sein 150-jähriges Jubiläum feierte, nennt sich selbst ein kulinarisches Gesamtkunstwerk, was die Sache ziemlich gut auf den Punkt bringt. Schließlich gibt es hier fast nichts, was es nicht gibt, und man verlässt den Laden immer ein bisschen glücklicher, als man ihn betreten hat, ohne dafür ein neues Schuhregal aufbauen zu müssen.

Ein kurzer Streifzug an einem Samstagvormittag ergibt etwa folgende Highlights, die ich nun versuche, zu einem Menü zuzusammenzusetzen: Getrüffeltes Kürbisschmalz mit Schmalz vom Vulcano-Schwein, Urgroßmutters Butterwaffeln »Mit guter Butter, sagte Urgroßmutter immer«, Bananasplit-Schokolade, Bahia Agua de Hibiskus, Aloha Pudding und Banoffee Curd. Dass das keine leichte Übung wird, erkenne ich rasch und erinnere mich rechtzeitig daran, auch dem zweiten Stockwerk einen Besuch abzustatten. Und siehe da: Zwischen Fisch- und Fleischabteilung, Asia-Gewürzen und US-Saucen entsteht vor meinem geistigen Auge bald ein erkleckliches Multi-Kulti-Menü.

Als Wienerin besuche ich den riesigen Gourmetladen gern, um an einer der besten Adressen der Wiener Innenstadt, am Graben, kulinarisches Weltflair zu schnuppern oder kurz in die Welt der Reichen und manchmal auch Schönen einzutauchen, die es sich leisten können, hier für den täglichen Bedarf einzukaufen. Die interkulturelle Problematik, die sich für G. daraus ergeben würde, war allerdings nicht abzusehen.

Was war passiert? Meine Freundin G. aus dem Norden Deutschlands hatte ihren Einkaufskorb voller Euphorie gefüllt und stand schließlich an der Kassa (ja, Kassa mit einem A hinten). Dass sie mit einem innigen »Grüß Gott!« begrüßt wurde, ließ G. noch relativ kalt, diese Grußformel war ihr nach ein paar Tagen in Wien schon vertraut. Doch dann: Die beflissene Kassiererin zog Artikel für Artikel über den Scanner, um danach, während ihr G. bereits die Kreditkarte reichte, freundlich zu sagen: »Asakala.« Höflich erwiderte G. den Gruß durch ein Nicken und nahm ihre Tragetasche entgegen, die ihr ein weiterer Mitarbeiter liebevoll eingepackt hatte. Auf dem Weg zu ihren Wiener Freunden fiel ihr ein, dass sie etwas einzukaufen vergessen hatte, und sie ging in den nächsten Supermarkt. Als sie ihre Artikel an der Kassa eingepackt hatte (den Packservice gibt es eben nur beim Meinl!) und sich zum Ausgang wandte, lächelte sie die Verkäuferin an und sagte stolz zum Abschied: »Asakala!« Gelernt ist eben gelernt, man will sich ja den lokalen Gepflogenheiten anpassen.

Als sie am Abend mit dem Neuzugang in ihrem Wiener Wortschatz Eindruck schinden wollte, blieb die Überraschung nicht aus. Die Wiener Freunde zerkugelten sich förmlich, als G. mit ihrer Aussprache von »Asakala« auftrumpfen wollte. »Asakala«, so klärte man sie auf, während man sich die Lachtränen von den Wangen wischte, wäre doch keine Grußformel, sondern eine simple Frage: »A Sackerl a?«, was so viel heißt wie: »Ein Sackerl auch?« oder: »Wollen Sie eine Tüte?« In diesem Sinne: Baba, tschüss und asakala!

(Andrea Farthofer)

Weil in der Börse ganzjährig Frühling ist

Wer viel Geld und Risikobereitschaft sein Eigen nennt, kann seine Ersparnisse an der Börse investieren. In Wien bietet sie auch weniger risikobereiten Menschen eine gute Anlagemöglichkeit – vermutlich mit besserem und sichererem Ertrag. Das wurde mir klar, als es an einem Apriltag vor den Fenstern grau war wie im November und mein Stimmungsbarometer zielstrebig auf einen neuen Jahrestiefstwert zusteuerte.

Gerade noch rechtzeitig, bevor meine Laune Schlimmes anrichten konnte, fiel mir ein Tipp meiner Freundin Claudia ein. Ich machte mich auf den Weg zur ehemaligen Börse. Darin befindet sich seit einigen Jahren – mitten auf der Ringstraße im Untergeschoss des imposanten Neorenaissance-Baus aus dem Jahr 1877 – die Gärtnerei Lederleitner. Auf dem kurzen Weg vom Parkplatz zur Börse wurde ich nass bis auf die Haut. Meine Laune sackte endgültig in den Keller, was mir aber plötzlich nicht weiter schlimm vorkam. Denn genau dorthin musste ich ja auch – über eine breite Freitreppe hinab in den Keller mit der »Römischen Markthalle« und ihrem klassizistischen Ambiente.

Ich öffne die schweren Türen, und bevor ich noch irgendetwas erkennen kann, finde ich mich in einer wunderbaren Duftwolke wieder, tauche ein in eine Welt der Blüten, Blumen und Pflanzen. Es riecht nach Madeira, Mallorca, Korsika, nach Wachau, Schrebergarten und Neusiedlersee. Ich bemerke, dass sich unter mir eine kleine Pfütze gebildet hat, und gehe ein paar Schritte weiter. Blumen, so weit das Auge reicht – und das bereits im Eingangskorridor! Aus dem linken Augenwinkel entdecke ich einen Buch- und Zeitschriftenbereich, den ich mir für später aufhebe, aus dem rechten Augenwinkel einen Raum mit wunderschönen Gewölbegängen und reichlich Sommermöbeln. Und dann, im Hauptsaal, Regale über Regale, voll mit den schönsten Schnittblumen, Gestecken, Topfpflanzen, Accessoires für Heim und Garten und sonstigen Kleinigkeiten, die Gärtner- und Frauenherzen höher schlagen lassen. Über mehr als 1000 Quadratmeter erstreckt sich hier eine Oase, die an diesem Tag dank der vielen nassen Besucher mit einer ganz besonders hohen Luftfeuchtigkeit für Tropenflair sorgt.

Je nach Verfassung der Geldbörse kann man von diesem Kurzurlaub aus der ehemaligen Börse auch ein paar »Urlaubssouvenirs« mit nach Hause nehmen, denn hier lässt sich das Geld gut anlegen – in prächtige Grün- und Blühpflanzen, stimmungsvolle Herbstgestecke oder edle Adventskränze. Mit etwas Glück steigt der Kurs und man kann Ableger daraus ziehen und richtig reich oder zumindest richtig glücklich werden. Ein schwarzer Daumen soll ja so selten sein wie der schwarze Freitag, das bleibt jedenfalls zu hoffen. Wer sich das nicht zutraut, kann auf stylishe Garten- und Balkonmöbel oder andere Dekorgegenstände setzen, bei denen gewiss nichts schiefgehen kann.

Um den Urlaub ein bisschen zu verlängern, kehrt man am besten im angeschlossenen Café ein. Das Hansen, benannt nach dem Architekten und Baumeister des Klassizismus und Historismus Freiherr von Hansen, serviert unter dem durchaus bezeichnenden Motto »Früher Hochfinanz, heute Hochgenuss« gehobene Küche für alle, die im Urlaub gern mit Blick ins Grüne auftanken – beim Frühstück, beim Lunch oder Abendessen. Ohne Passkontrolle, Einchecken oder Übergepäck, aber mit prächtig blühender Gute-Laune-Garantie!

(Andrea Farthofer)

Weil die Aromatherapie
gut gegen Alltagsstress ist

»Tee und Lifestyle« – selten war eine Selbstbeschreibung so exakt und doch so unvollständig wie jene von Haas & Haas, dem Traditionsteeladen direkt hinter dem Stephansdom. Wo bleibt der unwiderstehliche Aspekt der Aromatherapie?

Es müssen Hunderte Duftnoten sein, die sich in den letzten 30 Jahren seit Gründung dieses Betriebs angesammelt haben und zu einem himmlischen Potpourri vereinen. Doch ein Besuch bei Haas & Haas kann weit über die Instant-Antistress-Aromatherapie durch einfaches Ein- und Ausatmen hinausgehen. Schließlich macht es keinen guten Eindruck, wenn man in diesem edlen Geschäft nur herumsteht und tief und womöglich gut hörbar ein- und ausatmet und vielleicht sogar genussvoll stöhnt. Da ist es doch besser, wenn man sich – aromatherapeutisch notenergetisiert – dem wunderbaren Sortiment zuwendet, das liebevoll drapiert für Hochgefühl sorgt. Auf das tiefe Ein- und Ausatmen muss man dabei ja nicht verzichten.

Dirndlprodukte aus dem Pielachtal – wobei Dirndl hier keine Textilien bezeichnen, sondern Köstlichkeiten wie Schokolade, Gelee, Punsch oder Sirup aus der Kornelkirsche – findet man ebenso wie Graumohn aus dem Waldviertel als Öl oder Pesto, Piña-Colada-Früchtetee oder Ananas-Zitrone, die Lieblingssorte meiner norddeutschen Freundin Chrissi, weißen Tee aus den Bergen Südchinas oder Zitronenblütenhonig, Veilchenblütengelee, Calimero-Eier zu Ostern, Rosenblütenlikör, Irish-Whiskey-Kandiszucker, Chutneys, Zitronen-Curd, zarte Kekse – ach ja, und Tee und das passende Teegeschirr natürlich auch.

Damit man keine Überdosis abbekommt, gibt es praktischerweise ein angeschlossenes Café. Am Vormittag kann man gemütlich frühstücken, mittags gibt es diverse kleinere und größere Gerichte und am Nachmittag herrlichen britischen Afternoon Tea. Im Sommer kann man dieses Vergnügen auch in einem Gastgarten im idyllischen Innenhof genießen. Vor allem das Frühstück, das Ausflüge in ferne Länder ermöglicht, hebt sich von der Masse ab: japanisches Frühstück in Originalgeschirr aus Japan, chinesisches Dim-Sum-Frühstück im Dampfkorb aus Bambus. Der Afternoon Tea ist eine Klasse für sich: Während ich Gurkensandwiches und Scones genieße, ertappe ich mich dabei, wie ich immer wieder zur Tür schiele. Queen Mum hätte es hier gewiss auch gefallen.

Süchtig geworden? Auf zu Joseph! Nur einen Kilometer weiter landet man nach einem Spaziergang über den Graben in der Brotboutique von Joseph Weghaupt. In und vor seinem Geschäft »Joseph – Brot vom Pheinsten« in der Naglergasse duftet es himmlisch nach Frischgebackenem. Der schicke, kleine Laden vereint Retro und Moderne, duftende Knusperstangen und verführerische Brioches und bietet neben Backwaren etwa »Joseph's pheines Granola-Müsli mit Elsbeeren« im Glas sowie eine Auswahl von Snacks und Salaten. Das wunderbare Deli mit olfaktorischem Bonusprogramm beweist nicht nur handwerkliches Können, sondern auch Humor. Die Papierservietten weisen folgenden Aufdruck auf: »MUND ABWISCHEN ODER TRÄNEN TROCKNEN. Nach dem letzten Bissen.« Das ist auch angebracht, in genau dieser Reihenfolge. Damit man die Serviette nur zum Abwischen des Mundes verwenden muss, kommt man eben am nächsten Tag noch einmal zur Aromatherapie vorbei.

(Andrea Farthofer)

Weil Wien auf Sie wartet

Meine Freundin Nela ist eine kluge Frau. Wenn es just an dem Tag, an dem wir im 5. Bezirk auf der trendigen Margaretenstraße bummeln gehen wollten, wie aus Schaffeln schüttet (vormals: »Schusterbuben regnet«, umgangssprachlich: »schifft«), sagt sie auf meine himmelwärts gerümpfte Nase: »Ach was, wir machen den Tag einfach schön.« Aus ihrem Mund klingt das noch nicht einmal besonders schwierig. Weil mein Vertrauen diesbezüglich aber begrenzt ist, entscheide ich mich sicherheitshalber für ein gelb-weißes Ringelshirt und versuche, mir so die nötige Portion Zuversicht anzuziehen. Dann geht's los.

Nach einem Ausflug in die Zukunft bei Urban Tools, einem Wiener Label, das hippe Umhängetaschen für Tablets und andere Elektronik produziert und dabei pfiffige Details und einen lässigen Look vereint, steht eine Reise in die Vergangenheit an. Bei Design of the 20th Century wird einem bewusst, wie alt das 20. Jahrhundert schon ist. Doch auch der Ausflug in die 1970er-Jahre (für die Jüngeren: knallige Farben, großflächige Muster, Enthemmtheit in jeglicher Hinsicht, also auch in der Inneneinrichtung) ist nichts als Vorgeplänkel, ebenso wie die Fülle anderer kleiner Läden, die in der Margaretenstraße ihre Nischen gefunden haben. Richtig spannend wird es bei Feine Dinge, einem Porzellanwarenhersteller, der eigentlich eine Herstellerin ist. Beim Betreten des entzückenden Ladens von Sandra Haischberger müssen wir erst einmal tief Luft holen, dann sehen wir uns an und nicken uns zu, als ob wir uns gleich die Masken überziehen würden – für den ganz großen Coup. Doch den haben wir mit der Entdeckung dieser feinen Dinge bereits gelandet.

Sandra Haischberger, die sich selbst nach Töpferkursen an der Volkshochschule und einem Studium für Produktgestaltung an der Angewandten (wie wir Wiener zur Hochschule für Angewandte

Kunst sagen) mit Schwerpunkt Keramik neu erfunden hat und von der Lehrerin zur Designerin avancierte, gründete vor mehreren Jahren eine Porzellanmanufaktur. Dort entwirft und produziert sie ihre wunderbaren Ideen zur Verschönerung der eigenen vier Wände und Verbesserung der Laune.

Mittlerweile sind es mehrere Frauen, die die Porzellanteile gießen, brennen, mit kreativen Designs versehen und Herzen mit Sinn für Schönes höher schlagen lassen. Neben Geschirr werden im Feine Dinge die unglaublichsten Windlichter sowie Ketterlanhänger mit lieblichem Aufdruck verkauft. Schnell landet an diesem Regentag eine Portion »summer« um meinen Hals.

Die Becher und Tassen habe es mir besonders angetan. Auf die gebrannten Stücke, zu denen es praktischerweise wunderbare Untertassen gibt, werden von Hand Folien mit den verschiedenen Motiven aufgebracht. Je nach Motiv werden mit Goldfarbe Akzente gesetzt, die das schlichte, elegante Bild in Weiß und Schwarz abrunden. Vor allem die Becher verstehen es zu entzücken: tolle Form, zarte Wien-Motive fernab von Kitsch und dann, innen, die Krönung – ein kleiner, feiner Slogan. In diesem Fall lautet er in Anlehnung an Billy Joels Liebeserklärung an Wien: »When will you realize Vienna waits for you.«

Billy Joel, seines Zeichens nicht nur Musiker, sondern auch Wien-Liebhaber, stellte diese Frage schon in den 1980er-Jahren in seinem Titel »Vienna«. Schließlich lebt sein Vater, den er jahrelang aus den Augen verloren hatte, heute in Wien, und Billy kommt regelmäßig zu Besuch. Bei der Sieben-Jahres-Feier im Feine Dinge habe ich ihn allerdings vermisst. Er hätte sich sicherlich sehr über einen der hübschen Souvenirbecher gefreut!

(Andrea Farthofer)

Weil es ein Schlaraffenland
für Food Lovers gibt

»Das gute Essen ist einer der vier Zwecke des Daseins. Welches die drei anderen sind, habe ich noch nicht ergründet.« Die Worte, die der französische Schriftsteller und Staatstheoretiker Montesquieu im 18. Jahrhundert von sich gab, könnten auch das Credo all jener sein, die sich in einem der beiden Babette's-Läden in Wien einfinden.

2002 hatte Nathalie Pernstich die Idee zur Genussbuchhandlung Babette's. Im Trendviertel rund um die Schleifmühlgasse in der Nähe des Naschmarkts eröffnete sie ihren ersten Laden, in dem man in unglaublichen 2500 Kochbüchern schmökern darf. Das ist selbst für eine routinierte Kochbuchsammlerin wie mich eine unvorstellbare Menge. Mit jedem Besuch bei Babette's kehre ich der Krimi- und Belletristikliteratur noch mehr den Rücken und leiste einen nicht unerheblichen Beitrag zur Farbdruckindustrie.

Hier bestätigt sich die Aussage, dass Kochbücher die Bilderbücher für Erwachsene sind. Wenn man die Besucher im Babette's dabei beobachtet, wie sie selbstvergessen in den Büchern stöbern und sich an den wunderschönen Werken erfreuen, kann man sich dieser Meinung nur anschließen. Für alle mit einem Faible für fremdsprachige Literatur gibt es neben deutschsprachigen Neuerscheinungen und Klassikern auch einiges an fremdsprachigen Titeln, wodurch man den Kauf praktischerweise mit einer »Verbesserung der Sprachkenntnisse« rechtfertigen kann. Wer sich nicht alleine an die Rezepte herantraut, kann sich bei Babette's, benannt nach Tania Blixens »Babettes Fest«, mit anderen Teilnehmern zwischen zwölf und 89 Jahren in Kochkursen zusammenschließen und seinen kulinarischen Horizont unter Anleitung erweitern. Ob man sich eher dem Kurs für die beschwipsten Rezepte zuwendet oder jenem mit dem vielversprechenden Namen »Knödel-akademie«, der »Mützenküche für Einsteiger«, der »Cuisine du marché«, der »Nacht in Marrakesh« oder dem »Fabulous Finger-food«, bleibt jedem selbst überlassen.

Da der vollständige Name dieses Schlaraffenlands für Foodies Babette's – Spice and Books for Cooks lautet, ist es nicht über-raschend, dass man hier auch allerlei Gewürzmischungen be-kommt. Wobei »allerlei« seit der Eröffnung des zweiten Geschäfts im Jahr 2008 mitten in der City eher in die Kategorie der Unter-treibungen fällt. Was habe ich nach meinem Besuch in Dubai nach Dukkah und Zataar gesucht, bis ich mir diese Gewürzmischungen schließlich selbst zusammengestellt habe. Ein Besuch bei Babette's an der Adresse »Am Hof« hätte mir diese Versuchsreihe erspart, denn auch solche ausgefallenen Mischungen bekommt man hier. 70 Einzelgewürze – Pfeffer direkt aus Kambodscha, Vanille aus Mexiko – und unzählige Gewürzmischungen aus aller Welt werden in alten Apothekerschränken präsentiert.

Wer nach dem ausgiebigen Schmökern, Schreiben von Wunsch-listen, Kaufen von Geschenken und Aufstocken der Kochbuch-sammlung erschöpft zusammenbricht, fällt insbesondere in der Filiale in der City sehr weich. Dort kann man es sich in einem der Fauteuils bequem machen oder sich ins Café setzen und bei einem Mittagessen oder bei Kaffee und Kuchen mit der Planung des nächsten 17-gängigen Menüs beginnen. An einem Mangel an Inspiration wird es in diesem Ambiente gewiss nicht scheitern. Wenn man lange genug hier verweilt, fallen einem mit etwas Glück vielleicht auch die anderen drei Zwecke des Daseins ein, aber dafür übernehme ich lieber keine Garantie.

(Andrea Farthofer)

Weil Bauernmärkte in der Stadt
für Landflair sorgen

Als Städter hat man eine ganz eigene Beziehung zu Landluft. Einerseits rümpft man die Nase, sobald einen die Natur beim Sonntagsausflug aufs Land zu schnell mit ihrem Duft überfällt oder gar aufs Gemüt schlägt, andererseits schwärmt man im Nachhinein gern von der guten und ach-so-gesunden Landluft. Diese duftet vor allem in der Erinnerung nach köstlichem Speck, frisch gebackenem Bauernbrot oder »Xöchtm« (Wienerisch für Geselchtes, also Rauchfleisch), schnittfrischen Blumen, fruchtigen Marmeladen oder ebensolchen Likören. Vergessen sind alle Geruchsvariationen von naserümpfend bis betäubend, wie Dünger eben so riecht. Nein, nein, wohltuend muss sie sein, die Landluft. Da die Bauern dies mit der ihnen eigenen Schläue erkannt haben, bringen sie uns ihre Produkte gern auf Bauernmärkten mitten in der Stadt näher.

Samstags ist der Rochusplatz im 3. Bezirk besonders verlockend. Neben den regulären Ständen und Läden gibt es gegenüber der Rochuskirche auch einen kleinen Bauernmarkt. Waren Sie schon mal in Oberhausen? Ich auch nicht, aber die Blumen von dort sind ganz wunderbar. In Pillichsdorf? Das Gemüse sieht hervorragend aus. Das gilt auch für den Heublumenkäse, die Ditta-Kartoffeln, das Rauchfangkehrerbrot, die Mohnpotizen, den Zitronenmelissensirup, die Weichselmarmelade und den Hubertusschopf – ob aus Großharras oder Großengersdorf – und die Gladiolen, Pfingstrosen und Kräutertöpfe aus den Wiener Randbezirken, wo die grünen Daumen besonders häufig sind.

Aber auch wochentags findet man immer irgendwo einen fahrbaren Nahversorger. Mittwochs lädt der Innenhof des denkmalgeschützten Fuhrmannhauses mit seinem wunderbaren Ambiente zu einem Besuch des Bauernmarktes ein. Donnerstags rufen der 5. und 6. Bezirk, denn hier haben sich nur einen Kilometer voneinander entfernt zwei Bauernmärkte etabliert: der Gumpendorfer Markt am Kurt-Pint-Platz sowie der Bauernmarkt am Margaretenplatz. Am Kurt-Pint-Platz vor der schönen Kirche St. Ägyd geht es zwar nicht gerade trubelig zu, doch der »Wachtelmann«, wie er von den Leuten hier genannt wird, das »Biozeugs«, wie der Käseverkäufer seinen Standnachbarn mit den Backwaren (Stichwort: Oversized-Dinkel- oder Roggenbrot) und Bio-Nudelprodukten bezeichnet, der Käsestand (feinster Heukäse) und der Gemüsestand selbst zeigen wieder, wie Nahversorgung aussehen kann – zumindest donnerstags. Ähnliches gilt auch für den Markt am Margaretenplatz: klein und fein, wenn auch ohne Kirche.

Freitags steht ein Besuch des Lerchenfelder Bauernmarkts vor der Altlerchenfelder Kirche auf dem Programm, wo man wieder einmal einen Marktbesuch mit einem Bildungsauftrag in Sachen Sakralkunst verbinden kann. Samstags könnte der Ausflug ins mondäne Hietzing führen, wo die Nasen angeblich etwas höher und die Nerzstolen etwas dicker getragen werden. Das tut dem neuen Bauernmarkt am Ende der Altgasse, wo es sehr bodenständig zugeht, glücklicherweise keinen Abbruch. Die samstägliche Alternative ist der Servitenmarkt vor der gleichnamigen Kirche im 9. Bezirk. Der Begriff »Markt« ist für diese drei Stände fast schon zu hoch gegriffen, doch das macht die einladende Servitengasse mit ihrem Flair leicht wett.

Überhaupt hat man auf den Märkten das Gefühl, dass die Welt hier noch eine Spur heiler ist als an anderen Orten: Der Rhabarber wird ungefragt und liebevoll auf die jeweilige Korbgröße zurechtgeschnitten, nie endende Schlangen ordnen sich ohne Murren und Drängeln, auch wenn sich seltsamerweise so etwas wie Geschlechterschlangen bilden, rechts die Damen, links die Herren – und das in gleicher Anzahl! Ältere Herrschaften in Anzug und Kostüm sind keine Seltenheit, dazwischen Frauen mit riesigen Blumensträußen in der Hand, Kinder auf Tretrollern und Hunde in Körbchen. Während man in aller Ruhe das Treiben beobachtet, kann man auch einer typisch Wienerischen Tätigkeit nachgehen: dem Hausmeistern, dem Tratschen und Klatschen, wie man es den Wiener Hausbesorgern alias Hausmeistern gern nachsagt. Das Marktleben kann so einfach sein.

(Andrea Farthofer)

KAPITEL 9

Beisl, Bar & Ballroom

»Haben Sie Wien schon bei Nacht gesehen,
haben Sie das schon erlebt? Man sieht zwar nicht,
ob die Bäume blühen, welche noch immer beliebt,
fragen Sie nicht nach dem Stephansdom,
wann und warum er gebaut, suchen Sie nicht nach
dem Donaustrom, den hat man sicher gestaut.
Diese Stadt wird nie satt, sie verlangt einfach mehr.
Alle zieht es dorthin, alle mögen sie sehr.«

»Haben Sie Wien schon bei Nacht gesehen«, Rainhard Fendrich

Weil Wiener Schnitzel
keine Glaubensfrage sind

Sie träumen schon lange davon, in einem gediegenen Wiener Wirtshaus ein echtes Wiener Schnitzel mit Knödel zu essen? Träumen Sie weiter. Zumindest wenn Sie nicht wollen, dass mein Wiener Herz blutet. Wiener Schnitzel isst man nämlich nicht mit Knödeln. Zu den interkulturell verträglichen Beilagen zählen hingegen Petersilkartoffeln, Pommes, Gemischter Salat, Erdäpfelsalat und Gurkensalat. Mancherorts ist man allerdings tolerant und lässt sogar die Schnitzel-Knödel-Kombi durchgehen, ohne mit der Wimper zu zucken. Der Schnitzelwirt in der Neubaugasse kann das; er hat angesichts des hohen Bekanntheitsgrads unter Touristen und »Zuagrasten« und eines Umsatzes von mehreren Hundert Schnitzeln pro Tag mittlerweile die nötige Routine in Sachen kulinarisches Pokerface.

Bei solch regem Betrieb ist Effizienz gefragt. Deshalb werden die Bestellungen auch im schnellen Handhebe-Verfahren aufgenommen: »Aufzeigen: Wer bekommt ein Schnitzerl? Wer ein Gordon?« (Ja, wir Wiener nehmen es mit den harten und weichen Konsonanten nicht so genau und neigen zur Verniedlichung, was Beispiele wie Schnitzerl, Achterl oder Krügerl beweisen.) Wer nicht innerhalb von fünf Sekunden die Hand hebt, geht leer aus. Wobei angesichts der Portionsgröße die Wahrscheinlichkeit hoch ist, dass bei einem der anderen Gäste ein paar Bissen übrig bleiben. Das Wort »Schnitzerl« in der Verniedlichungsform ist nämlich eindeutig deplatziert. Serviert werden zwei knusprig gebackene Teile, die den Teller darunter nur mehr erahnen lassen.

Ähnliches gilt an einem Samstag um die Mittagszeit auch für den Sauerstoff, vor allem, wenn man nur mehr im letzten der vielen Räume einen Platz ergattert hat, wo der Sauerstoffgehalt naturgemäß gegen null tendiert und man fast zu spüren meint, wie sich das in der Luft befindliche Fett zunächst in den Haaren, später rund um den Bauch niederlässt. Letzteres liegt aber vielleicht doch eher an der Portionsgröße.

Aber nicht nur beim Schnitzelwirt gibt es köstliche Schnitzel, auch Fastfood-Buden servieren mittlerweile sehr gute Hausmannskost und beweisen, dass Schnitzel längst keine Glaubensfrage mehr sind. Kürzlich besuchte ich einen Kurs an einer Wiener Volkshochschule. Da Leberkäsesemmeln oft genug als schnelles Mittagessen herhalten müssen, war die Versuchung groß, dem ums Eck gelegenen Schnitzel Kaiser einen Besuch abzustatten. Erwartungsvoll betraten meine Freundin Michaela und ich das Lokal. Anstelle ihrer kaiserlichen Hoheit empfing uns der intensive Duft nach allerlei Gebackenem. Das war gut, aber nicht gut genug. Während ich zum Menü-Flyer griff, lugte meine Freundin verstohlen hinter die Budel. Dann stupste sie mich an, deutete mit dem Kopf nach hinten. Sie hatte ihn entdeckt. Hinter der Theke kniete ein Mann mit Migrationshintergrund, wie es so schön heißt – der Wirt, versunken, wie es schien, in sein Mittagsgebet. Nachdem er sich ein wenig zurechtgemacht hatte, nahm er unsere Bestellung entgegen und begann eifrig, unsere Schnitzel-Menüs, eine gelungene Kombination aus McDonald's (der Menü-Gedanke) und Wiener Kost (Fett ohne schlechtes Gewissen), zuzubereiten.

Auch kreative Köpfe haben sich des Wiener Schnitzels angenommen und ihm neues Leben eingehaucht – irgendwie zumindest. Besonders hervorgetan haben sich dabei die aus Grund 54 bekannte Villa Aurora mit innovativen Schnitzelkreationen wie dem Wienerinnen-Schnitzel oder dem Kipferlschnitzel und das verwunschene und direkt gegenüber vom Zentralfriedhof gelegene Schloss Concordia im 11. Bezirk. Es heißt auch Kleine Oper Wien und weist in dieser alten Jugendstilvilla neben Glaskuppel und lauschigem Garten auch wunderbare Schnitzelvariationen auf. Ob New Yorker Schnitzel mit Hotdog und Popcorn-Panade, Alt-

Simmeringer Roulade mit senfgebeiztem Käseleberkäse oder Fiaker Schnitzel mit Polenta, Käsekrainer, Räucherkäse und Schinken – alle Schnitzelvarianten werden stilvoll auf silbernen Tabletts serviert, die ihren Beitrag dazu leisten, dass ein Abend hier bei schummrigem Kerzenlicht ein bisschen an einen Agatha-Christie-Film erinnert. Keine Angst, die obligatorischen Morde wurden vermutlich bereits begangen und aufgeklärt und die Leichen auf dem Zentralfriedhof auf der anderen Straßenseite beerdigt.

Unter Freunden sei noch gesagt: Wenn Sie unbedingt Knödel essen möchten, bestellen Sie entweder ein Karl Valentin Schnitzel mit einer Fülle aus Semmelknödeln, Schinken und Käse oder gleich einen Schweinsbraten. Den dürfen Sie wahlweise mit Semmel- oder Erdäpfelknödeln genießen. Sie wollen sich doch nicht als Wien-Banause outen, oder?

(Andrea Farthofer)

Weil die Braukunst boomt

Spielen Sie Lotto? Ich schon, auch wenn manche Menschen diese Geldausgabe mit dem wenig schmeichelhaften Begriff »Deppensteuer« abqualifizieren. Aber was soll's, es kann nicht schaden, ein wenig ans Glück zu glauben, wenn's um die Erfüllung geheimer Wünsche geht: eine ausgedehnte Weltreise oder eine Villa am Meer, wenn möglich gleich mit zugehöriger Südseeinsel.

Wenn wir schon beim Träumen sind: Warum nicht gleich aus dem beruflichen Hamsterrad aussteigen und etwas ganz anderes machen? So wie Johann Medl, der sich vor mehr als 25 Jahren über einen Lottogewinn freuen durfte. Damit konnte der gelernte Fleischer und Gemeindebedienstete bei der Müllabfuhr seinen Traum verwirklichen: im eigenen Gasthaus das eigene Bier auszuschenken. Das nenne ich eine Karriere: vom Müllaufleger zum Millionär – damals noch in Schillingen – und vom Millionär zum »Chef-Tellerwäscher« im eigenen Unternehmen. Das Medl-Bräu, die erste Penzinger Gasthausbrauerei, erfreut sich seit 1989 regen Zuspruchs aus allen Gesellschaftsschichten: Vom einfachen »Hackler« bis zur Prominenz aus Politik und Sport können die Gäste des im rustikalen Stil geführten Lokals im 14. Bezirk ganzjährig drei Biersorten – Märzen, Helles und Dunkles – genießen. Zu Weihnachten und Ostern verwöhnt der hauseigene Braumeister die Gäste mit süffigem Bockbier, im Sommer gibt es selbst gebrautes Weißbier.

Man kann Johann Medl unter die Trendsetter reihen, die Ende der 1980er-Jahre der im Dornröschenschlaf liegenden Brauszene neues Leben einhauchten. Der Markt wurde damals von den großen Brauereien dominiert, wegen des bis 1980 bestehenden Gebietskartells gab es zu Schwechater und Ottakringer Bier keine ernst zu nehmenden Alternativen. Biervielfalt äußerte sich, überspitzt formuliert, in der Unterscheidung zwischen Krügerl (0,5 Liter), Seidl (0,3 Liter) und Pfiff (0,1 Liter). Wien wurde hauptsächlich mit Wein und Heurigem verbunden, dabei hat die Stadt eine große Biertradition.

Der junge Braumeister Anton Dreher entwickelte 1841 das Schwechater Lagerbier. Das helle untergärige Bier erfreute sich bald in Wien und später auch weltweit so großer Beliebtheit, dass die Brauerei Schwechat binnen weniger Jahre zur größten Brauerei des europäischen Festlands aufstieg. Anton Dreher jun., der Sohn des Firmengründers, baute sie bis Ende des 19. Jahrhunderts zu einer der größten Brauereien weltweit aus. Nach einer langen Geschichte von Fusionen und Übernahmen gehören der Braustandort und die Marke Schwechater heute dem niederländischen Brauriesen Heineken.

Wie gut, dass in den letzten Jahren neben dem Medl-Bräu elf weitere Gasthausbrauereien entstanden sind, die auf Alternativen zu den massentauglichen Produkten der Bierindustrie setzen und uns Bierliebhaber immer wieder mit Experimentierfreude überraschen. Eines meiner Lieblingslokale, das Siebensternbräu in der Siebensterngasse im 7. Bezirk, kredenzt seinen Gästen zu kulinarischen Schmankerln nicht nur klassisches »Wiener Helles« und »Märzen«. Zu den sieben verschiedenen Biersorten gehören auch Exoten wie das »Chilli« für die ganz scharfen Typen, Rauchbier, für das ganz nach Art der Bamberger Rauchbiere über Buchenholz geräuchertes Malz verwendet wird, oder ein »Prager Dunkles«.

Mein persönlicher Favorit ist das Hanfbier mit seinem kräuterartigen Nachgeschmack. Die Freunde der »No dope, no hope«-Fraktion muss ich leider enttäuschen, der tatsächlich enthaltene Hanf wirkt keineswegs bewusstseinserweiternd. Rauschzustände stellen sich ausschließlich durch übermäßige Mengen ein – immerhin wartet der Gerstensaft mit einem Alkoholgehalt von 4,7 Volumenprozent auf.

Auch das Fischerbräu, mit dem 1985 die Wiener Bierrevolution begann, oder das Salm-Bräu erfreuen ihr Publikum mit viel Liebe, Fachkenntnissen und nach Originalrezepten gebrautem Pilsner oder Weizenbier. So wie es sich für eine Welthauptstadt der Kunst und Kultur gehört.

(Max Ferner)

Weil nicht alle Gänse
vom Fuchs gestohlen werden

November in Wien kann für Ungeübte in Sachen grauer Himmel eine gewisse Herausforderung darstellen, einen Härtetest, was Krisenfestigkeit und Gute-Laune-Reserven betrifft. Dann gilt es, jene graue Phase zu überbrücken, die zwischen der Trauer über das Ende der schönen Herbsttage und der Vorfreude auf die Weihnachtszeit liegt. Mit Lebkuchen alleine ist es zumeist nicht getan.

Was in anderen Ländern Halloween oder Thanksgiving ist und Geselligkeit und Kulinarik verbindet, heißt bei uns Martini. Am 11. November gedenkt man des heiligen Martin von Tours – in der Theorie zumindest. In der Praxis versucht man vielmehr, sich an all die Tipps zu erinnern, die man im Vorjahr für das beste Martinigansl bekommen hat.

In Österreich hat der 11. November auch deshalb große Bedeutung, da der Heilige Martin der Landespatron des Burgenlands ist. Anders als in der Hauptstadt haben in dem südlich von Wien gelegenen Bundesland an diesem Tag sogar Ämter und Schulen geschlossen. Laut Wikipedia lässt sich der Zusammenhang von Martin und Gans historisch damit erklären, dass »in Zeiten des Lehnswesens eine am Martinstag fällige Lehnspflicht, eine Abgabe namens ›Martinsschoß‹, der Ursprung war. Da diese häufig aus einer Gans bestand, bildete sich die Bezeichnung Martinsgans heraus, und weil der Martinstag traditionell mit einer Kirmes oder einem Tanzmusikabend gefeiert wurde, bot es sich an, die Gans zum Festessen zu machen und an diesem Abend festlich zu verspeisen.«

In Wien beginnt das beliebte Ganslessen zumeist mit der – wie jedes Jahr viel zu spät gestellten – Frage: »Gemma auf a Gansl?« Wenn alle Anwesenden begeistert nicken, gilt es, sich mit den zahlreichen Folgefragen zu befassen: Wo gibt es das beste Martinigansl? Wo bekommt man noch einen Platz?

Die einen schwören auf Meixner's Gastwirtschaft, die anderen auf den Heurigen Moser. Man schwankt zwischen den allseits als beliebt geltenden Lokalen wie dem Barbanek, einem Traditionsgasthaus, das auf das Jahr 1882 zurückgeht, oder Geheimtipps, wie etwa dem rustikalen Gasthaus Neuer an der Alten Donau mit dem gemütlichen Kamin oder der Alten Kaisermühle. Manche können den November nicht ohne Besuch im Fuhrmannhaus im 14. Bezirk überstehen, wieder andere zieht es regelmäßig ins Kahlenbergerdorf, wo die Gans in Schimanko's Winzerhaus mit böhmischem Einschlag zubereitet wird. Die Auswahl des Termins der festlichen Mahlzeit kann während der Gansl-Tage durchaus eingeschränkt sein. So kann es vorkommen, dass keine Reservierungen für 19 Uhr oder gar noch später angenommen werden – denn die Gänse sind Punkt 18.30 Uhr fertig und fertige Gänse soll man nicht warten lassen. Dafür haben Gansl-Liebhaber vollstes Verständnis; sie trudeln pünktlich auf die Minute beim Barbanek ein. Und der hat wohl die würdigste Adresse für ein Martinigansl: In der Fuchsröhrenstraße darf man mit Fug und Recht hoffen, dass der Fuchs – oder genau genommen alle 4000 Füchse Wiens – in der Röhre geblieben ist, bevor er alle Gänse stehlen konnte.

Traditionell wird das Martinigansl mit Rotkraut, manchmal auch mit Speckkraut, einem gebratenen Apfel und insbesondere Waldviertler Knödeln, also Kartoffelknödeln, serviert – wenn möglich nach Omas Rezept. Auf die Speisekarte kommt die Gans zur richtigen Jahreszeit bei Heurigen ebenso wie in diversen Gasthäusern, doch immer nur auf Vorbestellung. Auf ein Schnitzel oder einen Schweinsbraten kann man spontan gehen – die Gans aber möchte auch nach ihrem Tod noch ihren exklusiven Status behalten. Ambitionierte Köche können sich natürlich auch selbst an die Zubereitung der Gans wagen. Wenn kein Unglück geschieht – die Autoren sprechen hier aus Erfahrung –, sodass die Gans auf dem Transport vom Züchter im Waldviertel nach Wien bei einem Autounfall verunglückt und nicht rechtzeitig ankommt, während die zehn geladenen Gäste sich schon für den Besuch schick machen, kann eigentlich gar nichts passieren. Und wer es wieder einmal nicht geschafft hat, rechtzeitig Tisch und Gans zu reservieren, darf immer noch auf Weihnachten hoffen: Vielleicht steht ja auch in diesem Jahr statt dem gebackenen Karpfen oder dem gefüllten Huhn wieder eine Weihnachtsgans auf dem Tisch.

(Andrea Farthofer)

Weil es sich auf dem Dachboden aushalten lässt

Manchmal betritt man ein Lokal und hat sofort Dutzende Ideen, was man verändern könnte, um es ein klein wenig heimeliger zu machen. Und dann gibt es Orte, wo einfach alles passt. Man kommt, sieht sich um und hat das dringende Bedürfnis, die Schuhe auszuziehen, sich ein Getränk aus dem Eiskasten (Sie wissen schon: das große Gerät mit Kühlvorrichtung, Ort der Hoffnung und des Sündenfalls) zu holen und sich ins nächste Sofa zu fläzen.

Letzteres ist im Dachboden, den ich meine, ganz einfach. Ob man sich allerdings mit den Hausschuhen und der Selbstbedienung am Kühlschrank sehr beliebt machen würde, wage ich zu bezweifeln. Denn »mein« Dachboden, der tatsächlich und ganz lapidar Dachboden heißt, gehört zu einem Hotel an der Ecke Lerchenfelderstraße und Museumstraße, und ich weiß nicht, ob die Betreiber und ich in aller Eile schnell gute Freunde werden können. Einen Versuch wäre es allerdings wert. Spätestens nach diesem Artikel wird man mich lieben – oder hassen, wenn sich alle Leute in Hausschuhen um den Kühlschrank drängen. Die Dame auf dem Stehplatz in der Oper aus Grund 33 hätte das richtige Schuhwerk jedenfalls schon dabeigehabt.

So weit wollen wir es natürlich nicht kommen lassen. Irgendwie ist es ja auch sehr schön, ein wenig bedient zu werden. Insbesondere wenn man gerade in einen der tiefen Fauteuils gefallen ist, auf eines der bequemen Sofas oder gar einen der Stühle auf der Terrasse mit Blick auf Wien. Wer einen solchen Platz einmal ergattert hat, will ihn gewiss nicht so schnell wieder aufgeben.

So ist es wohl besser, wenn man doch dem Kellner seine Getränkebestellung mitteilt. Warum ich Getränke sage? Weil es, abgesehen vom Frühstücksbuffet, zu dem auch die Hotelgäste heraufkommen, derzeit nur Kuchen und Snacks gibt. Aber wenn sie hier ganztags schlemmen könnten, würden die Besucher vermutlich gar nicht mehr gehen wollen. In einem gemütlichen Ambiente zeigen sich die Gäste eben besonders gern von einer urwienerischen Seite: als Hockenbleiber. Das ist aber nicht immer wörtlich zu nehmen. Vor allem mittwochs, wenn Musik aufgelegt wird, kann es schon vorkommen, dass die Hockenbleiber den Bären im Rhythmus der Musik steppen lassen und dass auf dem Weg zum Ausgang nicht unbedingt ein Riesengedränge herrscht. Das ist traurig – für all jene, die unten auf Einlass warten. Aber irgendwie versteht man natürlich auch, dass die Anzahl der Gäste, die den Dachboden verlassen, nicht unbedingt der Anzahl der Wartenden entspricht. Warum sollten die Besucher auch heimgehen?

Wenn man keine großen Ambitionen auf tiefsinnige Dialoge hat, die angesichts des Lärmpegels ohnehin eher an das Kinderspiel »Stille Post« erinnern, kann man sitzen bleiben, bis der erste Würstelstand am Ring geöffnet hat. Der Name 25 hours kommt schließlich nicht von ungefähr und passt am Wiener Standort dieser Hotelgruppe ausgesprochen gut. Wenn der Dachboden 2014 ausgebaut ist und mit einer größeren Auswahl an Speisen und Getränken und einer größeren Terrasse aufwartet, gehören die Warteschlangen vielleicht der Vergangenheit an. Und jetzt werde ich bei der Geschäftsführerin vorstellig, womöglich stehen wir ja doch am Beginn einer wunderbaren Freundschaft.

(Andrea Farthofer)

Weil eine Auszeit Wunder wirkt

Es gibt Sommertage, da geht gar nichts. Das Büro gleicht einer Sauna, der PC leidet unter den Temperaturen wie auch die eigene Arbeits-moral, der Arbeitstag zieht sich in die Länge wie der in der Hitze geschmolzene Kaugummi. In diesem Fall kann es schon vorkommen, dass sich am frühen Nachmittag ausgeprägte Fluchtinstinkte be-merkbar machen. Da Fahrtwind für Kühlung sorgt, sieht man die Autorin dieses Artikels nachmittags häufig auf dem Fahrrad. Ziel-strebig strampelt sie zu ihrem Lieblingsziel an diesen Tagen: zum Wakeup am Wehr der Neuen Donau.

Auf der Anfahrt entlang der Donauinsel stellt sich Instant-Urlaubsfeeling ein, die Probleme am Arbeitsplatz sind nach einigen Kilometern vergessen und den wirklich wichtigen Zukunftsfragen gewichen: Weißer Gspritzter oder Limetten-Maracuja-Limonade mit frischer Minze? 20er oder 30er Sonnenschutz? Kleiner Caesar Salad oder großes Abendessen? Wenn sich das sommerliche Leben in Wien auf derlei monumentale Fragen zu reduzieren beginnt, ist man an-gekommen: im Wakeup, das Wasserskilift, Bar, Restaurant, Strand, Treffpunkt, Entspannungsort und Aussichtspunkt in einem ist.

Obwohl es den Wasserskilift schon seit 1983 gibt, war dieses Plätz-chen früher nicht unbedingt ein erstrebenswerter Ort, wenn man einen gemütlichen Nachmittag oder Abend am Wasser verbringen wollte. Heute ist das anders. Umso praktischer ist es, dass man seit Kurzem mit der U2 quasi bis fast vor die Haustür fahren kann, wenn man nicht mit Fahrrad, Skates oder Laufschuhen anreisen möchte.

Über mehrere Terrassen verteilen sich Liegestühle und Strand-körbe, Tische und Stühle, Palmen, Sonnenschirme und bald auch Drinks und Cocktails. Für die perfekte Geräuschkulisse ist ebenfalls gesorgt: leise Hintergrundmusik, durchsetzt von einzelnen Wortfetzen, die der Wind vorbeiträgt, hinterlegt mit den an- und abschwellenden Geräuschen der Wasserskifahrer und den Zurufen des trägen Publikums an Land, die je nach Können der Sportler von »Aaaah!« und »Bow!« bis zu »Ooops!« und »Pfuh!« reichen. Sollten einem – an Land wohlgemerkt – doch irgendwann die Augen zufallen, bekommt man dank dieser akustischen Bildbeschreibung immer noch ziemlich gut mit, was sich auf dem Wasser gerade abspielt.

Auch Hochzeiten werden hier gern gefeiert. Als Gastgeber verlangt man den Gästen allerdings einiges an Selbstbeherrschung ab. Die Versuchung, mal schnell ins Wasser zu hüpfen oder zumindest einige der Hüllen fallen zu lassen, ist nämlich ziemlich groß. Hochsommerliche Temperaturen in Anzug und Krawatte sind schließlich nicht jedermanns Sache. Nicht erst einmal habe ich die sehnsuchtsvollen Blicke der Partygäste bemerkt, die voll Neid und ein wenig Selbstmitleid auf all die anderen Gäste starren, die in Shorts oder Badekleidung in den Liegestühlen herumlungern.

Während die Wakeboarder ihre Runden ziehen, Sprünge absolvieren und Lebenskunst zu Wasser zelebrieren, kann man seinen Gedanken nachhängen, bis die Sonne hinter den Bäumen auf der anderen Seite der Neuen Donau verschwindet – oder endlich der informelle Teil der Party beginnt. Glücklich all jene, die unter dem Anzug eine Badehose tragen!

Selbst wenn ich nicht zu den coolen Wakeboardern zähle, die hier ihre Runden drehen: Hier würde mich das sogar reizen. Jegliche Selbstüberwindung ist aber überflüssig, denn bereits im Liegestuhl kommt ein gewisses Surfer-Feeling auf, das sich gut konservieren lässt. Ich glaube ja, dass all jene, die heiße Sommertage und laue Abende hier verbringen dürfen, zu den glücklichsten Menschen der Stadt zählen. Die einen erinnert es an Griechenland, die anderen träumen von der Karibik, die dritten vom ewigen Sommer – Gedanken sind frei, hier ganz besonders.

(Andrea Farthofer)

Weil ich im früheren Leben
eine Reblaus g'wesen sein muss

Wien und die Heurigen – das ist wie Rom und die Vespas, Paris und die Liebe, irgendwie eben. Ein Heuriger, das ist der Wein aus dem laufenden Jahr, der bis zum 11. November so genannt werden darf, aber auch das Lokal, das diesen ausschenkt (hochdeutsch: Buschenschank). Dabei kann es sich genauso gut um einen kleinen Weinkeller mit zwei wackeligen Bänken in einer kopfsteingepflasterten Kellergasse handeln wie um einen Nobelheurigen mit busgruppentauglichen Räumen, in denen Stofftischtücher ebenso zur Standardausstattung gehören wie Speisekarten, warme Speisen und Tischbedienung.

Ein typischer Heuriger ist irgendwo in der Mitte angesiedelt: Von einem Buffet holt man sich in Selbstbedienung kalten Aufschnitt, Aufstriche und Gebäck, vielleicht auch warmen Kümmel- oder Schweinsbraten, Knödel und Kraut, oder aber man gibt sich als Banause zu erkennen und bestellt ein Wiener Schnitzel. Der Wein hingegen wird an den Tisch gebracht! Hier stimmen die Prioritäten eben noch, was vielleicht daran liegt, dass es mit Dauer des Abends immer schwieriger wird, die vollen Gläser selbst an den Tisch zu balancieren. Das sind natürlich nur Mutmaßungen, Beweise für diese Theorie habe ich nicht. Zumindest keine, an die ich mich erinnern kann.

Der klassische Heurige hat zumeist einen Gastgarten – mehr oder weniger hübsch, mehr oder weniger aussichtsreich. Eines meiner Lieblingslokale liegt in einer Gegend, in der die lang gezogene und für ihren steilen Anstieg bekannte Kellergasse mit High-Heel-feindlichem Kopfsteinpflaster dankenswerterweise für eine natürliche Selektion unter den Gästen sorgt. Die Wahl eines »guten« Heurigen

– Wein und Lokal – ist ebenso eine Wissenschaft wie das Wissen darum, welcher Heurige wann »ausg'steckt« hat. Jene Lokale, die gerade geöffnet haben, hängen nämlich als Erkennungszeichen einen Föhrenbuschen (hochdeutsch: Föhrenzweig) vor die Tür. Das ist nicht nur erstaunlich besucherfreundlich, sondern auch überlebensnotwendig. Denn oft haben sie so komplizierte und das Gedächtnis fordernde Öffnungszeiten wie etwa jeden zweiten Monat zwischen 1. Mai und 31. Oktober, dienstags bis freitags ab 14 Uhr, an Wochenenden ab elf Uhr, an Feiertagen ab zehn Uhr. Das übersteigt sogar im nüchternen Zustand das durchschnittliche Erinnerungsvermögen. Heurigen-Liebhaber mit fünf Lieblingsheurigen geraten da schnell an ihre Grenzen.

Wer auf einen Schlag mehrere Buschenschanken »erobern« möchte, ist bei einem Kellergassenfest – Grund 104, Wien zu lieben – gut aufgehoben. Je nach Ort können diese Feste als reine Kommerzveranstaltung mit Hüpfburg und allem Pipapo und einem selbst als genervtem Wrack enden oder aber als idyllische Veranstaltung mit weinseligen Besuchern, die sich ein Bild von den feinen Unterschieden zwischen dem heurigen und dem letztjährigen Chardonnay machen wollten.

Für weniger geübte Trinker, die sich trotzdem einen Überblick über die verschiedenen Sorten verschaffen möchten, empfehlen sich Heurige, die die geniale Erfindung des »Kosthölzls« zelebrieren. Dabei bekommt man auf einem kleinen Holzbrett drei Sorten Weiß- oder Rotwein serviert – dreimal 1/16 Liter, genau genommen, liebevoll an der Unterseite beschriftet, versteht sich, und auch gut geeignet für eine Blindverkostung.

Wenn man dann an einem heißen Sommertag oder in den letzten Sonnenstrahlen eines schönen Herbsttages unter einer Weinlaube sitzt, sich am Ausblick auf die Weinstöcke sowie an einem Vierterl Heurigen und einem Schmalzbrot mit Zwiebel erfreut, kann es schon vorkommen, dass man den österreichischen Volksschauspieler Johann Julier, besser bekannt als Hans Moser, zu verstehen beginnt. Als Sänger von Wienerliedern ist er uns vor allem mit der »Reblaus« und der gern zitierten Textzeile »Ich muss im früheren Leben eine Reblaus g'wesen sein« in Erinnerung geblieben. Die moderne Variante davon stammt aus der Feder von Georg Danzer und wird von Wolfgang Ambros überzeugend dargebracht. Der Text »Heut bin i wieder fett wie ein Radierer, a Vierterl no und du bist Miss Vienna« suggeriert uns nachdrücklich, dass Schönheit tatsächlich von innen kommen kann.

(Andrea Farthofer)

Weil man rund um die Welt frühstücken kann

Ich weiß nicht, wann Butter- und Marmeladenbrot am heimischen Frühstückstisch aus der Mode gekommen sind. Eines aber weiß ich: Eine Sinnkrise lohnt sich deshalb nicht. Seit mehreren Jahren schon liefern sich die Lokale in Wien einen friedlichen Wettstreit um die Zubereitung des beliebtesten Frühstücks und des schönsten Frühstücksbuffets. Für den hungrigen Konsumenten äußert sich diese Konkurrenz mit einer erfreulichen Frühstückslokaldichte. Immer wenn man denkt, dass just in diesem oder jenem Grätzel wirklich kein weiteres Frühstückslokal mehr Platz finden, geschweige denn bestehen kann, schießt schon wieder eines aus dem Boden und fegt solche naiven Ansichten vom Tisch wie das Sommerlüfterl die Servietten im Schanigarten. Und schon gibt es wieder eine Neueröffnung eines Lokals zu feiern, in dem sich die Besucher die Klinke in die Hand geben und die Sitzplätze nicht mehr verlassen. Wo waren all diese Menschen früher? Was haben sie gefrühstückt?

Ähnlich schwierige Fragen werden auch öfter an mich herangetragen, insbesondere in meiner Funktion als eine der Event-Veranstalterinnen beim inspirierenden englischsprachigen Frauennetzwerk »Women's Career Network« (WCN) in Wien. Auch Frühstücke organisieren meine Kollegin und Freundin Val und ich gern für unsere Gäste. Internationales Networking im Rahmen eines gemütlichen Samstagsfrühstücks ist erwiesenermaßen ein guter Einstieg ins Wochenende. Und irgendwer muss all die neuen Frühstückslokale ja auch besuchen! Zwischen Crêpe und Croissant wird mir dann so manche knifflige Frage gestellt.

»Mein Paris-Urlaub ist schon wieder ins Wasser gefallen, was meinst du, wo ich mir in Wien etwas Paris-Flair gönnen könnte?« Für echten französischen Frühstücksgenuss fallen mir sofort das

Le Bol und das Beaulieu mit allerlei französischen Frühstückskombos oder das Café Pierre mit seinen wunderbaren Crêpes und einem der besten Frühstücksbuffets der Stadt ein.

»Wo bekommt man richtig leckere Pancakes? Wo die besten Bagels? Wo echt amerikanisches Urlaubsflair?« Beim Bagel Brunch im The Roast wird die Lust auf ein authentisches amerikanisches Frühstück gestillt. Wer es lieber süß möchte, sollte die Waffeln in der Pure Living Bakery und die Pancakes im Hansen oder Edison versuchen. Im Corns n' Pops sorgt original amerikanisches Oatmeal für einen Ausflug über den großen Teich, und köstliche Smoothies entführen in das Land der unbegrenzten Möglichkeiten.

»Wo kann man einen morgendlichen Ausflug in den Fernen Osten machen?« Go East heißt es bei Haas & Haas, wo es japanisches Frühstück ebenso gibt wie Dim-Sum-Frühstück, stilvoll serviert in passendem Geschirr.

»Wo kann man gemütlich auf einem Markt unter großen Bäumen frühstücken?« Im Kent, im An-Do und im Do-An, ganz stilecht auf trubeligen Märkten gelegen, gibt es türkisches Frühstück. Im idyllischen Schwarzenbergpark wiederum serviert die Manameierei allerlei gefüllte Mana-Brote. Noch weiter gen Osten entführt einen das Madiani mitten am Karmelitermarkt. Ob georgisches Frühstück mit in Milch pochiertem Ei mit Frischkäse und Minze oder russisches Frühstück mit Topfenmedaillons mit Sauerrahm – eine erste Annäherung ist schnell geschafft.

Doch an einer Frage scheitere ich regelmäßig: »Wo kann man in Wien in aller Ruhe einen Sonntags-Brunch genießen?« Da es mir bislang gelungen ist, standhaft zu bleiben und keine übermäßig großen Privateinladungen zu mir nach Hause auszusprechen, muss ich bei dieser Frage leider passen. »In aller Ruhe« und »Frühstücken in Wien« passen einfach nicht zusammen. Zu groß ist der Andrang: Wenn Frühstückskombis das neue Butterbrot sind, dann ist Brunch das neue Marmeladenbrot – man kann einfach nicht genug davon bekommen.

Da hilft es auch nichts, dass die Dichte und Variationsbreite der Frühstückslokale mittlerweile so weit gestiegen sind, dass »Die Frühstückerinnen« Barbara Haider und Dani Terbu daraus ein eigenes Business mit rund 15.000 Facebook-Fans gemacht haben. Seit dem Sommer 2010 testen sich die beiden Frauen durch ein bis zwei Lokale pro Woche, schreiben Berichte und Empfehlungen und lassen die Tausenden Fans an ihrem Hobby beziehungsweise an dessen Ergebnis teilhaben, bis diesen das Wasser im Mund zusammenläuft. Auf ihrer Website »halten sie dem Ei den Spiegel vor« und sorgen dank ihres unterhaltsamen Stils in ihren bislang rund 150 Testberichten schon im Vorfeld des Frühstücksbesuchs für nette Lektüre und die richtige Einstimmung auf ein gemütliches Wochenende. Wie gut, dass ihnen der Stoff in Wien so schnell nicht ausgehen wird; ihren Schätzungen zufolge gibt es rund 300 relevante Frühstückslokale. So werden auch künftig nicht nur Hunger, sondern auch Fernweh gestillt, mindestens bis zum nächsten Wochenende.

(Andrea Farthofer)

Weil man im Keller kühlen Kopf bewahren kann

Mein Faible für Keller ist nicht sehr ausgeprägt. Vielleicht liegt das daran, dass meine Erinnerungen an Ausflüge in den Keller (»Kannst du mal schnell ein Glas Ribiselgelee heraufholen?« oder »Bringst du mir bitte den Fuchsschwanz?«) hauptsächlich mit fehlender Beleuchtung und dem Geruch von Rattengift in Verbindung stehen.

Doch ich ließ mich gern eines Besseren belehren. Irgendwann sah ich ein, dass Wein in außergewöhnlichen Lagen besonders gut schmeckt. Da Heurige in Berglage eine gewisse saisonale Abhängigkeit mit sich bringen und in vielen Fällen nur mit Wanderschuhen zu erobern sind, wandte ich mich sicherheitshalber den Kellerlokalen zu. Diese kann man im Normalfall ohne dickes Profil an den Schuhen besuchen, auch wenn der Fernblick naturgemäß nicht ganz so phänomenal ausfällt.

Weinkeller in der Stadt sind quasi die hippe Antwort auf die rustikalen Heurigenlokale. Wenn bei den Heurigen in den Sommermonaten die Gelsen (Stechmücken) gegenüber den zweibeinigen Besuchern bei Weitem in der Überzahl sind, hat eine Weinbar durchaus ihren Reiz. Selbiges gilt auch bei schlechtem, nassem oder heißem Wetter. Oder wenn man unbedingt das schicke Outfit ausführen möchte und womöglich noch den unmäßigen Wunsch hegt, dass dieses gebührende Bewunderung erfährt. Aus dieser Fülle an Vorteilen schlagen die Weinbars Kapital, die sich in den letzten Jahren einen festen Platz in der Ausgehszene erobert haben.

Beim Artner am Franziskanerplatz speist und trinkt man in einem Kellergewölbe, das teils noch aus dem Mittelalter stammt. Während sich die Hitze über die Stadt legt, behält man in diesem gediegenen Ambiente kühlen Kopf – je nach Trainingszustand zumindest bis zum zweiten oder dritten Viertel.

In Meinls Weinbar, die zum legendären Alleskönner in Gourmetfragen gehört, hat man die sprichwörtliche Qual der Wahl. Die Wände sind fast gänzlich von Regalen gesäumt und diese wiederum dicht an dicht mit feinsten Weinen gefüllt. Hat man einmal seine Entscheidung getroffen, kann man sich ganz dem Genuss hingeben.

In der Weinbar Villon, benannt nach dem französischen Dichter François Villon, der dem Alkohol ebenso wenig abgeneigt war wie den Frauen, bietet man auf vier Stockwerken die urbane Version des Kosthölzls: den »Flight« mit Kostproben von jeweils drei oder fünf Weinen. Selbst wenn der Lieblingswein in der Getränkekarte eines Tages mit dem handschriftlichen Hinweis »ausgetrunken« versehen wird, kann nicht viel passieren. Bei der riesigen Auswahl wird man im ältesten und tiefsten Weinkeller Wiens – bis zu 16 Meter tief und 500 Jahre alt – früher oder später einen würdigen Nachfolger finden. Mit etwas Glück kommt man sogar in den Genuss der Spaghetti vom ausgehöhlten Parmesanrad. Gelegentlich serviert der leidenschaftliche Koch nämlich Pasta, die in der leer gegessenen Parmesanhülle geschwenkt wird und hervorragend zu den feinen Weinen passt.

Die charmante Weinbar wartet aber noch mit einem ganz besonderen Gustostückerl auf: Man kann nämlich auch Lagerfläche mieten. Als Villon-Weinclub-VIP-Mitglied bekommt man einen Schlüssel zum eigenen Keller am Graben. Wer sich keine Immobilie an diesem Standort leisten kann, darf so zumindest mit einer eigenen Weinregalfläche Innenstadtflair schnuppern. Allerdings ist aus dem Weinkeller auch ein Wermutstropfen zu melden: Erstens gibt es derzeit eine Warteliste und zweitens sehen sich die Besitzer die künftigen »Mieter« genau an. Aber da Sie vermutlich ohnehin immer schick gekleidet sind und sich prinzipiell von Ihrer vinoblen Seite zeigen, wenn Sie »in die Stadt fahren«, sollte das kein Problem darstellen.

(Andrea Farthofer)

Weil man am Badeschiff nicht nur baden kann

Ich habe keine Erklärung dafür, warum ich beim Badeschiff immer an die österreichische Pop-Ikone Falco und seine Textzeile »... lass mich der Kapitän auf deinem Nachtflug sein« denke. Vermutlich liegt es daran, dass ich viele Jahre den Text als »... lass mich der Kapitän auf deinem Nachtschiff sein« eingespeichert hatte.

Kapitän hin oder her: Das Badeschiff am Wiener Donaukanal zwischen Schwedenplatz und Urania ist zu jeder Uhrzeit ein Unikum. Denn es spricht viele verschiedene Zielgruppen an, bietet es doch eine Fülle nicht zu unterschätzender Aspekte: Entspannen und Chillen (je nach Altersgruppe), Planschen oder Schwimmen (je nach Frisur), Relaxen vor, zwischen oder nach der Arbeit (je nach Uhrzeit) und natürlich Sehen und Gesehenwerden (je nach gesellschaftlichen Ambitionen).

Ursprünglich waren Badeschiffe Anfang des 20. Jahrhunderts Strombäder, die ein gefahrloses Schwimmen ermöglichen sollten und mehrheitlich im Donaukanal vor Anker lagen. Rund 80.000 Badegäste verzeichnete man beispielsweise im Jahr 1908 in den drei Strombädern bei der Kaiser-Josefs-Brücke, der Sophienbrücke und der Augartenbrücke – 30 Prozent davon weiblich. Kurioses Detail zu den Öffnungszeiten: Im Winter 1908/1909 blieb das Strombad bei der Augartenbrücke geöffnet und verzeichnete zwischen Mitte September und Ende Dezember 1908 1300 Besucher im kalten Wasser. Beheizt wurden dafür allerdings die Umkleidekabinen! Nach dem Ersten Weltkrieg ließ das Interesse an den Strombädern nach und man besuchte lieber die neuen Strandbäder. Nur das bei der Sophienbrücke, das 1922 zwischen die Aspern- und Schwedenbrücke verlegt wurde, blieb in Betrieb und hielt für die Angehörigen des Vereins »Verkühle dich täglich« bis Dezember geöffnet, so die

Informationen aus Wikipedia, von denen ich bis heute nicht weiß, ob sie nicht doch nur ein Scherz sind.

Im Jahr 2006 wurde das Konzept des Badeschiffs erstmals unter privater Leitung neu aufgelegt. Die Badeschiffbetreiber Geri Ecker und Christian Petz leisteten damit einen wesentlichen Beitrag zur Revitalisierung des Donaukanals. Das Badeschiff »Wien« besteht aus zwei umgebauten Frachtkähnen; einer trägt das 189 Quadratmeter große und 1,6 Meter tiefe Schwimmbecken, der andere neben der Gastronomie im Holy-Moly!-Restaurant auch den Laderaum, der für Veranstaltungen verwendet wird.

Die Badeschiffbetreiber geben sich mit dem Erfolg dieses Projekts allerdings noch nicht zufrieden. In den Sommermonaten haben sie am Festland beim Badeschiff zusätzlich mit der Fest.Land.Bar einen fixen Treffpunkt für Nachteulen geschaffen. Das Badeschiff selbst ist in jeder Hinsicht ein Konglomerat: bunt zusammengewürfelte Liegestühle sowie Möbelteile, die als Tischerl, Getränke- und Fußablage gleichermaßen geeignet sind, Blumen- und Kräuterkisterl an den Balustraden, dezenter Straßenlärm von beiden Seiten des Donaukanals, die alten Damen, die Punkt acht Uhr morgens auf der Matte stehen, die Girlies, die noch schnell für die Matura büffeln oder das zumindest vorhaben, die feschen Jungs, die die Mädels gern davon abhalten möchten, mittags die arbeitende Bevölkerung, die sich hier Abkühlung verschafft, und nach der Arbeit von jedem etwas. Dazu kann man an den historisch anmutenden Kästchen eine Prise Retroflair schnuppern, über den Teller-, Glas- oder Buchrand auf die Urania blicken und die Füße oder gleich den ganzen Körper mitten in der City mit toller Aussicht kühlen, bevor man nach Hause oder zur Arbeit geht oder sich mit neuer Energie ins Nachtleben stürzt.

Wenn sich die Sonne dann hinter die Häuser zurückgezogen hat, gehen die Lichter an Deck an, der DJ macht sich bereit und die Feierabendstimmung setzt zu einem neuen Höhenflug an – in Wiens einzigem Unterwasserclub, dem Laderaum Club des Badeschiffs.

(Andrea Farthofer)

Weil Phileas Fogg ein Zuhause in Wien hat

Eigentlich müsste er jeden Moment durch die Tür spazieren. Geschniegelt und herausgeputzt, wie es sich für Mitglieder des Reform Club gehört, in dem Phileas Fogg 1872 seine legendäre Wette abgeschlossen hat. In 80 Tagen um die Welt, ob das klappt?

Im Wiener Planter's Club kann man sich seit mehr als 15 Jahren auf eine ähnliche Zeitreise begeben. Sich vorstellen, dass Phileas Fogg und sein französischer Diener Passepartout mal eben zur Tür hereinschneien, gleich zu Beginn der Reise zwischen Paris und Brindisi einen Stopp in Wien einlegen. Sich vom Personal mit weißem Hemd, schwarzer Hose, schwarzem Gilet (Weste) und dunkler Krawatte bedienen lassen. Und dann vor derselben Frage stehen wie alle anderen Gäste: Was soll man bestellen?

Die Barkarte umfasst 50 Seiten, davon entfallen nur zwei auf die Barsnacks, die im Übrigen genauso köstlich schmecken wie die Drinks. 48 Seiten nur für Drinks – kein Wunder, dass darunter alleine vier Hangover Drinks sind. Während ich über der monumentalen Getränkekarte brüte, fällt mein Blick auf Seite elf glücklicherweise auf einen hilfreichen Tipp: »Where else should one partake of the Singapore Sling but at Planter's?« Überredet, wenn nicht in Singapur, dann gern hier. Und weil ich es richtig authentisch möchte, nehme ich gleich den »Raffles Singapore Sling« anstelle des gewöhnlichen »Singapore Sling«. Das Raffles ist schließlich eines der führenden Hotels in Singapur, eingerichtet im Kolonialstil natürlich, hier wurde der »Singapore Sling« kreiert.

Nicht nur im Reform Club kann man Wetten abschließen. Im Planter's Club geht das mindestens genauso gut, auch wenn nicht alle Wetten so folgenschwer sind wie jene von Phileas Fogg. Wetten, dass du nicht alle 450 Sorten Single Malt Whisky, Rum, Cognac und

Armagnac erkennst? Wetten, dass du es nicht schaffst, in 80 Tagen alle Cocktails durchzukosten? Diese beiden Wetten sind ziemlich sichere Tipps, sie können aber ebenso folgenschwer sein.

Für das unübersehbare Kolonialflair im Planter's Club hat der Besitzer die dafür nötigen Einrichtungsgegenstände auf seinen Reisen nach Afrika, Südostasien und in die Karibik zusammengetragen. Manche Teile sind mehr als 150 Jahre alt, die Fauteuils etwa stammen aus britischen Casinos und versprühen förmlich das Flair der großen weiten Welt. Dazu ein bunter Webteppich auf dem dunklen Holzboden, Stehlampen, Tropenhelm, Grammofon und andere Dekorationsgegenstände, die ein stimmiges Ambiente zaubern. Auch wenn man dieses stellenweise nicht so gut erkennen kann. Dort nämlich, wo die Dichte der Raucher besonders hoch ist und der Rauch so dick steht, dass Phileas überlegen könnte, seinen Nachnamen um ein läppisches G in »Phileas Fog« zu kürzen. Zigarren aus dem bareigenen Humidor sowie reichlich Zigarettenrauch sorgen für diese verrauchte Atmosphäre. Das gilt für den vorderen Bereich mit den Fauteuils ebenso wie für den hinteren Bereich unter einer Stahl-Glasdach-Konstruktion – die sogenannte Darjeeling-Hill-Station, benannt nach einer Region im indischen Bundesstaat Westbengalen.

Zu Soul-, Funk- und Discomusik von »My baby just cares for me« über »You can't hurry love«, »Gimme the night« bis zu »Turn your love around« kann man sich auf Zeitreise begeben und der Frage aller Fragen nachgehen: Wer hat wohl in diesem tiefen Fauteuil schon gesessen? Lenny Kravitz etwa war vor vielen Jahren vor seinem Stadthallenkonzert auf Besuch und so begeistert, dass er sein Konzert vom Planter's Club beliefern ließ. Aber auch Keanu Reeves, Dwayne »The Rock« Johnson, berühmte österreichische Skisportler sowie Arnold Schwarzenegger haben hier schon gesessen. Grund zur Eile hatten auch sie sicherlich nicht.

(Andrea Farthofer)

KAPITEL 10

Zurück zur Natur

»Du bist hart und unnachgiebig wie Beton,
wirkst wie Dünger für a jede Depression,
dann bist leicht so wie a Wolken Euphorie,
Wien du bist die Stadt für mi.«

»Wien«, Matthias Kempf

Weil nur wenige Bäder eine eigene Hymne haben

Der Maibeginn ist für die Wiener in vielerlei Hinsicht ein wichtiges Datum. Nicht nur, dass die Sozialdemokraten sich am Tag der Arbeit ihre roten Nelken anheften und auf den solidarischen Marsch über den Ring in der Wiener Innenstadt begeben. An ganz anderen Orten Wiens machen sich an diesem Tag ganz andere Menschen bereit für einen ganz anderen Aufmarsch. Nelken brauchen sie dafür nicht, ihnen reicht ein Wurstsalat. Damit und mit allerlei bunten Plastikteilen bewaffnet – von Schaufeln bis zu Schwimmnudeln, von aufblasbaren Krokodilen bis zu aufgeblasenen Luftmatratzen, von modernsten Kühlboxen bis zu den altmodischsten Liegestühlen –, werden ab 2. Mai U-Bahnen bevölkert und Destinationen angesteuert, wie etwa der Laaerberg, der Schafberg, die Alte Donau oder das legendäre Gänsehäufel.

Mit Gänsen hat die Wiener Institution, die 1907 ins Leben gerufen wurde, heute weitaus weniger zu tun als mit Schwänen oder Enten. Und das Häufel? Das kommt von den beiden Haufen – angeschwemmten Inseln, auf denen einst Gänse gezüchtet worden sein sollen. Wobei die Verniedlichungsform definitiv nicht angebracht ist. Denn das öffentliche Kultstrandbad hat sich zu einem Massenversammlungsort ausgewachsen, der im Hochsommer den Anstürmen kaum standhält. In dieser Zeit wird das Auto auf dem viel zu kleinen Parkplatz abgestellt, als ob Falschparken – neuzeitlich vielleicht bald »Falseparking« genannt – genauso trendig wäre wie Slacklining oder Planking und die Wiener Parksheriffs neuerdings ein Pardon kennen würden. Die im Zehn-Minuten-Takt verkehrenden Bäderbusse platzen aus den ohnehin viel zu knappen Nähten und der Sonnenölduft legt eine unverkennbare Spur zur

U-Bahn-Station »Kaisermühlen«, von wo der mit öffentlichen Verkehrsmitteln anreisende Teil der bis zu 30.000 Tagesgäste abgeholt wird.

An den Kassen trennt sich die Spreu vom Weizen. Da gibt es Jahreskartenbesitzer, Monatskartenbesitzer und Tagesbesucher. In einer anderen Liga bewegen sich die Kabanen- und Kabinenbesitzer, die aus der Dauermietmöglichkeit eine Subkultur gemacht haben und ihre winzigen Reiche die ganze Saison über tagein, tagaus »bewohnen«, auch wenn sie zu ihrem Leidwesen zum Schlafen immer noch nach Hause gehen müssen. Kabanen mietet man nicht einfach so, das Mietrecht wird von Generation zu Generation weitergegeben. Die Wartelisten – aktuelle Wartezeit etwa vier bis sechs Jahre – sind vermutlich länger als das Strandareal, das mit seinen zwei Kilometern Uferlinie und einer Fläche von mehr als 300.000 Quadratmetern für jeden etwas bietet: Naturbadestrände, Liegewiesen, Pritschen, Schwimmbecken, Sportmöglichkeiten, Imbissbuden, Restaurants, WCs, die hier noch Aborte, und Duschen, die hier noch Brausen heißen, sowie Dauerkabinen, in deren Umfeld sich kleine Städte aus Liegen und deren Bewohnern bilden, nahezu südliches Flair und seit Neuestem auch einen Hochseilklettergarten. Etwas abseits befinden sich die Kabanen mit ihren kleinen Vorgärten und die Turmkabinen mit kleinem »Balkon«. Auf wenigen Quadratmetern sorgen Regale, Miniküche, ja sogar liebevolle Blumenbepflanzungen inklusive Gartenzwergen für wohnliches Flair. Die Bewohner der Kabanen sind dabei mindestens ebenso liebenswert und schrullig wie ihre Hütten. Anfang Mai ziehen sie ein und erst mit Ende der Badesaison Mitte September nehmen sie Sack und Pack und trennen sich schweren Herzens für viele lange Wintermonate von »ihrem« Gänsehäufel. Die Kabinen und Kabanen ersparen ihnen bei der täglichen An- und Abreise einiges an Unannehmlichkeiten. So etwa die Verwendung der praktischen, wenn auch nicht unbedingt vor Eleganz strotzenden Karre zur Beförderung von Hab und Gut, die saisonal etwas unpassend als »Rodel« bezeichnet wird. Im Sommer haben diese Gerätschaften Hochsaison, wenn sie als Transportwagen für Kühlboxen, Liegen, Gummitiere in unterschiedlich aufgeblasenem Zustand und zwischendurch als Trockenständer für Bikiniteile und andere Textilien herhalten müssen.

2007 feierte das Bad seinen 100. Geburtstag. Es war einer dieser heißen Augusttage, als die denkwürdige, Generationen verbindende Jubiläumsfeier über die Bühne ging. Während eine der Größen des Austropop für Stimmung sorgte, schunkelten und tanzten Alt und Jung zu den Hits und schwelgten lautstark in Erinnerungen. Rainhard Fendrichs inoffizielle Bundeshymne »I am from Austria« war an diesem Tag ausnahmsweise nicht der Höhepunkt seines Konzerts. Als er seine 1981 erschienene Nummer »Strada del sole« mit der krönenden Textzeile »I steh aufs Gänsehäufel, auf Italien pfeif i!« anklingen ließ, gab es im Publikum kein Halten mehr.

(Andrea Farthofer)

Weil der Prater bunte Blüten treibt

Kennen Sie die kleinste Republik der Welt, einen Staat mit nur einem einzigen Einwohner und einem einzigen Haus – einem Kugelhaus? Dieser »Staat« ist nicht etwa eine winzige Insel in der Südsee, sondern er liegt seit 1982 mitten in Wien an der Prater Hauptallee. Der »Präsident« dieser Mikro-Nation, Edwin Lipburger-Kugelmugel, meint, da sein Kugelhaus die Erdoberfläche geometrisch bedingt nur auf einem Punkt berühre und ein Punkt keine räumliche Ausdehnung habe, befände es sich in einem staatsfreien Raum. Somit könne er seine eigene Republik »Kugelmugel« ausrufen: mit Grenzübergang, Staats-Homepage, eigener Briefmarke und der Verleihung (und Entziehung) von Ehrenbürgerschaften.

Bunte Blüten treibt er schon, unser Wiener Prater. Wobei die meisten von ihnen keine kulturelle Skurrilität, sondern prachtvolle weiße Kastanienblüten sind, die man zwischen April und Mai in mehreren Baumreihen entlang der Prater Hauptallee bewundern kann.

Beginnend am Praterstern und kerzengerade bis zum Lusthaus führend, war die rund 4,5 Kilometer lange Allee bis zum Ende des 19. Jahrhunderts beliebtes Ausflugsziel des Wiener Adels, der hier im Sommer mit seinen Kutschen ausfuhr. An manchen Tagen verursachten über 1000 herrschaftliche Kutschen bei der Rückfahrt ins Stadtzentrum noch lange vor der Errichtung der Südosttangente die ersten Verkehrsstaus. Aber auch die Arbeiterbewegung verstand es, die Hauptallee für ihre Zwecke zu nutzen: Am 1. Mai 1890 fand der erste Maiaufmarsch Österreichs entlang der blühenden Kastanien statt.

Heute ist der Prater ein Freizeitparadies für alle, die sich gern mitten in der Stadt im Grünen aufhalten. Zwischen Frühlingsanfang und Herbstende teilen sich Spaziergänger, Läufer, Radfahrer und manchmal auch Reiter oder Trabrennfahrer den kastaniengesäumten Boulevard. In schneereichen Wintern kommen auch die Langlauffreunde auf ihre Rechnung. Ab einer Schneehöhe von mehr als 20 Zentimetern werden in Wien auf acht Loipen Spuren gezogen, eine speziell für Anfänger geeignete führt entlang der Hauptallee.

Für Läuferinnen und Läufer ist der Prater einer der beliebtesten Treffpunkte Wiens und eine ideale Trainingsstrecke mit Kilometermarkierungen. Der alljährlich stattfindende Frauenlauf, der im Jahr 2012 ein Rekordteilnehmerinnenfeld von über 30.000 Mädchen und Frauen aufwies, hat Start und Ziel in der Prater Hauptallee, und auch ein Teil der Streckenführung des Vienna City Marathon verläuft durch den Prater.

Wem in der Hauptallee zu viel los ist, dem stehen genügend andere schöne Plätzchen zur Verfügung, zum Beispiel die Jesuitenwiese oder das Heustadelwasser. Schließlich liegt der Prater mit einer Fläche von rund 600 Hektar an siebenter Stelle unter den weltgrößten städtischen Parkanlagen, da kommen statistisch gesehen auf jeden Wiener knapp 3,5 Quadratmeter Freizeitzone.

Wenn Sie statt Spaziergang oder Sonnenbad lieber etwas erleben wollen, gibt es eine beliebte Alternative: einen Besuch des Wurstelpraters, auf den Nicht-Wiener den Prater gern reduzieren. Der Vergnügungspark, der seinen Namen einer Figur des Volkstheaters, dem »Hanswurst«, verdankt, unterscheidet sich in einem wesentlichen Punkt von anderen seiner Art. Der Eintritt auf das Gelände ist frei, die konsumierten Unterhaltungen sind bei den einzelnen Fahrgeschäften zu bezahlen. Zur Auswahl stehen Geisterbahnen, Ringelspiele, Hochschaubahnen, Spiegel- und Lachkabinette, Autodrom oder Falltürme. Tradition wird großgeschrieben, auch wenn der »Rasende Roland«, das Lieblingsfahrgeschäft der Koautorin in Kindertagen, heute schmunzeln lässt: Rasend ist eben ein relatives Konzept.

Auch eines der Wahrzeichen Wiens, das 1896/97 erbaute Riesenrad, befindet sich im Wurstelprater. Neben ganz gewöhnlichen Rundfahrten mit hervorragendem Blick auf Wien kann man auch einen Spezialwaggon für ein besonderes Erlebnis mieten: ein romantisches Dinner für zwei im Kerzenschein über den Dächern Wiens, im kristallinen Waggon des Wiener Riesenrads. Ein Abend in dieser außergewöhnlichen Umgebung soll Gerüchten zufolge auch schon mit den Worten »Ja, ich will!« geendet haben.

(Max Ferner)

Weil das Erklimmen
der Nase glücklich macht

Wanderbares Österreich! Dieser Slogan der österreichischen Tourismuswerbung war für mich immer mit dem Klischee von Menschen mit karierten Hemden und Hüten, die mit unzähligen Anstecknadeln geschmückt sind, besetzt. Klingt furchtbar, oder? Na ja, eigentlich doch nicht. Als »Gscherter«, wie die Wiener ihre Landsleute aus den Bundesländern manchmal wenig schmeichelhaft bezeichnen, bin ich mit der gesunden Bewegung in freier Natur bestens vertraut. Sonntägliche Wanderungen mit der ganzen Familie durch Wald und Feld, zumeist verbunden mit dem Aufstieg auf diverse Berggipfel, sind eine sehr präsente Kindheitserinnerung. Da können die Hauptstadtbewohner mit dem putzigen Versuch, Mogelpackungen à la Laaer Berg (Seehöhe: mickrige 265 Meter) oder gar Erdberg (keine Erhebung, sondern Teil des 3. Bezirks) ins Spiel zu bringen, nicht mithalten.

Stimmt nicht, wie ich im Laufe der Zeit feststellen konnte. Abgesehen davon, dass Wien für eine Großstadt ohnehin einen enorm hohen Grünanteil hat, kann die Donaumetropole auch mit einer Vielzahl an schönen Wanderwegen aufwarten, die das Wandererherz höher schlagen lassen. Die Wiener Stadtwanderwege führen auf mehr als 500 Kilometern durch Wiens Naherholungsgebiete am Stadtrand und im Wienerwald. Eine Anfahrt mit dem Auto ist nicht notwendig, da praktisch alle Ausgangspunkte mit öffentlichen Verkehrsmitteln erreichbar sind. Und sollten wir Großstadtindianer mal die Wanderkarte oder ihren Techno-Vetter, das Outdoor-Navi, vergessen haben, müssen wir dank der guten Beschilderung auch keine Angst haben, uns in den Weiten des Wienerwalds zu verirren (auch wenn die geschätzte Koautorin andere Erfahrungen gemacht hat). Kommt man trotzdem vom Weg ab, liegt das ziemlich sicher an den vielen Rast- und Gaststätten sowie Heurigen am Wegrand, die müde und hungrige Wandersleute zum Verweilen einladen.

Wenn man den Proviant im Rucksack selber mitschleppt – hartgekochte Eier, Landjägerwürste, Kornspitz und ein Elektrolytgetränk auf Hopfen-Malz-Basis –, findet man an besonders schönen Aussichtspunkten oder Waldwiesen Bänke und Tische für die wohlverdiente Jause. Wichtig ist ein möglichst früher Aufbruch in den Morgenstunden, um den weniger wanderaffinen Touristen zu entkommen, die sich im Reisebus zu diesen Aussichtspunkten chauffieren lassen und einem den Ausblick auf die Stadt verstellen.

Mein Lieblingsweg ist der elf Kilometer lange Stadtwanderweg 1a, der am Nußdorfer Platz beginnt. Man wandert zuerst die Donaustrandpromenade entlang bis zum Kahlenbergerdorf, um dann über den Nasenweg, einen teilweise über historische Treppen und Stiegenanlagen führenden Fußweg, den Leopoldsberg zu erklimmen. Nasenweg heißt er deshalb, weil der Leopoldsberg auf dieser Seite in Form einer Nase steil zur Donau abfällt.

Vom Gipfel des Leopoldsbergs hat man eine Spitzenaussicht auf Klosterneuburg, Korneuburg und die gesamte Wiener Pforte. Weiter geht es ein kurzes Stück entlang der Höhenstraße bis zum Kahlenberg, wo die 1629 erbaute Kahlenbergkirche und die Aussichtsterrasse mit fantastischem Blick auf Wien zum Verweilen einladen.

Auf der rot markierten Kahlenberger Straße erreicht man wenig später die Weingärten unterhalb des Leopoldsbergs. Der Waldbachsteig führt zum Kahlenbergerdorf zurück, ehe es entlang der Donau wieder nach Nußdorf geht.

Die neueste Errungenschaft in Sachen »Wandern in Wien« ist der »rundumadum«-Wanderweg, der auf 24 Etappen durch den Grüngürtel rund um die Stadt führt. Auf circa 120 Kilometern wird uns stressgeplagten Großstädtern die Möglichkeit zu einer kostenlosen, gesunden und erholsamen Entdeckungsreise geboten. Wegbeschreibungen, druckfähige Detailkarten und wertvolle Tipps zu besonderen Ausflugszielen und Lokalen entlang der Strecke findet man im Internet auf *www.natuerlichwien.at*. Und wenn Sie sich an den fünf Stempelstellen die Bestätigung holen, dass Sie den Weg wirklich »rundumadum« gegangen sind, werden Sie mit einer Wandernadel belohnt. Fehlt dann nur noch der passende Hut!

(Max Ferner)

Weil man in die Tropen entfliehen kann

Was ist das? Was ich da vor meinem Fenster erblicke, sieht aus wie Schnee. Dabei war doch gestern gerade noch Frühling! Ich hatte die Stiefel schon ein- und mein Fahrrad ausgewintert. Jetzt würde es gewiss die Nase rümpfen und die Brauen hochziehen. Das muss wohl nun ich übernehmen. Schließlich ist Mitte März und der Schnee legt sich in dicken Flocken zunächst auf das Fahrrad und dann auf mein Gemüt. Ein Ausflug in die Tropen, das wäre jetzt was!

Mein Ticket für die Anreise kostet nur ein paar Euro, das Kofferpacken kann ich mir sparen und der Eintritt ins Paradies ist ebenfalls sehr preiswert. Mitten in Wien befindet sich in einem wunderbaren Jugendstilgebäude, das ein wenig an eine überdimensionale U-Bahn-Station erinnert, das Schmetterlingshaus mit dem angeschlossenen Café Palmenhaus. Schon Kaiser Franz Joseph hat hier angeblich Erholung gesucht und gefunden und das tue nun auch ich – obschon ich gewisse Schwierigkeiten habe, mir Franz Joseph mit Pudelmütze oder in dicken Hansi-Hinterseer-Moonboots vorzustellen. (Für alle Nicht-Wintersportler und Schlagergegner: ein ehemaliger Skifahrer, der zunächst den Schnee zwischen den Slalomstangen und später als Volksmusiker und Möchtegern-Schwiegersohn des Landes die Herzen der Frauen zum Schmelzen gebracht und in seinen felligen Moonboots Furore gemacht hat.)

Mit dicken Flocken auf meinem Anorak betrete ich das Gebäude. Welch wunderbare Kombination: Luftfeuchtigkeit aus Costa Rica, Architektur aus Wien! Durch eine Doppeltür betritt man das eigentliche Schmetterlingshaus, taucht ein in eine Welt, in der man sich sofort und für einen flüchtigen Moment Auge in Auge mit einem

Schmetterling befindet. An den Futterstationen mit Bananen- und Apfelscheiben ist ein richtiges Gelage im Gange. Schmetterlinge jeder Couleur und Größe sind zusammengekommen und laben sich – unbeeindruckt vom Blitzgewitter der Kameras – an den Früchten. Die Einzelgänger unter ihnen haben es sich andernorts auf Statuen inmitten des dichten Grüns bequem gemacht, einige Mutige landen auch schon mal in den Haaren der Besucher. Die Sportlichen drehen ihre Runden und testen die Reaktionsfreudigkeit der Fotografen und die Verschlussgeschwindigkeit ihrer Kameras, die Neulinge hängen als Raupen kopfüber wie Fledermäuse und warten auf die Verpuppung. Hunderte frei fliegende Schmetterlinge und mehr als 150 Arten, darunter die wunderbaren, mir aus Costa Rica bekannten Blauen Morpho-Falter, die zugehörige Vegetation mit Blüten in den schönsten Farben, eine Luftfeuchtigkeit von 80 Prozent und eine Temperatur von 26 Grad lassen nur einen einzigen Wunsch offen: einen Liegestuhl bitte, und wenn's geht, einen Cocktail dazu.

Den Wunsch nach einem Drink kann man sich im angeschlossenen Café erfüllen, das auch im Sommer sehr empfehlenswert ist. Dann kann man nämlich im Freien essen und trinken und die Seele baumeln lassen, die sich plötzlich viel leichter anfühlt.

Der Burggarten, über den man seinen Blick schweifen lässt, ist Teil der ehemaligen kaiserlichen Privatgärten und der Öffentlichkeit seit 1919 zugänglich. Heute liegen Naturliebhaber und Sonnenanbeter auf dem Rasen, einst arbeitete der »Blumenkaiser« Franz II. manchmal sogar selbst in diesem Garten. Das leise Rauschen des Verkehrs auf der Ringstraße erinnert gelegentlich daran, dass man sich mitten in der Stadt befindet, doch dass hier bereits 1822 ein 128 Meter langes Gewächshaus errichtet worden war, dessen hintere Wand von einem Teil der alten Wiener Stadtmauer gebildet wurde, kann man sich heute nur mehr schwer vorstellen.

Auch wenn das mit den Liegestühlen schwierig wird – für Cocktails ist ab 18 Uhr im Café jedenfalls gesorgt. Am besten, Sie stoßen mit einem »Palmenhaus No 1«, einem »Juicy Cowgirl« oder einem »Monkey Gland« auf die wunderbarste Stadt der Welt an, die auch bei Schnee und Regen mitten in der City für Tropenfeeling sorgt.

(Andrea Farthofer)

Weil im Donaupark nicht nur der Papst Spaß haben kann

Von der Mülldeponie zum Freizeitparadies, das ist ein bisschen wie vom Tellerwäscher zum Millionär, ein kleines Wunder, das einem die Hoffnung zurückgibt, dass irgendwie doch alles möglich ist – sogar ohne Lottoschein. Als man den Donaupark 1964 anlässlich der Wiener Internationalen Gartenschau eröffnete, hätte wohl niemand gedacht, dass 20 Jahre später Papst Johannes Paul II. auf der ehemaligen Mülldeponie mit seinem Papamobil herumkurven und 300.000 Katholiken zu einer Messe begrüßen würde.

In den ersten Jahren des Bestehens gab es zusätzlich zu der heute noch in Betrieb stehenden Liliputbahn einen Sessellift zur Beförderung der Ausstellungsbesucher über den Park. Als Jugendliche schlich ich mich nachts mit meiner besten Freundin zum Quatschen in die still stehenden Doppelstühle bei der Liftstation; erst nach dem gänzlichen Abbau der Seilbahn entdeckte ich noch andere schöne Ecken des Parks. Davon gibt es so viele, dass ich mir schon frohen Mutes das Rentnerinnendasein in meinem Lieblingspark ausmale: Ich glaube, die Bank rechts unten bei den Rosengärten wird irgendwann meine sein.

Vermutlich hätte niemand gedacht, dass dieser Park einmal einen der »offiziellen« 111 Gründe, Wien zu lieben, darstellen würde, selbst wenn wir wissen, dass Wien mit einem Grundflächenanteil von 51 Prozent zu den grünsten Millionenstädten der Welt zählt. Vielleicht liegt mein enges Verhältnis zum 600.000 Quadratmeter großen Donaupark daran, dass ich als Kind immer mit Blick auf das große Z der damaligen Zentralsparkasse eingeschlafen bin, das zu Werbezwecken ganz oben auf dem 252 Meter hohen Donauturm prangte. Vielleicht liegt es aber auch an den lustigen Erlebnissen, die ich hier schon hatte. Ich denke an einen Besuch der Aussichtsterrasse, die in 150 Metern Höhe einen wunderbaren Blick über Wien eröffnet. Um den Aussicht in aller Ruhe genießen zu können, empfiehlt sich das drehende Restaurant. Dieses wollte einmal auch eine Gruppe Japaner besuchen. Leider kam es zu größeren Kommunikationsproblemen mit dem Donauturm-Personal, die sich in folgendem Dialog äußerten.

Der Japaner zum Ober: »Excuse me, is there a place for sitting?«

Der Ober, sehr bemüht, mit ausschweifenden Handbewegungen auf das WC-Symbol deutend: »Yes, yes, this way, Sir!«

Der Japaner, erkennend, dass dies nicht der Weg zu einem freien Tisch sein würde, erneut: »A place for sitting, please?!«

Der Ober, jetzt energisch: »A place for shitting, yes, this way, Sir!«

Da ich vollauf damit beschäftigt war, die Contenance zu bewahren, konnte ich leider keinen Beitrag zur interkulturellen Kommunikation leisten. Das kleine Missverständnis blieb unaufgeklärt und ich durfte zusehen, wie der Japaner, um höchste Höflichkeit bemüht, seine ganze Reisegruppe Richtung Toilette steuerte. Das nur so am Rande, weil ich die Geschichte so gern erzähle.

Doch selbst abseits solch interkultureller Begegnungen kann man Spaß haben: Für die Jüngsten gibt es Spielplätze, für die Mittleren Skaterparks, für die Älteren XXL-Schachfiguren und für alle dazwischen Tischtennis, Minigolf, Gratis-Tennisplätze sowie kostenlose Sommerkonzerte auf der Bühne Donaupark. Der Donauturm ist und bleibt für die meisten Leute das Highlight des Parks, für Unerschrockene, weil sich Auf- und Abstieg auch abseits der ausgetretenen Pfade bewältigen lassen. Aus einer Höhe von 152 Metern können Mutige den Abstieg mit Bungee-Jumping versuchen. Ausdauernde wiederum können den Aufstieg über die 776 Stufen und 60 Podeste im Rahmen des jährlichen Donauturmlaufs meistern. Ich bevorzuge den Lift: An klaren Tagen fahre ich hinauf, stelle mich auf die Aussichtsplattform und warte auf die nächsten japanischen Touristen mit unklarer Aussprache. *(Andrea Farthofer)*

Weil man in der Stadt sein Zelt aufschlagen kann

Ein Buchprojekt wie dieses geht nicht nur mit jeder Menge Arbeit einher, sondern es führt auch dazu, dass man gern auf den Auslandsurlaub verzichtet, um endlich in der eigenen Stadt das zu tun, was man im Ausland ganz selbstverständlich tut: Erkunden nach Herzenslust. Auch Campen in der eigenen Stadt fällt in den Bereich der selten genutzten Möglichkeiten. Wo steht geschrieben, dass sich Fernweh nur in der Ferne stillen lässt? Schließlich geht es mir um einen kleinen Tapetenwechsel und darum, die Grenzen der eigenen Comfort-Zone neu auszuloten und einfach mal eine andere zu sein.

Um dem Camping-Ausflug in der eigenen Stadt die nötige Außerordentlichkeit zu verleihen, beschließen wir, mit dem Fahrrad anzureisen. Die Menge an Gepäck ist überschaubar, das eigene Bett im Notfall nur 25 Kilometer entfernt. Der Selbstversuch beginnt mit einer schwierigen Auswahl: Drei Campingplätze buhlen darum, uns unsere erste Campen-in-Wien-Nacht zu bescheren. Die Campingplätze Wiens umringen die Stadt und liegen inmitten von viel Natur und doch nahe genug zur Stadt – nie mehr als zehn Kilometer vom Zentrum entfernt.

Aus geografischen Gründen – es soll möglichst weit entfernt von unserer Wohnung sein – fällt die Wahl schließlich auf Wien West. Weil wir uns erst wieder an das Leben auf dem Campingplatz herantasten müssen, reservieren wir einen der Bungalows. Wir befinden uns hier am Rande des Wienerwalds. Alles ist ganz wunderbar; sogar die Duschen überzeugen, denn sie weisen eine spritzwassergeschützte Nische auf, die verhindert, dass Badetuch und Gewand nass werden. In der Nähe des Campingplatzes gibt es ein umfassendes Angebot für kulturbeflissene und naturliebende

Reisende: das fantastische Ernst-Fuchs-Museum, bekannt aus Grund 28, urige Kleingartensiedlungen, die schönen Steinhofgründe für Spaziergänge und Picknick, die imposante Kirche am Steinhof von Otto Wagner sowie die Jubiläumswarte mit Traumblick über die Stadt und das Schutzhaus Rosental, nicht zu vergessen die idyllischste Pizzeria der Stadt, La Mama, die dankenswerterweise direkt neben dem Campingplatz liegt.

Der Campingplatz Neue Donau wiederum ist genau richtig für Wasserratten. Und damit meine ich nicht irgendwelche unerwünschten Vierbeiner, sondern vielmehr all jene, die zwischen der Radtour auf der Donauinsel und dem unverzichtbaren Stopp bei Toni's Inselgrill unbedingt in die Neue Donau springen oder zumindest auf einem der schwimmenden Pontons abhängen möchten. Sobald man genug vom Wasser hat, kann man sich der Lobau zuwenden, einem 22 Quadratkilometer großen Auengebiet an der Donau. Oder der U-Bahn, um nach nur zehn Minuten die Innenstadt zu erreichen.

Ausgehend vom Campingplatz Süd, rollt man die Stadt vom Süden her auf. Diese Anlage befindet sich in einem ehemaligen Schlosspark. Ganz in der Nähe ermöglicht der Badesee Brunn Abkühlung an heißen Sommertagen und auch die »100 Tage Sommer« aus Grund 99 sind nicht weit. Dank der Weitläufigkeit der Anlage sind die Stellplätze besonders großzügig gestaltet – groß genug auch dafür, wirklich alle Trophäen des Einkaufs in der nahe gelegenen Shopping City Süd aufzunehmen. Schließlich ist es leicht möglich, dass Sie beim Anblick all der schicken Kurzbademäntel, die morgens zur Dusche wandern, feststellen, dass ein solches Stück in Ihrer Garderobe fehlt oder Ihres vielleicht schon ein klein wenig in die Jahre gekommen ist. Nur wie Sie Ihre Schätze – voll getankte Akkus, volle Einkaufstaschen inklusive flauschigem Bademantel – auf dem Fahrrad nach Hause transportieren sollen, müssen Sie selbst herausfinden. Einen Zustellservice bieten die Campingplätze meines Wissens nach noch nicht, aber das kann ja noch werden. *(Andrea Farthofer)*

Weil auch die Wiener ein Meer haben

Ich darf gar nicht daran denken und muss es doch immer wieder tun! Viel zu gern wäre ich jetzt dort, würde hinausblicken, das nicht vorhandene Salz riechen, mir das schlammige Braun karibisch blau denken und dem »Dolce Vita« frönen.

Das Meer der Wiener liegt zwar nicht in Wien, kann aber von manchen Bezirken aus schneller erreicht werden als das andere Ende der Stadt, und deshalb ist es mit Fug und Recht in diesem Buch gelandet. Als Wiener hat man zwar reichlich Wasser zur Auswahl, doch die Weite des Meeres bleibt uns Binnenstädtern leider versagt. Deshalb fahren wir an den Neusiedlersee. Dieser liegt südöstlich von Wien im Burgenland, teils in Österreich und teils in Ungarn, und vereint auf beste Weise Natur, Wasser, Kulinarik und Shoppen. Der ideale Urlaubstag sieht wie folgt aus, wobei die Reihenfolge der Aktivitäten nach Lust, Laune, Wetter und Begleitung variiert werden kann: Frühstück mit Blick auf den See, wahlweise in Neusiedl oder Podersdorf oder gar im idyllischen Haus im See, das landseitig nur über das ungarische Fertörákos zu erreichen ist und besonders frühes Aufstehen, die Mitnahme des Reisepasses, solide Ortskenntnis und eine Reservierung erfordert. Danach folgt, die passende Begleitung vorausgesetzt, ein vormittäglicher Bummel durch das Outlet Center Parndorf, wo man Designerstücke aus den letztjährigen Kollektionen zum Schnäppchenpreis erstehen kann, um dann mittags erschöpft in eines der Strandbäder einzufallen. Den Hunger stillt man am besten zuvor bei einem Heurigen in einem der Strandorte, vorzugsweise etwas abseits der Massen in einem kleinen Gastgarten. Oder man bleibt unterwegs auf der Verbindungsstraße irgendwo auf einen »Steckerlfisch« stehen.

Dann kann man sich im Bad vom Shoppen erholen, womöglich eine Runde Tretboot fahren oder ein wenig durch den See spazieren. Er ist tatsächlich so seicht, dass man weitgehend stehen kann und Segelboote, einmal gekentert, gelegentlich mit dem Mast im Schlamm stecken bleiben.

Danach kann man beginnen, sich Gedanken über das Abendessen zu machen. Die touristische, aber auch angenehm Lignanomäßig pulsierende Strandpromenade von Podersdorf ist zur Intensivierung des Meeresfeelings und für einen schönen Sonnenuntergang bestens geeignet, was nicht zuletzt am weithin sichtbaren Leuchtturm liegt. Im Sommer findet man auch in all den anderen Orten nette Plätzchen, ob in der Seejungfrau in Jois oder im Restaurant Katamaran in Rust. Apropos nette Plätzchen: Wer abends nicht zurück in die Stadt fahren, sondern zu erschwinglichen Preisen am Wasser wohnen möchte, bringt am besten ein Zelt mit, denn der Campingplatz von Podersdorf liegt direkt am See.

Wem all das zu wenig Action oder zu wenig Natur ist, der kann auch den Nationalpark Neusiedlersee, einen der sechs österreichischen Nationalparks, besuchen. Hier gibt es Rad- und Wanderwege, die teils mitten durch die Weinberge führen, teils wunderbare Ausblicke auf den See und den Schilfgürtel eröffnen und jegliche Stadthektik vergessen lassen. Wer nicht selbst treten möchte, kann mit einer der Fähren ans andere Ufer übersetzen. Der Blick auf die rustikalen Schilfhütten bei Rust vom Wasser aus ist unübertroffen. Wobei Rust ja von der Landseite eher zur touristischen Sorte gehört, insbesondere seit hier die TV-Serie »Der Winzerkönig« mit Harald Krassnitzer gedreht wurde und man die Drehorte heute auf einem ausgeschilderten Stadtspaziergang besuchen kann. Noch sind aber die Störche, die sich in den Sommermonaten wie Reihenhausbewohner auf den Schornsteinen einnisten, die Hauptattraktion von Rust. Manchmal habe ich den Verdacht, dass sie sich tierisch darüber freuen, wenn sich wieder ein paar Touristen einen steifen Nacken holen, weil sie versuchen, das perfekte Foto zu schießen.

Wer den Neusiedlersee in aller Ruhe erleben möchte, kommt am besten im Frühjahr zur Kirschblüte. Bei einer Fahrradtour oder Wanderung durch die Weinberge kann man fast allein auf weiter Flur die Blütenpracht genießen. Doch eigentlich ist die Gegend um den Neusiedlersee immer einen Besuch wert: Im Winter kann man hervorragend eislaufen und im Herbst steppt hier nach der Weinlese der Bär, wenn auch manchmal ein wenig betrunken. Das Meeresfeeling gibt es zu jeder Jahreszeit kostenlos dazu.

(Andrea Farthofer)

Weil der Sommer 100 Tage haben könnte

Seit einigen Jahren beginnt der Sommer in Wien schon am 30. April. Zumindest bei schönem Wetter. Dann inszeniert man in Brunn am Gebirge, am südlichen Stadtrand von Wien, gern eine »Preopening Party« für den Sommer. Das gefällt mir. Der Sommer hat es sich verdient – im Zweifelsfall bin ich mit Vorschusslorbeeren großzügig. So sehen das anscheinend auch die Initiatoren dieser wunderbaren Idee.

Hier, wo nach eigenen Angaben »der Sommer daheim ist«, beginnt er am 1. Mai und dauert mehr oder weniger lange 100 Tage, wobei das mit der Zeitrechnung nicht so genau genommen wird.

Das Konzept ist simpel: Der Sommer bezieht am 1. Mai ganz einfach in Brunn am Gebirge sein Quartier, und wenn wir alle immer brav unsere Suppe oder Chicken Wings aufessen, bleibt er uns mit möglichst kurzen Pausen mindestens 100 Tage erhalten. Und weil der Sommer prinzipiell für jeden etwas bietet, tut er dies auch auf diesem 60.000 Quadratmeter großen Areal. Neben dem Sonnenbad und dem Sandburgenbau inmitten von 1000 Tonnen Sandstrand, Wasserspaß in einem natürlichen Schwimmteich mit 110 Millionen Litern bestem Wasser, Beachvolleyball und guter Musik gibt es auch köstliche Drinks. Wer es rustikal möchte, trollt sich auf den Fußballplatz, für die anderen bleibt so mehr Raum auf den Liegewiesen, unter den uralten Bäumen, auf den Designermöbeln oder an den Tischen über dem Wasser. Die Tagträumer können ihr Tagewerk bereits um neun Uhr morgens beginnen, die Nachtschwärmer haben Zeit bis Mitternacht und dürfen abends, wenn sich die DJs ans Werk machen, auch noch mal richtig aufdrehen.

Wir schreiben einen 30. April mit einer Rekordtemperatur von 30 Grad, als die Menschenmassen – allein 800 über Facebook »angemeldet« – einzutrudeln beginnen, zu einem lautstarken Quaken, dass man meinen könnte, die Frösche hätten den ganzen Winter lang die Mehrstimmigkeit geübt. Der Almradler (für Unbedarfte: eine Mischung aus Almdudler, der österreichischen Kräuterlimo mit dem Trachtenpärchen, und Bier) gibt einem die Illusion, dass er alkoholfrei ist, obwohl er doch zwei Prozent Alkohol enthält. Eine Frau ruft: »Ein ›Gefällt mir‹ hab ich schon!« Der Liebste meint: »Hab schon ein Foto hochgeladen.« Damit ist eigentlich alles gesagt. Dann kann man wieder unbehelligt von neuzeitlichen Geräten über den See bis zu den Kabanen am anderen Ufer blicken, sich über die Mischung aus Plätschern und Plauschen und über die kluge Mahnung des Holzkahns im Wasser mit der Aufschrift »Carpe Diem« freuen.

Weiße Mädchenbeine baumeln unbeschwert vom Steg ins kühle Wasser. Man führt aus, was man hat: die einen die sonnenentwöhnten Beine, die anderen Strohhut, Sonnenbrille oder den neuesten Sandspielbagger. Die hiesige Strandversion einer Modenschau erinnert ein wenig an Länder wie Malaysia, in denen man die Schuhe vor der Haustür stehen lässt. Hier stellt man sie vor dem Sand ab, sodass der Holzsteg, der durch den Sandstrand führt, gesäumt ist von interessanter Fußbekleidung. Sollte einem sehr langweilig sein, könnte man versuchen zu erraten, welcher Person, welchem Bikini oder Badeanzug die Schuhe gehören könnten. In der Zwischenzeit können die Kleinen schon mit dem Bagger ans Werk gehen und eine mittlere Festung aus Sand bauen oder im Kinderteich planschen.

Am Strand, auf den Liegen und an den Tischen trifft Jung auf Fastjung und Tradition auf Globalisierung. Backhendlsalat versus Chicken Wings, Almradler versus Corona – das sind die drängendsten Fragen an diesem Tag, der einem Hoffnung macht auf einen Jahrhundertsommer, mitten im meteorologischen Frühling, und mich vergessen lässt, was der Kellner auch längst vergessen hat: meine Bestellung. Aber in diesem Ambiente stört nicht einmal das.

(Andrea Farthofer)

Weil Wien innerstädtisch blüht und gedeiht

Rückenübungen im Freien, ohne Anleitung und ohne Matte, in ausgedienten Klamotten und mit schmutzigen Händen? Ob Pilates-Trainer das wirklich gutheißen würden? Mit Übungen wie Hund, Katze und Brücke hat das alles nicht viel zu tun, wie es scheint. Und ob das Powerhouse ordentlich aktiviert ist, wage ich auch zu bezweifeln.

Menschen mit diesem auf den ersten Blick ungewöhnlichen Hobby sieht man immer öfter. Der Sport heißt Nachbarschaftsgarteln oder neudeutsch »Gardening« und nimmt immer neue Formen an. »Garteln ums Eck« ist ein Beispiel dafür. War das Garteln früher noch auf die Schrebergärten beschränkt, wo es, siehe Grund 49, auch schon üppige Formen annahm, breitet sich dieses Hobby derzeit wie Unkraut aus – auf das gesamte städtische Gebiet. Das fällt unter die Kategorie »Urban Gardening« oder »Urban Farming« und dient a) der Begrünung der Stadt, b) dem seelischen Gleichgewicht der GärtnerInnen, c) den Stadtbewohnern und -besuchern und d) der Umwelt.

Nach dem Winter entdecke ich am Kaisermühlendamm eine eingezäunte Wiese (ganze 4500 Quadratmeter, wie ich später erfahre), wobei die Wiese alt, der Zaun aber neu ist. In den folgenden Wochen beobachte ich gelegentlich Leute, die ebenso ratlos wie ich über den Zaun blicken, bis ich irgendwann ein Schild entdecke, das Klarheit schafft. Hier entsteht ein Nachbarschaftsgarten für Kaisermühlen und die Donau City. Ein paar Wochen später ist dies auch ohne Schild zu erkennen. Pflanzstöcke und Rankhilfen, Erdhaufen, Spaten und Rechen neben Gießkannenparaden, die an eine Kunstinstallation erinnern, von winzig bis riesengroß, von grün bis pink, sowie vereinzelte Pflanzen sind unmissverständliche Hinweise. Solange noch nichts blüht, müssen die Utensilien als Farbtupfer beziehungsweise Platzhalter fungieren: Über Pfosten gestülpte rot-weiße Gummistiefel, gelbe Handschuhe oder blaue Eimer erleichtern vermutlich auch das Auffinden der eigenen Parzelle.

Weitere zwei Wochen später sind erstmals Menschen innerhalb des eingezäunten Bereichs zu erblicken – mit aufgekrempelten Ärmeln, einem Spaten und einem glücklichen Lächeln. »Ich habe immer so eine Riesenfreude, wenn ich hier sein kann«, sagt eine Frau zu mir und das könnte den Hauptzweck dieser Nachbarschaftsgärten schon ausreichend beschreiben. In diesen Parzellen darf gegen einen geringen Saisonbeitrag gegartelt und gepflanzt werden, ob Gemüse oder Blumen ist dabei jedem selbst überlassen. Auch Sitzgelegenheiten sollen noch kommen, aber das werde ich wohl bei einem meiner nächsten Besuche sehen, wenn die glücklichen Gärtnerinnen vor dem Hintergrund der Skyline der Donau City in ihren Liegestühlen im Schatten der Sonnenblumenreihen rasten, ihr Powerhouse entspannen und nichts tun, als den Tomaten beim Erröten zuzusehen.

Während der unvermeidlichen Wartezeit auf die Zuteilung einer Parzelle können sie ihren grünen Daumen bei anderen Projekten einsetzen, wie sie derzeit von Organisationen, wie etwa dem Verein Gartenpolylog, oder Grätzel-Zentren gemeinsam mit Bezirksvorstehungen und Wiener Stadtgärten betrieben werden. Die Idee: Familien oder Einzelpersonen, Kindergärten, Schulen oder Pensionisten-Wohnhäuser kümmern sich gemeinsam um neu angelegte Minigärten. Wie so oft übersteigt die Nachfrage das Angebot, sodass die Beete verlost werden müssen.

An allen Ecken und Enden Wiens scheint es derzeit zu sprießen. Diesen Eindruck habe ich jedenfalls, wenn ich wieder einmal zwischen geparkten Fahrzeugen kleine, liebevoll begrünte Flächen entdecke. Sogar die wunderbaren Stockrosen wachsen da, mitten am Max-Winter-Platz, während ich mich seit Jahren bemühe, auch nur eine einzige im Garten großzuziehen. Wie ungerecht! In der

Tigergasse wird der Gemeinschaftsgarten Tigerpark betrieben, bei dem gelbe Zucchiniblüten und knallrote Tomaten für reichlich Farbtupfer im saftigen Grün sorgen. Auch im 1200 Quadratmeter großen Nachbarschaftsgarten Heigerleinstraße kämpfen Kürbisse und Kapuzinerkresse, Sonnenblumen und Studentenblumen, Pelargonien und Paradeiser (Tomaten), Rosmarin und Rhabarber um die Gunst der Sonne und der für ihre Pflege zuständigen Anrainer. Seit 2008 gestalten hier Menschen aller Generationen und verschiedener Herkunft diesen ersten Nachbarschaftsgarten Wiens.

Fast hat es den Anschein, als ob die Wiener nicht genug von derlei Initiativen bekommen können. In der Krongasse etwa wurden für einen Sommer zwei Parkplätze zum Grünraum gewidmet. Die beiden Geschäftsbesitzerinnen Gudrun Wallenböck von Hinterland und Sandra Haischberger von Feine Dinge haben unter dem Motto »Pflanzen statt Parken« mit einfachsten Mitteln ein Mini-Gartenparadies geschaffen – ein bürokratischer Hürdenlauf mit Happy End und ein weiterer Grund, Wien zu lieben. Rollrasen, gestapelte Obstkisten aus Holz, die die Anrainer bepflanzen durften, Sitzgelegenheiten aus Obstkisten, zarte Windlichter aus eigener Fertigung, Sonnenschirm und Liegestuhl inklusive. Tomaten sprießen hier ebenso wie Kräuter und Blütenpflanzen. Wo steht schon geschrieben, dass auf Parkplätzen nur Autos abgestellt werden dürfen und nicht auch begrünte Obststeigen? Auf die zwei Parkplätze weniger kommt es nicht einmal in Margareten an. Und dann wird Wien vielleicht eines Tages die erste Großstadt sein, die ihre Einwohner nicht nur mit Gemüse, sondern auch täglich mit frischen Schnittblumen versorgen kann.

(Andrea Farthofer)

Weil Parks mehr draufhaben

Früher, als Telefone noch an verdrehten Kabeln hingen, als man noch »abheben« und »auflegen« sagte und das auch meinte, als man für »Blackberries« im Englischunterricht noch Obstschalen anstatt Ladestationen brauchte und Singles noch auflegte und nicht aufriss, stand ein Besuch im Park zumeist für Entenfüttern, Gassigehen (auch »den Hund äußerln führen« genannt) und Spielplatzbesuch. Es gibt nichts, was gegen dieses Programm spricht. Trotzdem freue ich mich, dass sich die Zeiten geändert haben.

Im Sommer hat man in Wien die Qual der Wahl, wenn man dem Verdauungsspaziergang etwas Pep verleihen möchte. Für Gelenkige und alle, die es noch werden wollen, gibt es Yoga-Veranstaltungen. »Bring your own« könnte das Motto lauten, das sich hier auf die Matte und nicht wie in nicht-lizenzierten australischen Lokalen auf den Alkohol bezieht (wobei auch das schon vorgekommen sein soll – allerdings ohne Korkgebühr). So finden sich etwa im Türkenschanzpark und im Stadtpark regelmäßig bewegungswillige Personen ein und geben unter Anleitung eines Instruktors mit ihren bunten Matten und interessanten Verrenkungen ein spannendes Bild ab.

Nicht weniger anspruchsvoll, wenn auch etwas passiver geht es im Augarten zu, wo man unter dem Motto »Shiatsu im Park« an Sonn- und Feiertagen wahlweise 15 oder 30 Minuten durchgeknetet wird.

Das ist natürlich nur eine sehr laienhafte und beschönigende Beschreibung dessen, was Shiatsu zu bewirken imstande ist. Wenn das Kindergelächter, das Klappern der Teller und die klassische Musik im Hintergrund vor lauter Entspannung immer leiser werden, ist der Sonntag schon fast perfekt.

Wer dann so erholt ist, dass er glaubt, mehr Ruhe und Einkehr geht nicht mehr, kann sich im japanisch inspirierten Setagaya-Park zu Zen-Abenden einfinden. Michaela Höfenstock, eine nette ältere Dame, weiht die Besucher einmal im Monat im Teehaus in die Geheimnisse des Qigong ein. Dabei strahlt sie eine solche Ruhe aus, dass man meint, sofort mit dieser Entspannungsform beginnen zu müssen. Vielleicht ist man in 13 Jahren so weit wie sie und kann der Welt und dem Bezirksvorsteher, den sie anscheinend problemlos von ihrer Idee überzeugen konnte, mit der nötigen Gelassenheit begegnen. Dass sie neben der entsprechenden Ausstrahlung Erdbeeren für ihre »Gäste« mitbringt, ist da nur mehr das Tüpfelchen auf dem japanischen i.

Um die hohe Kunst der inneren Einkehr zu praktizieren, kann man den Bruno-Kreisky-Park im 5. Bezirk aufsuchen. Die über den Park verteilten roten Hängematten waren zunächst eine Installation des Künstlers Michael Kienzer und sind mittlerweile zu einer sommerlichen Dauereinrichtung avanciert. Sie sorgen für Tiefenentspannung – mindestens bis zum nächsten Streit der Kinder, die in diesem Park herumtollen.

Wenn Sie altes Brot zu Hause haben, das Sie einem guten Zweck – etwa den Wiener Enten – zukommen lassen möchten, können Sie das natürlich weiterhin tun. Das Ergänzungsprogramm ist mit der Zeit gegangen und weist den Weg in eine vielleicht buntere, vielleicht ruhigere, vielleicht auch bald ausgeglichenere Zukunft.

(Andrea Farthofer)

KAPITEL 11

Feste feiern, wie sie fallen

*»But you know that when the truth is told
that you can get what you want or you get old,
you're gonna kick off before you even get
halfway through, when will you realize,
Vienna waits for you.«*

»Vienna«, Billy Joel

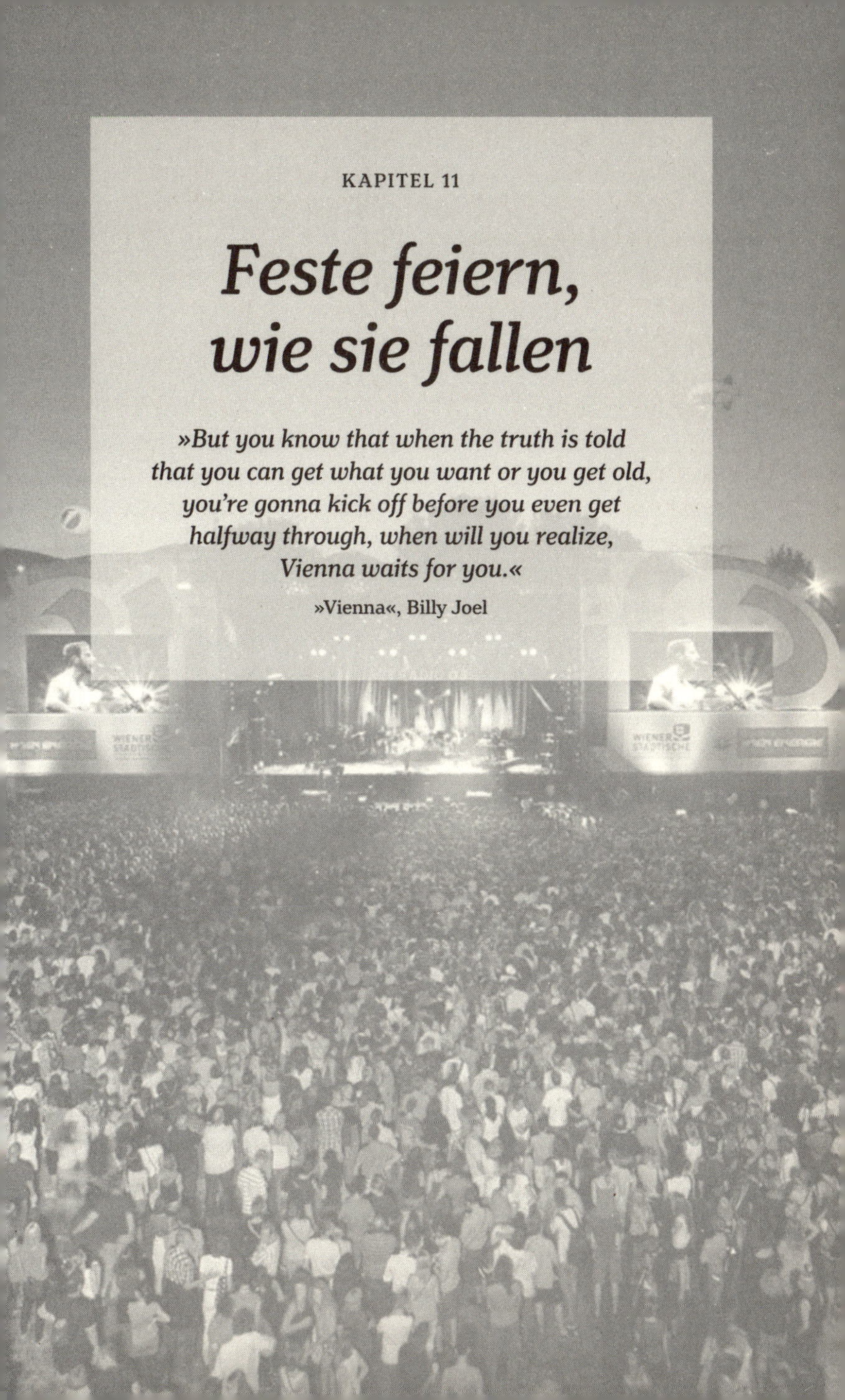

Weil beim Donauinselfest
die Massen ausflippen

Wollen Sie wieder mal so richtig Party machen? Von einer Bühne zur nächsten flanieren, ein Bier in der einen Hand, einen Hotdog in der anderen? Mitten in einer Weltstadt? Willkommen in Wien, willkommen beim Donauinselfest! Willkommen unter unzähligen Gleichgesinnten, die sich das dreitägige Spektakel nicht entgehen lassen! Ganze drei Millionen waren es 2012, die hier die Tage zur einer einzigen Party und die Nächte zum Tag machten.

Seit 1984 hat sich das Wiener Donauinselfest zum größten Open-Air-Festival in ganz Europa entwickelt. Dabei begann alles recht klein. Als der Stadtpolitiker Harry Kopietz 1983 auf Wunsch des damaligen Bürgermeisters Helmut Zilk im Umfeld der Floridsdorfer Brücke ein kulturelles Frühlingsfest organisierte, bei dem die rein österreichischen Acts (damals noch »Bands« genannt) Minisex, Tom Pettings Herzattacken sowie Heli Deinböck auftraten, rechnete man mit 15.000 Besuchern. Gekommen sind 160.000, was dazu führte, dass das Fest in den Folgejahren fortgesetzt und ausgeweitet wurde. In der Jubiläumspublikation zum 20-jährigen Geburtstag des Donauinselfests, »Vergiss Woodstock! Die Geschichte eines Welterfolges: 20 Jahre Donauinselfest«, lässt Harry Kopietz die imposante Entwicklung Revue passieren. Das Datum des Donauinselfests ist ein Fixpunkt in zahlreichen Kalendern geworden, ein Termin, um den herum man seinen Urlaub plant.

Bereits viele Tage vorher beginnen die Aufbauarbeiten: Das gesamte Gelände sieht dann wegen der vielen Container aus, als ob es sich mit dem Hamburger Hafen anlegen wollte, als ob man alle mobilen WCs Westeuropas an einem Ort zusammengetragen hätte – und alle Arten von Holzbuden und Holzständen gleich dazu. Das

Ausmaß der WC- und Zeltstädte, die einem bei einer Fahrt mit der U1 ins Auge springen, hat etwas Besorgniserregendes. Fast könnte man meinen, dass der große Exodus von nebenan kurz bevorsteht. Und eigentlich ist das ja auch der Fall.

Ende Juni zeigt sich Jahr für Jahr, was aus der bescheidenen Idee eines Frühlingsfests geworden ist. Ein vielseitiges Programm auf rund 30 Bühnen zwischen Reichsbrücke und Nordbrücke lockt Besucher aus aller Welt an. Wer verzichtet schon auf ein Gratiskonzert von Udo Jürgens, der hier nach eigener Aussage vor 250.000 Menschen das »beste Konzert seines Lebens« gab, Christina Stürmer, Falco (das Gewitter, das das Konzert erst durch einen Blitzschlag zu einem jähen Ende brachte, möchten die 150.000 klitschnassen Fans wohl nicht noch einmal erleben, aber ganz bestimmt auch nicht missen), STS, Georg Danzer, Rainhard Fendrich, der für den Tage zuvor plötzlich verstorbenen Georg Danzer ein berührendes Gedenkkonzert gab, die Kelly Family, Simple Minds, die Beach Boys, Joe Cocker, Nena oder Kim Wilde? Viele von ihnen traten vor 200.000 bis 300.000 Menschen auf!

Die Bandbreite bei den Künstlern ist ebenso groß wie bei den Besuchern. Sie haben die Wahl und vielleicht die Qual, denn die weiteste Entfernung zwischen den Bühnen beträgt immerhin 6,5 Kilometer. Da hilft es, wenn man sehr klar definierte musikalische Vorlieben aufweist. Eingefleischte Country-Fans machen es sich vor der Country-Bühne bequem, Mainstream-Musik genießt man bei der Hauptbühne nahe der Floridsdorfer Brücke, Schlager bei der Schlagerbühne. Dazwischen sorgen rund 150 Stände für die Verköstigung, die die gesamte kulturelle und kulinarische Breite Wiens abdeckt. Angeblich, so berichtete die Stadtzeitung »Falter, Ausgabe 25/12«, werden beim Donauinselfest jährlich rund drei Millionen Brathendl verkauft (eines pro Besucher), zwei Millionen Steckerlfische, eine Million Kebabs, sieben Millionen Würstel und fünf Millionen Liter Bier (spätestens an dieser Stelle höre ich aus Mangel an Fantasie jedes Mal auf, das auf den einzelnen Besucher umzurechnen). Die glückseligen Massen, die nach den Konzerten je nach Wetterlage sonnengebräunt oder klitschnass, dank der 300 Gastrostände jedenfalls gut gesättigt, zur Straßenbahn pilgern, haben alle etwas gemeinsam: das große Lächeln und die Vorfreude auf das nächste Donauinselfest!

(Andrea Farthofer)

Weil man das Tanzbein
hier so gut schwingen kann

Okay, die Überschrift verspricht vielleicht ein klein wenig zu viel. Für »so gut« können wir keine Garantie übernehmen – obwohl sich die rund 30 Wiener Tanzschulen redlich Mühe geben. Aber sie bieten zweifellos eine unübertroffene Fülle an Kursen an. Auch an Übungsgelegenheiten mangelt es nicht. Schließlich finden in Wien pro Saison rund 450 Bälle statt, die wiederum unglaubliche 475.000 Besucher anlocken. Das muss man sich vorstellen: 950.000 Beine, die über die Saison koordiniert werden wollen – und das, wo manche Menschen doch schon mit den eigenen zwei Beinen vollauf beschäftigt sind.

Was das Flair einer Wiener Ballnacht ausmacht? Da gibt es die unterschiedlichsten Auffassungen und Angaben. Von »endlich mal richtig schick ausgehen«, »sich eine Nacht lang wie eine Prinzessin fühlen« (nach einigen Stunden vielleicht mit gefühlter Erbse zwischen den Zehen), »sich richtig was gönnen« (billig ist so eine Ballnacht ja nicht, außer man schafft es, bis Mitternacht wach zu bleiben und sich dann gratis bei einem der Bälle hineinzuschummeln) bis »mal wieder die Nacht durchtanzen« reichen die Gründe der Frauen. Aber da wären auch noch Ansagen wie: »Testen, ob die High-Heels-Pflaster wirklich was taugen«, »sehen, was es dieses Jahr als Damenspende gibt – mit Glitzersteinchen besetzte Strümpfe mit Naht oder vielleicht einen besonders auffälligen Lippenstift« oder »schauen, ob die Ersatzschuhe wirklich in die neue Clutch passen«. Bei den Männern ist die Sachlage etwas anders: »Der Liebsten eine Freude machen« steht da ganz weit oben, knapp gefolgt von »endlich wieder gute Live-Musik hören« und »mal wieder um vier Uhr morgens beim Würstelstand enden«. Ach ja, und manche Menschen tanzen eben einfach gern. Auch das soll es geben, vor allem in Wien.

Damit die Damen und Herren um vier Uhr morgens aber nicht an unterschiedlichen Würstelständen stehen, empfiehlt es sich, wenn schon nicht einen der zahlreichen Kurse der rund 30 Wiener Tanzschulen, die teilweise mehrere Standorte bedienen, dann wenigstens einen Ball-Blitzkurs oder zumindest einen kleinen Crash-Kurs zu absolvieren. Danach wissen beide Parteien zumindest, worauf sie sich einlassen. Die unverbindlichste Möglichkeit, einen solchen Schnellstkurs zu belegen, ergibt sich zu Faschingsbeginn am 11.11. jedes Jahres.

Am Vormittag finden sich Vertreter der Wiener Tanzschulen, eine 50-köpfige Abteilung der Gardemusik des Österreichischen Bundesheers sowie alle Tanz- und Faschingsbegeisterten, Anfänger ebenso wie Profis, Stammbesucher ebenso wie »Laufkundschaft«, am Graben in der Wiener Innenstadt ein. Vertreter der Tanzschulen und bekannte Gäste sorgen für erste Tanzkenntnisse oder geben jedenfalls ihr Bestes. Neben der traditionellen Fledermaus-Quadrille werden auch Grundkenntnisse im Galopp vermittelt. Innerhalb kürzester Zeit breitet sich das Tanzfieber über den Graben aus, und Jung und Alt versuchen, den Anweisungen der Tanzlehrer Folge zu leisten, was bei dem dichten Gedränge von mehr als 3000 Menschen auch zu nicht planmäßigen Damenwechseln führen kann.

Zum Abschluss gibt es Dreivierteltakt und Walzerklänge mit einfachen Anweisungen für Anfänger, bei denen man noch nicht in die peinliche Lage kommt, Links- und Schinkenfleckerl auseinanderhalten zu müssen (für Nichtwiener: eine Tanzfigur im Wiener Walzer bzw. ein Nudelauflauf der Marke »Hausmannskost«). Man kann sich an den Profipaaren auf der Bühne orientieren, die die richtige Haltung und Schrittfolge vorzeigen. Um 11.11 Uhr erfolgt mit dieser Veranstaltung die Eröffnung der Ballsaison. Dabeisein ist alles! Denn der Weg bis zum gekonnten Auftritt auf dem glatten Ballparkett ist weit. Doch dieser wird mit jedem unfallfreien Walzerschritt kürzer. Das erklären leidenschaftliche Tänzerinnen jedenfalls seit Jahren ihren potenziellen Tanzpartnern. *(Andrea Farthofer)*

Weil es in den Kellergassen stürmisch zugeht

In keiner anderen Weltstadt kann man den Frühling so herzlich begrüßen und den Herbst so liebevoll verabschieden wie in Wien. »Wien« und »Wein« haben eben viel gemeinsam. Schließlich ist Wien die einzige Millionenmetropole weltweit, die innerhalb der eigenen Stadtgrenzen einen wirtschaftlich bedeutenden Weinbau ihr Eigen nennt. Ganze 700 Hektar Wiener Weingärten gibt es – seit Kurzem auch 100 Quadratmeter direkt am Donaukanal gegenüber der »Summerstage«-Terrasse, wo, betreut vom Weingut Cobenzl, in einem Schauweingarten der klassische »Wiener Gemischte Satz« wächst.

Wenn man es im Frühling kaum mehr erwarten kann, sich endlich wieder ohne Fellstiefel und Wollmützchen im Freien aufzuhalten, und der launische April dem vielversprechenden Mai weicht, wird es Zeit, sich auf das »Mailüfterl« einzustimmen. Dieses weht jedes Jahr im Frühling in Stammersdorf, einer der wichtigsten Weingegenden im Norden Wiens. Der Kulturverein »Lebenswertes Floridsdorf« lädt dann zu einem angenehm untouristischen zweitägigen Fest ein, bei dem die Gastronomiebetriebe der Gegend ihre Schmankerl (alias Leckerbissen oder Spezialitäten) und Weine ans Sommer entwöhnte Volk bringen. Die schönste Kellergasse Wiens wird dafür zur Fußgängerzone und das Gehör tolerant, denn bei diesen Veranstaltungen findet man sich auch mit einer Art musikalischer Untermalung ab, die vielleicht (Stichwort »Weana Weibawirtschaft«) nicht jedermanns Geschmack trifft. Sind die Kinder einmal in der Hüpfburg versorgt, kann man sich in Ruhe den ersten großen Sommergefühlen hingeben: in einem der zahlreichen Gastgärten der Heurigen, in den Hinterhöfen oder direkt auf dem Kopfsteinpflaster der Kellergasse. Mein Geheimtipp dabei sind neben dem stylish-urigen Heurigen Auszeit (Teak- und

Loungemöbel treffen auf Rebstöcke und machen aus der ehemaligen Schiefen Hütte eine Wein-Lounge) auch der traditionelle Heurige Zur Christl mit besonders toller Aussicht auf die Weinberge. Auch im Hexenhaus sitzt man sehr gut. Nur vom Blauburgunder Rosé lasse ich dort lieber die Finger. »Am Gaumen rund und mollig« ist mir dann doch zu gefährlich, wer weiß, ob der Rosé rechtzeitig vor den Hüften haltmacht!

Auf einer Länge von knapp einem Kilometer kann man sich in der Kellergasse auf eine musikalische Zeitreise begeben und im Schnelldurchlauf erfahren, was Wien in den letzten Jahrzehnten von Heurigen- und Wienerliedern bis zu Austropop hervorgebracht hat. In der Auszeit nehmen wir zu Kümmelbraten-Salzstangerl und Spanferkel Austropop durch. Mit Hansi Lang »spielen wir Leben«, mit STS »spüren wir die Liebe bis in die Zechenspitzen« und mit Rainhard Fendrich »scheint die Sonn vü zu schen und i vergiss wieder amoi aufs Schlafengehn«.

Ins Hexenhaus trägt der Wind ein aufkommendes Gewitter sowie Live-Musik der Marke »polyglott und falsch«. Der Sänger gibt von sich: »Ich war noch niemals in New York« und jemand sagt: »Sie hätten ihn ruhig fahren lassen können.« Darauf folgen »O sole mio«, »Wenn in Capri die rote Sonne« sowie »New York, New York«, »Massachussetts« und »Mei potscherts Leben« von Boxlegende Hans Orsolics.

Zur Verteidigung des Sängers wende ich ein: »Immerhin, er trifft die Töne«, jemand entgegnet: »Aber nicht die richtigen.« Über Geschmack lässt sich eben nicht streiten. Was das Fest betrifft, ist man hingegen weitgehend einer Meinung: »Nein, der Regen wird nicht kommen, ja, es wird ein gutes Weinjahr und dieser Sommer wird der beste seit Langem.«

So oder so ähnlich kommt es auch. Im August folgen die Weintage in der Stammersdorfer Straße, und nachdem der Sommer wieder einmal zu schnell verflogen ist, wird im Herbst in Stammersdorf noch einmal richtig aufgegeigt, was die Veranstalter in puncto

Musikprogramm hoffentlich nicht allzu wörtlich nehmen. Bei den »Stürmischen Tagen« im Oktober werden im Rahmen eines zweitägigen Fests Most und Sturm (vergorener bzw. stark vergorener Traubensaft) ausgeschenkt und man erfreut sich noch einmal an der Wiener Weinkultur, die wir Kaiser Josef II. verdanken. Dieser regelte nämlich 1784 das Recht der Weinhauer (wie wir zu den Weinbauern sagen), Eigenbauwein im eigenen Haus ohne Lizenz auszuschenken. Dafür kann man dem Kaiser gar nicht genug danken.

(Andrea Farthofer)

Weil man sich in der Grotta nicht fürchten muss

Einen Opernsänger persönlich zu kennen hat mehrere Vorteile. Erstens: Man bekommt zu manch passender und manch unpassender Gelegenheit kostenlose Hörproben von den Melodien der Welt. Zweitens: Sollte das legendäre Filmfestival am Rathausplatz eines Tages eine schlechte Opernaufzeichnung übertragen, bräuchte man sich keine Sorgen zu machen. Der Herr Opernsänger würde sicherlich in die Bresche springen. Drittens: An der Seite eines Insiders entdeckt man wunderbare Geheimplätze in Wien. Womit wir auch schon beim Punkt wären. Mein Freund Manfred ist Opernsänger, so richtig: studierter Bass-Bariton, von A bis Z, von »Anatevka« bis »Zauberflöte«, und B bis P, von Balu, der Bär, bis Papageno. Das ist gut so, denn sonst könnte ich Ihnen diese Geschichte nicht erzählen. Ich meinerseits bin ja trotz aller Bemühungen eher Pop und Rock zugetan als der Klassik. Zur jährlichen Horizonterweiterung gehe ich aber so wie die anderen 699.999 Besucher gern zum Filmfestival auf dem Rathausplatz, wo hochkarätige Opern- und Konzertaufzeichnungen ausgestrahlt werden. Leute vom Fach geben sich damit aber nicht zufrieden. Natürlich lockt die wunderbare Szenerie und die fantastische Kulinarik, doch was ist das schon im Vergleich zum pittoresken Ambiente eines idyllischen Parks?

Eines Parks, der nur in den Sommermonaten für die Allgemeinheit zugänglich ist und den Rest des Jahres den Schülern und Lehrern des Theresianums, einer Wiener Privatschule, vorbehalten bleibt. Aber im Sommer zieht für einige Wochen der Wiener Operettensommer ein. Da wird seit einigen Jahren aus den Gemäuern rund um den Park eine traumhafte Kulisse, im Park werden romantische Pavillons aufgestellt und Lämpchen aufgehängt, und die original erhaltene barocke »Grotta« des ehemaligen Gartentheaters verwandelt sich in ein »Land des Lächelns« oder das Bühnenbild für die »Polnische Hochzeit«. In den Vorjahren waren »Die Csardasfürstin« und »Die lustige Witwe« auf Besuch und »Wiener Blut« ist hier auch schon geflossen.

Wer frühzeitig eintrifft, kann und sollte sich im Park niederlassen und ein zum jeweiligen Stück passend zusammengestelltes Operetten-Dinner oder Operetten-Picknick genießen. Wer mit Balu, dem Bären, da ist, kann sich auf ein kleines, aber feines Honig-Picknick freuen; Balu versteht bekanntlich etwas von Gemütlichkeit. Während man sich dem Genuss hingibt, Ausschau hält nach eventueller Prominenz oder nach dem Vollmond, kann man die kulturhistorisch interessanten Fakten Revue passieren lassen. Denn in diesem Schloss, der sogenannten »Favorita«, verbrachte Maria Theresia einen Teil ihrer Kindheit und Jugend. Mit dem Gartentheater der »Grotta« war es im Wien des 17. und 18. Jahrhunderts die wichtigste Kultur- und Feststätte des höfischen Adels. Vor allem pompös inszenierte Barockopern und Theateraufführungen zu den Geburtstagen des Kaisers erfreuten sich unter Leopold I. bis Karl VI. größter Beliebtheit. Nach dem Bau von Schloss Schönbrunn verlagerte sich das kulturelle Leben dorthin und die »Favorita« wurde zum Depot degradiert. 1746 gründete Maria Theresia die Theresianische Akademie und machte aus dem Lieblingsschloss ihres Vaters eine Schule.

Wenn man von den zirpenden Grillen aus den Träumen gerissen oder von Balu auf den Sitzplatz geschubst wurde, kann man der Pop-Seele neue Nahrung geben und sehen, wie ihr das mit der Klassik so behagt. In dieser Umgebung ist sie wider ihre Natur sehr pflegeleicht, was bei der spritzigen polnischen Hochzeit auch gar nicht schwierig ist. Abgesehen davon: Hierher kommt man ohnehin wegen des Ambientes. Sonst müsste man vielleicht sogar Lehrer im Theresianum werden und das wäre doch zu viel verlangt.

(Andrea Farthofer)

Weil der Stadtpark eine Genussoase ist

Nicht überall, wo Park draufsteht, ist auch gleich viel Park drin. Bei manchen handelt es sich um richtige XXL-Versionen mit allem Pipapo, während andere eher Liliputausführungen sind. Zum Glück findet man auf der Website *www.wien.at* umfassende Informationen zu den Parks und Parkanlagen in Wien. Von »Parks mit Hundeverbot« über »Geprüfte Rodelmöglichkeiten in Parkanlagen« und »Parkanlagen in ehemaligen Friedhöfen« bis zu »Wasserspielplätzen in Wien« und »Generationenspielplätzen in Wien« reichen die Kategorien.

Im Stadtpark, der sich vom 1. bis in den 3. Bezirk erstreckt, begann das Parkleben der Wiener und Wienerinnen vor mehr als 150 Jahren, wie 2012 bei einer eindrucksvollen Geburtstagsfeier unter Beweis gestellt wurde. Schon die Lage an der Ringstraße ist vielversprechend. Das trifft natürlich auch auf andere Parks zu, wie den Burggarten oder den Volksgarten. Doch ein Park, für den einerseits das Wiener Stadtgartenamt ins Leben gerufen wurde und der andererseits einmal im Jahr offiziell zum Genuss freigegeben wird, sticht alle anderen aus.

Seit 2008 gibt es mittlerweile das Genussfestival im Wiener Stadtpark. Das »Kulinarische Erbe Österreich« und die Stadt Wien organisieren dieses Open-Air-Event, bei dem rund 150 Stände mit Köstlichkeiten aus ganz Österreich zum Verkosten und Kaufen einladen. Meistens geht das eine nicht ohne das andere ab, selbst wenn man mit den Leckereien oft nicht sehr weit kommt. Menschen, die an alles gedacht haben, sind zweifellos im Vorteil: Mit einer Decke und einem Taschenmesser ausgerüstet zu sein, kann nicht schaden. Ich habe selten traurigere Gesichter gesehen als die einer Familie, die auf einer Decke voll soeben erworbener Leckereien feststellen musste, dass den Speisen auch mit viel Fantasie und

Toleranz, was die Esskultur betrifft, einfach nicht ohne Werkzeug beizukommen war. Aber keine Angst: Auch Picknickkörbe werden angeboten, und ich gehe davon aus, dass darin bereits das nötige Werkzeug integriert ist. Außerdem präsentieren Spitzenköche in einem eigenen Gourmetzelt heimische Köstlichkeiten auf höchstem Niveau.

Das eigentliche Highlight ist aber die Tatsache, dass man einen Park für drei Tage einfach umfunktionieren kann. Dass er eben mal so zum Treffpunkt und Lümmelplatz wird, wo zwischen Kübelbrot und Heumilchkäse, Schwarzkümmelöl, Uhudlersekt, Punkerl, Maiwipferlsirup, Blunzgröstl, Hubertusspeck, Subira, Schneckenkaviar, Safranschokolade, Stutenmilchnougatlikör und Gamswurst sicher für jeden etwas dabei ist. Fragen Sie mich jetzt aber bitte nicht, worum es sich bei all diesen Produkten handelt. Um das herauszufinden, müssen Sie schon selbst vorbeischauen – genau deshalb wurde das Festival schließlich ins Leben gerufen.

(Andrea Farthofer)

Weil Vollmondnächte zauberhaft sind

Dass man in Wien vor lauter Donau-Gewässern durcheinanderkommen kann, sollte Sie nicht verunsichern. Irgendwann klappt das schon mit dem Auseinanderhalten: Donau, Alte Donau, Neue Donau, Donauinsel, Donaukanal – und dann auch noch die Wien. Aber mit diesem Problem sind Sie nicht allein, wie Sie aus Grund 65 wissen.

Aber eigentlich ist es ganz einfach: Die Donau ist der breite Strom, den Sie etwa zwischen Passau und Bratislava durch Österreich beradeln oder aber von Wien nach Bratislava mit dem Schiff befahren können, was Sie auch unbedingt tun sollten. Die Alte Donau ist nicht nur ein triftiger Grund, Wien zu lieben, sondern auch ein Altarm der Donau, der heute nur mehr durch einen Damm mit dieser verbunden ist und dank zahlreicher Strandbäder und netter Lokale ein beliebtes Freizeitgebiet der Wiener ist.

Mindestens ebenso wissenswert: Dort, wo in den Sommermonaten in Ihrem Kalender ein Vollmondsymbol steht, sollte der Hinweis »Vollmondfahrt Alte Donau« nicht fehlen. Für die Planung ist das nicht schlecht: So kann man schon Tage vorher mit der Vorfreude beginnen und sich gleich vorab um eine Reservierung kümmern.

Für Verpflegung ist gesorgt, ob Sie nun eines der zahlreichen direkt am Wasser gelegenen Lokale aufsuchen oder sich für das Mondscheinpicknick im Ruder-, Tret- oder Elektroboot entscheiden. Egal, was Sie bevorzugen: Am Ufer sitzend oder vom Wasser aus können Sie zusehen, wie die Sonne hinter der Skyline verschwindet, der volle Mond das Gänsehäufel ins rechte Licht rückt und die Gelsen zu einer Banalität schrumpfen lässt. Vom Ufer breitet sich nicht nur der Geruch von Spareribs, sondern auch LiveMusik über das Wasser aus. Während man sein Boot gemütlich über die Alte Donau rudert, tritt oder steuert, kann man zusehen, wie die Menschenschlangen bei Kukis Kombüse, der Marina Hofbauer und wie sie alle heißen mögen, wenn auch nicht unbedingt kürzer, zumindest aber kleiner werden – mit jeder Umdrehung der Pedale ein bisschen mehr. Während diese Last-Minute-Mondsüchtigen darauf hoffen, auch ohne Reservierung noch ein Boot zu ergattern, öffnet man genüsslich den mitgelieferten Prosecco und lässt sich treiben. Blickt in die urigen wasserseitigen Häuschen, sieht den Enten zu und dem Bau eines neuen Hochhauses auf der Donauplatte und beneidet ein paar weitere Glückliche, die ein Häuschen am Wasser ihr Eigen nennen dürfen.

Die Zeit zwischen zwei Vollmondnächten lässt sich mit dem jährlichen Lichterlfest überbrücken. Dieses findet – schönes Wetter vorausgesetzt – jedes Jahr im Juli zwischen zwei Vollmonden statt. An diesem Abend tummeln sich unzählige mit Lichtern und Lampions geschmückte Boote auf dem Wasser, ehe sich gegen 22 Uhr alle Blicke gespannt Richtung Gänsehäufel richten. Von dort wird ein Feuerwerk abgeschossen, das alle Silvester-Feuerwerke in den Schatten stellt. Die Spiegelungen im Wasser, die vielen Lichter, die laue Sommerluft – es ist, als ob sich die Zeit plötzlich dem Tempo der Tret- und Ruderboote anpassen und dann, Punkt 22 Uhr, für ein paar Minuten stillstehen würde.

Sollte es just an diesem Termin und auch an dem Ersatztermin regnen, was schon vorgekommen sein soll, bleiben immer noch die Vollmondnächte. Denn Gelegenheit, den Mond vom Wasser aus zu bestaunen, gibt es praktischerweise mehrmals im Sommer. Fünfmal pro Saison verlängern die über zehn Bootsverleihe an der Alten Donau ihre Öffnungszeiten, damit man in aller Ruhe mit dem oder der Liebsten die romantischsten Plätze auskundschaften kann. Die Lichter der Stadt sind ein würdiger Ersatz für die Lämpchen und Lampions des Lichterfests und der Prosecco kann durchaus dafür sorgen, dass auch ohne Feuerwerk der Funke überspringt.

(Andrea Farthofer)

Weil wahres Glück aus dem Automaten kommt

Über den perfekten Marillenknödel gehen die Meinungen auseinander. Topfenteig oder Kartoffelteig? Dunkel oder hell geröstete Brösel? Viel oder wenig Staubzucker? Was die landesweit besten Marillen angeht, herrscht mehr Einigkeit. Sie kommen aus der Wachau, einem Landstrich westlich von Wien, hingepinselt entlang der mehr oder weniger blauen Donau in sattem Grün mit gelegentlichem saisonbedingten Anstrich in Rosa und Orange. Seit Dezember 2000 ist die Wachau eine von neun UNESCO-Welterbestätten in Österreich – neben dem Schloss und Park von Schönbrunn, dem »Historischen Zentrum von Wien« und dem Neusiedlersee die vierte Stätte in oder nahe von Wien.

Sobald im April die Marillenblüte angebrochen ist, keimen die ersten Hoffnungen auf den Frühling, und die Zeit der zaghaften Ausflüge ins Grüne beginnt. Von den zartrosa blühenden Bäumen gesäumte Straßen entlang der Donau, klare Luft, womöglich noch blauer Himmel – das Versprechen eines ganzen Sommers breitet sich dann donauauf- und -abwärts über das Land aus. Richtig eingeläutet wird der Sommer im Juli mit der Marillenernte. Die Zeit der Marillenfeste ist angebrochen, ob »Alles Marille« in Krems und Stein oder der »Marillenkirtag« in Spitz. Damit beginnt auch der kleine Exodus aus der Stadt. »Go West« heißt dann ein paar Wochenenden lang das Motto der landaffinen Wiener und Wienerinnen.

Liebend gern tauschen wir den Trubel der Stadt gegen jenen in den engen Gassen von Spitz. Zu den etwa 2000 Einwohnern dieses Örtchens an der Donau gesellen sich beim legendären Wachauer Marillenkirtag, der seit mehr als 60 Jahren gefeiert wird, gefühlte weitere 5000 Besucher. Wenn nach dem vormittäglichen Frühschoppen am Nachmittag der traditionelle Festumzug hinauf bis zum Hauptplatz beginnt, drängen sich die Menschen entlang der Straße, pressen sich ausnahmsweise mit dem Rücken an die Vielzahl der Stände, bewundern die Männer und Frauen in ihren traditionellen Trachten und bejubeln das neue Prinzenpaar. In Spitz in der Wachau lässt Österreich sein k. und k. Erbe aufleben. Prinzessin Aprikosia und Prinz Marillus mit ihren marillenbesetzten roten Samtkappen werden allerdings nicht gewählt, sondern erhalten vom Tourismusverein Spitz im Laufe des Jahres eine Anfrage, ob sie dieses Amt bekleiden möchten. In der Kürze ihrer Amtszeit – gerade mal ein Tag – sind sie unübertroffen.

Was den Spitzer Kirtag von anderen Kirtagen unterscheidet, ist ein ganz besonderes bauliches Wunderwerk. Erwachsene lieben die »hochtechnologische« Holzmaschine mit ihren gewaltigen Dimensionen ebenso wie Kinder, auch wenn man sich geduldig anstellen muss, um bis zu diesem »Fortschritt der Technik« vorzurücken. Doch der Inhalt dieses Automaten ist jede Wartezeit wert. Denn dem circa 2,5 Meter hohen Gebilde kann man köstliche Marillenknödel entnehmen. Nach Einwurf der zuvor erworbenen Jetons öffnet sich eine Holzlade, in der sich die gewünschte Anzahl von Knödeln befindet. Während die Kinder und Erstbesucher über die wunderbare Funktionsweise staunen, hört man Stammgäste gelegentlich »Danke« rufen, wenn die Lade mit den Knödeln wie von Zauberhand auf- und zugegangen ist.

Das leidige Problem folgt auf dem müden Fuß: Ganz gleich, wie viele Knödel man in der ersten Runde besorgt, es sind nie genug. So ist es nicht verwunderlich, dass 2012 mit 4800 Knödeln ein neuer Verkaufsrekord aufgestellt wurde. Zudem kann man eine Vielzahl anderer Marillenprodukte inspizieren, verkosten und kaufen: Seife, Marmelade, Chutney, Essig, Senf, Lippenbalsam und Shampoo auf Marillenbasis werden hier ebenso angeboten wie köstliche Getränke.

Wer dabei feststellt, dass Marillen aus seinem Leben nicht mehr wegzudenken sind, sollte auf seinem Wunschzettel für den nächsten Geburtstag die magischen Worte »Hortus Wachau – Patrimonium

Mundi« vermerken. Dieser Verein vermittelt nämlich das ultimative Geschenk für Hardcore-Marillenfans: Marillenbaum-Patenschaften. Mit einer solchen Patenschaft wird dem Beschenkten ein eigener Baum zugewiesen. Dieser erhält die Gravur des Paten und der Beschenkte darf sich über ein Marillen-Startpaket und 15 Jahre lang über je drei Kilogramm frische Marillen aus der Wachau freuen.

(Andrea Farthofer)

Weil der UN-Basar die Hoffnung auf Weltfrieden am Leben erhält

Mitte November, wenn sich die Nikoläuse in den Regalen fast schon wieder auf die Rückverwandlung in Osterhasen einstellen, die Kinder ihre Briefe ans Christkind abschicken und besonders gut Organisierte die ersten Schleifchen um ihre Weihnachtseinkäufe wickeln, beginne ich meine jährlichen Recherchen. Der wichtigste Weihnachtsmarkttermin des Jahres wird nämlich immer bis zur allerletzten Minute geheim gehalten. Es folgen die obligaten Mails an meine Freundinnen, die bei den Vereinten Nationen arbeiten und mir gern den Termin der Termine verraten: jenen des jährlichen UN-Basars, der korrekt UNWG International Festival Charity Bazar heißt und von der United Nations Women's Guild bereits mehr als 40 Mal für die allgemeine Öffentlichkeit – und für bedürftige Kinder in aller Welt – organisiert wurde. Unter dem Motto »Joining Hands to Help Children Around the World« organisieren die Ehefrauen der in Wien tätigen UN-Mitarbeiter Jahr für Jahr einen Weihnachtsmarkt, bei dem mehr als 70 Nationen mit ihren Produkten und Speisen vertreten sind.

Was recht unspektakulär klingt, ist in Wirklichkeit ein riesiges Spektakel, internationale Lebensfreude in Form von 1000 Freiwilligen und 20.000 Besuchern, verdichtet auf einen Tag und einen Ort, das Austria Center Vienna auf der Donauplatte im Norden der Stadt. Frühmorgens ist die Parkplatzsituation in der Garage noch ebenso entspannt wie das Gedränge am Eingang. In aller Ruhe kann man da sondieren zwischen traumhaften Protea-Blüten aus Südafrika, japanischen Kimonos, ayurvedischem Balsam aus Sri Lanka, Flaschenwärmern in Form von gestrickten Riesenrollen aus Norwegen, gefilzten Pantoffeln aus Kasachstan, einer unglaublichen

Fülle an Wodkasorten aus Weißrussland, ägyptischem Hibiskustee, Bilderrahmen aus Nepal, bunten Filzpüppchen aus der Mongolei und Strohschalen aus dem Sudan. Handgemachtes neben importierten Fertigwaren, Prunkvolles und Schlichtes, Exotisches neben weniger Exotischem, Praktisches neben weniger Praktischem – hier wird jeder fündig.

Wenn der Lärmpegel später so weit gestiegen ist, dass man mit der Gebärdensprache gut beraten wäre, ist es vorteilhaft, wenn man die wichtigsten Stationen bereits besucht hat. Denn der Zustrom der Menschenmassen hält bis in den späten Nachmittag an. Es ist also ratsam, sich frühzeitig, sagen wir am späten Vormittag, den kulinarischen Köstlichkeiten zuzuwenden. Spricht denn wirklich etwas dagegen, zumindest einmal im Jahr schon um elf Uhr einen Caipirinha zu trinken und dazu das köstliche brasilianische Fingerfood zu versuchen? Das Pao de queijo kann ich ganz besonders empfehlen. Oder doch lieber chinesische Dim Sums, niederländische Poffertjes, Dolma aus Aserbaidschan, Arroz con leche aus Kuba, koreanisches Kim-Chi, indonesische Lumpia, Cachapa con queso aus Venezuela, Gallo pinto aus Costa Rica, Beef Rendang aus Malaysia, California rolls aus Japan, ungarische Gulaschsuppe, eine Whisky-Verkostung am Stand von Großbritannien oder einfach deutschen Käsekuchen oder österreichische Kekse, mongolisches Barbecue, ein Gyros aus Griechenland und zum Nachtisch eine australische Pavlova mit Beeren? Entscheidungsstärke ist eine Kunst, die hier besonders gefragt ist.

Die Musikmischung aus aller Herren und Frauen Länder trifft auf unidentifizierbare Wortfetzen der internationalen Besucher. Zwischendurch kann man sich – in der irrigen Hoffnung auf etwas Ruhe – einer weiteren Halle mit Geschenkideen zuwenden. Der nächste Caipi ist nicht weit und der Erlös kommt schließlich Kinderhilfsprojekten in aller Welt zugute, so etwa der Errichtung einer Bibliothek und eines Gemeindezentrums in Myanmar oder der Anschaffung von Schulmaterial und eines solarbetriebenen

Wasserfilters für Kinder in Nepal. Nahezu unvorstellbare 200.000 Euro werden hier an einem einzigen Tag eingenommen. Nur müde sollte man nicht werden, denn Sitzgelegenheiten sind rar, aber wen kümmert das schon? An den Stehtischen kommt man ohnehin viel besser ins Gespräch!

(Andrea Farthofer)

Weil der Eistraum
nicht im Eissalon serviert wird

Vanille, Stracciatella, Nocciolone: Sorry, aber damit hat dieser Artikel rein gar nichts zu tun. Dafür müssen Sie schon bei Grund 5 nachlesen. Für Eisliebhaber ist er aber trotzdem geeignet, denn das, was Wikipedia lapidar als »mobilen Eislaufplatz« bezeichnet, kann sogar nicht eislaufende Zuckergoscherl überzeugen.

Bei dieser Wiener Institution, die bereits 1996 ins Leben gerufen wurde, kommen Jahr für Jahr Hunderttausende Besucher in den Genuss eines einzigartigen Spektakels – 570.000 im Jahr 2012, um ganz genau zu sein. Ab Mitte Jänner verwandelt sich der Rathausplatz für rund sechs Wochen in einen einzigartigen Eistraum. Zwischen dem wunderschön erleuchteten Wiener Rathaus und der Ringstraße erstreckt sich dann über 7000 Quadratmeter eine spiegelglatte Eisfläche für alle, die es sportlich mögen und in einer Traumkulisse ihre Runden drehen möchten. Wer zudem den angrenzenden Rathauspark auf Kufen erkunden will, muss die Eislaufschuhe noch nicht einmal ausziehen. Mittlerweile führt nämlich ein ein Kilometer langer Traumpfad durch den Park und entlang der Ringstraße zurück auf die Eistraumfläche.

Weniger Sportliche haben bei einem der zahlreichen Imbissstände Gelegenheit, sich durch die Wiener Küche zu kosten – mit Blick auf Rathaus und das ebenfalls traumhaft beleuchtete Burgtheater. Ab 17 Uhr kommt so etwas wie Disco Fever auf, wenn die Radio Wien Disco die Hits der letzten Jahrzehnte spielt. Wer zu kalten Füßen neigt, ist ohnehin gut beraten, sich hier Eislaufschuhe auszuborgen. Wo sonst bekommt man vorgewärmte Schuhe gereicht? Schließlich steht ja nirgends geschrieben, dass man sich damit tatsächlich aufs Eis wagen muss.

Für Skihüttenflair im Flachland der Wiener Innenstadt sorgt die Almhütte – Hirschgeweih, Holzverkleidungen, rustikale Tische und Personal in Lederhosen inklusive. Lust auf einen Riesen-Germknödel? Kein Problem. Stelzenbrezel, Stelzenknödel, Mohr im Hemd, Topfenstrudel, Käsespätzle? Auch kein Problem. Und wenn die Hütte drinnen aus allen Nähten platzt, kann man sich immer noch ins Freie setzen. Da machen sich die vorgewärmten Leihschuhe erst recht bezahlt.

Wer bislang kufenlos durchs Leben gegangen ist, kann kostenlos erste Schritte auf dem Eis wagen – und das auf einer synthetischen Eislauffläche, auf der man bei einem Sturz nicht nass wird. Für Kinder gibt es dazu entzückende Kunststoffpinguine, die die Kleinen als »Gleithilfe« und Stütze vor sich übers Eis schieben können. Zuspätkommen ist beim Anfängertraining übrigens keine gute Idee, denn ab 16 Uhr verwandelt sich die Anfängerfläche in eine Eisstockbahn – das nur so als Hinweis unter Freunden.

Während ich auf den Riesen-Germknödel warte, wundere ich mich wieder einmal über die Vielfältigkeit des Rathausplatzes: Gerade noch Christkindlmarkt, bald Gastgeber des Bike Festivals, im Frühling Standort des Steiermarkdorfes, und im Sommer findet hier das legendäre Filmfestival mit seinen Opern- und Konzertübertragungen statt. Kein Wunder bei diesem Ambiente, dass der Wiener Bürgermeister Dr. Michael Häupl sein Amt seit 1994 mit einer solchen Begeisterung bekleidet.

(Andrea Farthofer)

Weil die Wiener im Advent
gern Touristenpfade beschreiten

Im Winter wird der gemeine Wiener gern zum Touristen, obwohl er das natürlich nie zugeben würde. Dann klappert er nicht nur freiwillig mit den Zähnen, sondern auch mit Vorliebe alle touristisch-architektonischen Highlights ab, von denen die Stadt wahrlich genug zu bieten hat. Wir könnten vorgeben, all das nur wegen unseres Kulturbewusstseins zu tun, aber das haben wir nicht nötig. Wir stehen dazu: Geselligkeit hält zu jeder Jahreszeit jung – insbesondere in der Zeit zwischen Mitte November und dem magischen 24. Dezember.

So hübsch herausgeputzt und festlich beleuchtet sind die architektonischen Juwele Wiens zu keiner anderen Jahreszeit. Man muss weder Kunsthandwerk noch Punsch mögen, um das zu schätzen. Es schadet aber auch nicht, wenn man es tut, denn die Advents-markt- und Punschkultur hat in den letzten Jahren einen Aufschwung in puncto Vielfalt und Ausdehnung erlebt. 2012 gab es im Sigmund-Freud-Park erstmals einen Gourmet-Punschstand, der ganz besondere Kreationen von namhaften österreichischen Haubenköchen kredenzte – und das mit Blick auf die nächtlich beleuchtete Votivkirche, der kostenlos dazu serviert wird.

Schlendert man am ersten Adventstermin über die diversen Märkte, kann man sich des Eindrucks nicht erwehren, dass die Wiener auf diese Zeit ebenso sehnlich gewartet haben wie im März auf den Sommer. Mit demselben Übereifer, mit dem im April nackte und winterbleiche Beine in die noch allzu schwache Sonne gestreckt werden, klammert man sich Mitte November an die Punschtassen, als ob es bereits richtig kalt wäre oder womöglich Weihnachten kurz vor der Tür stünde.

Um eventuellen Erfrierungen vorzubeugen und gleichzeitig die Highlights Wiens zu genießen, kann man, ausgehend vom MuseumsQuartier mit seinen modernen Adventsinszenierungen, die Stadt erkunden. Während unter dem Motto »Winter im MQ« Eisstockbahnen, Autorennbahnen im Miniaturformat und cool, hip und chic dekorierte Eispavillons für Abwechslung sorgen, geht es auf der anderen Straßenseite zwischen dem Kunsthistorischen und dem Naturhistorischen Museum im »Weihnachtsdorf Maria-Theresien-Platz« traditioneller, wenngleich ebenso stimmungsvoll zu. Danach bummelt man durch die romantischen Gassen des Weihnachtsmarkts am Spittelberg, der mit seinen Kunsthandwerks-ständen jedes Jahr ein paar weitere Straßenzüge zu erobern scheint und so schön ist, dass man bereit ist, alle Menschenmassen dieser Welt in Kauf zu nehmen. Vielleicht nicht alle, aber immerhin 8,5 Millionen Menschen, das ergab eine Studie der Wiener Wirt-schaftskammer, tummeln sich jedes Jahr auf den Wiener Weih-nachtsmärkten, gefühlte fünf Millionen davon am Spittelberg im Areal des UNESCO-Welterbes.

Auch der mit 150 Ständen größte Weihnachtsmarkt der Stadt am Rathausplatz ist nicht weit. Seit der Verkauf von Rapid-Schals und Gemüsereiben verboten wurde, kann man wieder ungestört von Marktschreiern rumversetztes Weihnachtsflair mit einem Hauch gebrannter Mandeln schnuppern. Dieser Markt wurde bereits 1296 von Albrecht I. als Dezembermarkt genehmigt; seit 1975 findet er auf dem Rathausplatz statt und bietet neben dem berühmten Christkindlmarkt auch den »Adventzauber im Rathaus-park« mit seinen traumhaft geschmückten Bäumen. Am Wolken-postamt, einem eigens eingerichteten Sonderpostamt, kann man sich Sondermarken und Sonderstempel besorgen – alle zwei Wochen neu. Wenn man schon hier ist, kann man dem Christkind am Sonntagnachmittag seine Wunschliste auch höchstpersönlich übergeben. Unser Christkind ist vermutlich das einzige der Welt, das eigene Autogrammkarten verteilt!

Wer vom vorweihnachtlichen Sightseeing nicht genug bekommen kann, sollte mindestens noch drei weitere Wien-Highlights ansteuern. Vor dem Schloss Schönbrunn wird das alte Wien ebenso zu neuem Leben erweckt wie vor dem Belvedere und der Karlskirche. Vor dieser prachtvollen Kirche mit ihrem strohbedeckten Platz, auf dem sich die Kinder austoben oder auf Ponys reiten können, stehen seit mehr als 20 Jahren nicht die üblichen hochprozentigen Verdächtigen im Vordergrund, obwohl es diese natürlich ebenso gibt wie eine große Auswahl an österreichischen Schmankerln. Vielmehr kann man hier eine breite Palette von Kreativität bestaunen – vom witzigen und umweltfreundlichen »Ringelspü« (Ringelspiel), das von Rad fahrenden Besuchern angetrieben wird und das Upcycling »so richtig in die Gänge bringt«, bis hin zu modernem Kunsthandwerk jeglicher Richtung. Dieses muss von einer Jury für den Verkauf zugelassen und von den Anbietern ansprechend präsentiert werden. Und das merkt man. Da wird alles von Kunst aus Steinen und Edelsteinen, Papier, Leder, Filz und Stoff und nicht zuletzt Ton kreativ inszeniert feilgeboten: In den halbgezähmten feuerspeienden Drachen aus Keramik können sich sogar Erwachsene verlieben – ebenso wie in die Fingerpuppen aus weichem Stoff. So ein schielender Rabe mit wüstem Schopf kann einem schnell in die Tasche springen und nach dem leckeren Schilcherpunsch beginnt er vielleicht sogar zu sprechen!

Ein Weihnachtsmarkt geht noch? Dann ab in den Prater, wo man zwischen Riesenrad und Madame Tussauds bei Ständen mit sprechenden Namen wie »k&k Hofküche«, »Zuckergoscherl«, »Zum Hanswurst« oder »Zum heißen Rapunsch'l« gustieren kann. Der Blick auf das nächtlich beleuchtete Riesenrad ist kaum zu toppen – außer durch eine Fahrt mit selbigem, die einen würdigen Abschluss für einen intensiven Sightseeing-Tag darstellt. Die schwankende Stadt, die einem nach dem einen oder anderen Punsch zu Füßen liegt, ist immer noch die großartigste der Welt.

(Andrea Farthofer)

DANKE

Viele liebe Menschen haben uns begleitet und unterstützt: beim Ideensuchen und -finden, Recherchieren und Reflektieren, Probeshoppen, Probeessen, Probewandern, Nachdenken und Verwerfen, Lesen und Nochmallesen, Haareraufen und -wiederinordnungbringen. Sie sind uns gern mit Rat und Tat, kritischen Fragen und Antworten und insbesondere mit mehr Anregungen zur Verfügung gestanden, als wir in 111 Gründen, Wien zu lieben, unterbringen konnten.

Besonders bedanken möchten wir uns bei folgenden Freunden, Freundinnen und Verwandten:

Brainstormer und Begleiter: Michaela Adelhofer, Larissa Arthofer, Valerie Crawford Pfannhauser, Thomas Farthofer, Evelyn Gebhart, Claudia Krammer, Nela Sljivljak und Markus Steinrisser

Musikalische Berater: Peter Erdelyi und Manfred Schwaiger

Unermüdliche Recherchegehilfen, Testleser und Wandersleute: Lore und Gerhard Farthofer

Ein herzliches Danke auch allen unseren GesprächspartnerInnen, die sich bereitwillig Zeit für einen Plausch oder ein paar E-Mails genommen haben: David d'Bonnabel vom Salon de Thé, Jackeline Carvalho von der United Nations Women's Guild, Jessica Eihoff vom Hotel Daniel, den beiden Frühstückerinnen Barbara Haider und Dani Terbu, Renate Gruber vom CupCakes Wien, die Mädels von der Guerilla Bakery, Sandra Haischberger von Feine Dinge, Matthias Kempf für die bereitwillige Bereitstellung seiner damals noch unveröffentlichten Lyrics, der »StadtSpionin« Sabine Meier, Nathalie Pernstich vom Babette's, Irene Pöhl von Pöhl's Kantine, Elisabeth Razumovsky von der Bakery des Hotel Daniel, Lisa Schön vom Corns n' Pops, Alexandra Vögeli-Rath vom Stoffsalon, den inspirierenden Frauen des Women's Career Network in Wien sowie Stephan und Valerie Wulf vom Wulfisch.

Ein besonders großes Danke geht nach Berlin und vor allem an unsere Beraterin und Lektorin Nadine Landeck vom Schwarzkopf & Schwarzkopf Verlag, die unsere überbordende Wien-Liebe immer wieder in die richtigen Bahnen gelenkt hat. So macht Buchschreiben richtig Spaß! Wir hoffen, dass Ihr genauso viel Freude mit unserem Projekt hattet und habt wie wir!

ANDREA FARTHOFER ist Übersetzerin und Autorin. Als gebürtige Wienerin mit chronischem Fernweh entdeckt sie ihre Heimatstadt nach jeder Reise neu. Bei der Arbeit an diesem Buch hat sie sich wieder einmal in die charmanteste Stadt der Welt verliebt.

MAX FERNER, Controller und Wahlwiener mit steirischen Wurzeln, hat sein Wien-Bild in den letzten Jahren gründlich revidiert. Bei den Recherchen zu diesem Buch hat der ehemalige Großstadtskeptiker manche Seiten Wiens neu aufgeschlagen und auch zwischen den Zeilen gelesen.

Andrea Farthofer & Max Ferner
111 GRÜNDE, WIEN ZU LIEBEN
Eine Liebeserklärung an die großartigste Stadt der Welt
ISBN 978-3-86265-241-9
© Schwarzkopf & Schwarzkopf Verlag GmbH, Berlin 2013

KATALOG
Wir senden Ihnen gern kostenlos unseren Katalog.
Schwarzkopf & Schwarzkopf Verlag GmbH
Kastanienallee 32, 10435 Berlin
Telefon: 030 – 44 33 63 00 | Fax: 030 – 44 33 63 044

INTERNET | E-MAIL
www.schwarzkopf-schwarzkopf.de
info@schwarzkopf-schwarzkopf.de

BILDNACHWEIS
TITELFOTO: © Ingolf Pompe / gettyimages.com | BILDLEISTE AUF DEM COVER VON OBEN NACH UNTEN: 1. © Anatoliy Babiychuk/shutterstock.com | 2. © Csiger | 3. © lightpoet/shutterstock.com | 4. © bloody/shutterstock.com | 5. © Route66 /shutterstock.com | 6. und 7. © Andrea Farthofer | BILDER IM INNENTEIL NACH KAPITELNUMMER: 1. und 2. © Andrea Farthofer | 3. © Kateryna Larina / shutterstock.com | 4. und 5. © Andrea Farthofer | 6. © thinkstock.com | 7. © Digital Vision / thinkstock.com | 8., 9., 10. © Andrea Farthofer | © 11. Privatarchiv
FOTO DER AUTOREN: © Csiger